Helmut Graebe
Information und Gestaltung

Helmut Graebe

Information und Gestaltung

Untersuchung zur Wirkung visueller Gestaltungstechnik von Fernsehnachrichten

Springer Fachmedien Wiesbaden GmbH

Der Autor:
Helmut Graebe, Jahrgang 1952, Dr. phil, Autor und Regisseur von Film- und Fernsehproduktionen, 1979 – 1988 Leiter der Abt. Produktion im Medienzentrum der Universität Essen, seit 1988 Professor für audiovisuelle Konzeption im Studiengang Medientechnik der Fachhochschule für Druck Stuttgart

CIP-Titelaufnahme der Deutschen Bibliothek

Graebe, Helmut:
Information und Gestaltung: Unters. zur Wirkung visueller Gestaltungstechnik von Fernsehnachrichten / Helmut Graebe.

ISBN 978-3-8100-0767-4 ISBN 978-3-322-93756-8 (eBook)
DOI 10.1007/978-3-322-93756-8

Ursprünglich erschienen bei Leske Verlag + Budrich GmbH, Opladen 1988

Dissertation (Dr. phil) im Fachbereich 2 der Universität Essen von H. Graebe aus Essen
Gutachter: Prof. Dr. Ernst Timaeus, Prof. Dr. Dieter Betz, Prof. Dr. Wolfgang Manz
Datum der Disputation: 3. 11. 1988

0 VORBEMERKUNG

"... daß Fernsehen blöd macht,
hab' ich noch nicht gemerkt."

MATHIAS RICHLING, Kabarettist

Dieser Ausspruch - treffend in seiner Naivität und Mehrdeutigkeit - beschäftigt mich in doppelter Hinsicht: neben meiner Rolle als Zuschauer, die ich mit vielen Mitmenschen meines Kulturkreises teile, auch in der Rolle des "Machers" und Produzenten, da ich seit Jahren als Autor und Regisseur an der Produktion audiovisueller Kommunikate arbeite und auch in den eher als "handwerklich" bezeichneten Berufszweigen der Ton-, Kamera- und Schnitt-Arbeit gearbeitet habe.

Die vorliegende Arbeit zur "Information und Gestaltung" ist "gewachsen" auf der einen Seite aus dem Interesse an theoretischem Hintergrund für die praktische Arbeit und auf der anderen Seite aus psychologischen und medienpädagogischen Reflektionen, die mich in meiner Berufsrolle als "Informator über Inhalt" und als "Gestalter von Form" beschäftigen.

In meiner Arbeit habe ich erfahren, welchen zusätzlichen Gewinn in verschiedenen Dimensionen eine zunehmende Differenziertheit der Rezeption eines Werkes vermitteln kann. Sie kann aber auch die Gefahr eines Verlustes mit sich bringen. So erklärte z.B. der berühmte Regisseur ALFRED HITCHCOCK in einer Talkshow des amerikanischen Fernsehens, daß ihm jeglicher Genuß beim Sehen von Spielfilmen versagt bliebe, da er alles sofort unwillkürlich analysiere. Obwohl ich von HITCHCOCKs Arbeiten viel lernen kann, habe ich mich bemüht, ihm in diesem Punkt nicht nachzueifern und mir den Genuß beim Sehen von Filmen zu erhalten. Ich versuche, mir neben der professionellen Analysefähigkeit, die ein Produkt "sezieren" kann, auch die naive Sichtweise des Rezipienten, der ein

Produkt in seiner Gesamtwirkung wahrnehmen und "intuitiv" beurteilen kann, zu erhalten.

Von diesen Interessen geleitet, versucht die vorliegende Arbeit auf der einen Seite mit diesen "wissenschaftlichen Sezier-Instrumenten" umzugehen und auf der anderen Seite, den Grundsatz im Auge zu behalten "das Ganze ist mehr als die Summe seiner Teile"; wobei ich der Zusammenfassung des Semiologen CHRISTIAN METZ zustimme: "Ein Film ist schwer zu erklären, weil er leicht zu verstehen ist".

Danken möchte ich für Anregungen und Diskussionen Dipl. Psych. SIGRID HECKS, Prof. Dr. HANS HEID, Dr. SABINE JÖRG, Prof. Dr. HERTA STURM, Dr. WILL TEICHERT, Prof. Dr. ERNST TIMAEUS, Prof. INGE OSSWALD, Prof. BERNWARD WEMBER, und Dr. PETER WINTERHOFF-SPURK. Ich danke meinen Kollegen vom Medienzentrum der Universität-GH-Essen MICHAEL HOLKO, ANFRIED VARY, WERNER VOGEL und ANDREAS WESOLOWSKI für ihre Hilfe bei der Produktion der Laborsendung. Für Unterstützung bei den statistischen Auswertungen danke ich PETER SCHELLER und NORBERT TERZENBACH vom Hochschulrechenzentrum der Universität-GH-Essen. Herzlich gedankt sei auch allen, die als Versuchspersonen bereitwillig Auskunft gegeben haben.

HELMUT GRAEBE, Januar 1988

I N H A L T

I EINLEITUNG

Fernseh-Nachrichten gelten oft "als ideologiefreier informatorischer Rohstoff über Ereignisse, der - in den 'richtigen Proportionen' verteilt - von den Empfängern regelmäßig zur eigenen gesellschaftlichen und politischen Orientierung verarbeitet werden kann" (GEYER, M., 1973, S. 78). Aus einer Vielzahl von Untersuchungen geht hervor, daß von Rezipienten "die Bilder eines Fernsehberichts ... als unmittelbare Realität angesprochen werden" (VITOUCH, P., 1987, S. 95).

Auf dem Hintergrund der Erkenntnis, daß in der medial vermittelten Kommunikation die "Form" der Vermittlung eine zentrale Rolle spielt, untersucht die vorliegende Arbeit den Zusammenhang von Gestaltungstechnik und Wirkung auf den Rezipienten. In einem psychologischen Experiment soll die Wirkungsweise der Gestaltungsmittel von Fernsehnachrichten auf Zuschauer untersucht und auf ihre medienpädagogischen Konsequenzen hin bewertet werden. Vorweg wird daher ein Abriß des Verhältnisses der Medienpädagogik zum Massenmedium "Fernsehen" dargestellt.

Fernsehen und Medienpädagogik

In unserer modernen Kommunikationsgesellschaft kommt den Massenmedien eine besondere Bedeutung zu. Die zunehmende Quantität von "maßloser" Information (vgl. STEINBUCH, K., 1966 und 1978), wirkt sich dabei nicht nur im informationstheoretischen Sinne als "Verringerung von Unsicherheit" aus (McQUAIL, D., 1979, S. 314), sondern scheint im Gegenteil auch zur "Desinformation" führen zu können (vgl. SCHNEIDER, W., 1984). Die Bedeutung von "sozial abgeleitetem" und von unseren Vorfahren direkt vermitteltem Wissen (vgl. SCHÜTZ, A., 1972, S. 98) scheint sich zu verringern zugunsten medial vermittelter Information. Von den meisten Ereignissen, die unser Leben beeinflussen, erfahren wir nur über eine "hochgradig spezialisierte und an spezifische Institutionen gebundene Vermittlungstechnologie" (KEPPLER, A., 1985, S. 12). Bei dem Grad der Spezialisierung "können bestimmte institutionelle Funktionen nur noch von 'Experten' befriedigt werden; es entwickeln sich Sonderformen des Wissens, die sich sprachlich weitgehend verselbständigen" (LUCKMANN, T., 1979, S. 42). Während die Gesellschaft "immer informierter" wird, klafft eine immer größer werdende "knowledge gap" - die Lücke zwischen den Informierten und den Unwissenden - als eine Folge fehlender "kommunikativer Kompetenz" (vgl. BONFADELLI, H., 1978 und 1980).

Kultur-Kritiker propagieren, daß wir zur Zeit einen Kultur-Bruch von der Wort- und Buch-Kultur zu einer Bild- und Ton-Kultur erleben (vgl. POSTMAN, N., 1983, 1985). Kein anderes Massen-Medium hat sich so rasant entwickelt und ist so verbreitet wie Fernsehen. In der Bundesrepublik Deutschland gibt es inzwischen nahezu eine Vollversorgung mit Fernsehen (ARMBRUSTER, B.; BAACKE, D.; KÜBLER, H.-D.; STOFFERS, M., 1985, S. 55). Fernsehen steht an erster Stelle innerhalb der alltäglichen Freizeitbeschäftigungen der Familie (HUNZIKER, P; LÜSCHER, K.; FAUSER, R., 1975). Über die klassischen Funktionen von Information, Bildung und Unterhaltung scheint Fernsehen darüberhinaus auch zur sogenannten "Sinngebung" im Alltagsleben, zur Verdrängung von Konflikten und als Ersatz für die in modernen Gesellschaften verloren gegangenen Befriedigungen von Bedürfnissen nach sozialen Kontakten und personaler Kommunikation (BINKOWSKI, J., 1970; NOBLE, G., 1975) benutzt zu werden. Einige Untersuchungen klassifizierten Fernsehprogramme nach den beiden Bereichen Phantasie-Gehalt, der den Rezipienten zur Flucht vor der Realität und Passivität verleitet, und Realitäts-Gehalt, der den Zuschauer zur Auseinandersetzung mit der Wirklichkeit und zur Aktivität führt (SCHRAMM, W.; LYLE, J.; PARKER, E.B., 1961). In dem Experiment "vier Wochen ohne Fernsehen" wurden an Zuschauern regelrechte "Entzugserscheinungen" beobachtet

(BAUER, W.; BAUR, E.; KUNGEL, B., 1976) und Assoziationen der "Droge im Wohnzimmer" nahegelegt (WINN, M., 1979).

Dabei wird als "hidden curriculum" des Fernsehens (HUNT, A., 1981) die Vermittlung einer "Scherbenwelt" (ENZENSBERGER, H. M., 1962) gesehen: die "zerstückelte, an- und abschaltbare, vereinfachte, gleichgeschaltete (Gott, Goldener Schuß und Gorillas in einem Format), ausschnitthafte, aus einer Perspektive gesehene, permanent ohne mich ablaufende Welt, in der ich offenkundig nichts auszurichten habe" (HENTIG, H. von, 1984, S. 91). Verzweifelte rufen bereits nach der Abschaffung des Fernsehens (MANDER, J., 1979).

In der Kritik des Fernsehens lassen sich im wesentlichen drei Kritik-Konzepte unterscheiden: Die "kulturkonservative Kritik", die "Manipulations-Kritik" und die "Ideologie- und Gesellschaftskritik". Diese drei Ansätze sollen im folgenden kurz jeweils in Zusammenhang zu den dazu entwickelten Ansätzen der Medienpädagogik dargestellt werden.

Ausgehend von traditionellen bürgerlichen Qualitätsvorstellungen und Bildungsnormen wird Fernsehen zusammen mit Massenpresse, Trivialliteratur und Unterhaltungsmusik von kulturkonservativer Seite kritisiert. Neben der Auffassung der Minderwertigkeit und Niveaulosigkeit der meist zur Unterhaltung dienenden Produkte werden dem Fernsehen vor allem für Kinder und Jugendliche verderbende Einflüsse zugeschrieben (vgl. HICKETHIER, K., 1974). Medienpädagogischer Ansatz ist daher die "Bewahrung" vor derlei Einflüssen durch Erziehung zu maßvollem Konsum und Auswahl der Programm-Angebote (vgl. SCHWARZ, R., 1974; HICKETHIER, K.; LÜTZEN, W.D., 1974; REISS, E., 1974; KNILLI, F.; RÖHRER, W., 1974).

Die sogenannte "Manipulations-Kritik" findet weite Verbreitung sowohl bei Kritikern (GRITCHLEY, J., 1971; MERRILL, J. C.; LÖWENSTEIN, R.L., 1971; HÜTHER, J., 1975; MARQUART, A.,

1976) als auch bei Verteidigern des Fernsehens (BINKOWSKI, J., 1970; MENNINGEN, W., 1971; PFEIFFER, K.H., 1975). Hierbei wird davon ausgegangen, daß der Zuschauer "manipuliert" wird durch die spezifischen Möglichkeiten und Zwänge des Fernsehens - wie zum Beispiel durch audiovisuelle Gestaltungsmittel mit ihren scheinbar authentischen Bildern, der Selektion von Information und den Vertrauen und Sachkenntnis suggerierenden Kommunikatoren sowie durch die Präferenz für akut Sichtbares unter Vernachlässsigung von Hintergründen und Zusammenhängen - (vgl. GREULICH, H., 1973; WEMBER, B., 1972 und 1976). Als Aufgabe der Medienpädagogik sieht ein Ansatz die "Immunisierung" des Rezipienten gegen Manipulation durch Aufklärung über Techniken und Verfahren der Manipulation. Der Zuschauer soll "ein routiniertes Handlungsmuster 'Fernsehen'" ausbilden, das die Vielfalt überschaubar und handhabbar macht und welches ihn "immunisiert gegen die Bilderflut" (AUGST, G; FENNER, M.L.; KAUL, E., 1979, S. 48).

Die Fernsehkritik im Rahmen von Ideologie- und Gesellschaftskritik geht von der Frage aus, wer mit welchen Interessen beeinflußt und manipuliert und in welchen gesellschaftlichen Produktions- und Distributionszusammenhängen Massenmedien wie das Fernsehen stehen (vgl. DRÖGE, F., 1972, 1973; DAHLMÜLLER, G.; HUND, W.D.; KOMMER, H., 1973; HICKETHIER, K., 1976; HUND, W.D.,1976). Ausgehend von einer etablierten Interessensvertretung des Kapitals in den herrschenden Medien fordert die gesellschaftskritische Kritik des Fernsehens einen emanzipatorischen befreienden pädagogischen Ansatz und eine bewußt subjektivistische Parteilichkeit für die Masse der Bevölkerung, da die Möglichkeit einer objektivistischen Realitätsdarstellung grundsätzlich bestritten wird (vgl. DAHLMÜLLER, G.; HUND, W.D.; KOMMER, H., 1973; SAXER, U., 1977).

Diese Kritik-Position, die sich für die Bundesrepublik Deutschland auf die bis vor wenigen Jahren rein öffentlich-rechtlich organisierten Rundfunk-Veranstalter bezog, findet in der heutigen Medienlandschaft mit ihren privat-wirtschaftlichen Programmveranstaltern eine noch breitere Angriffsfläche. Zwar hat "Kabelfernsehen als 'Rundfunk' ... den Kriterien 'Meinungsvielfalt', 'inhaltliche Ausgewogenheit, Sachlichkeit und gegenseitige Achtung' und 'begrenzte Staatsaufsicht' zu entsprechen" (SCHMIDBAUER, M., 1984, S. 82), aber im Vordergrund stehen wirtschaftliche Interessen, befürchtet wird eine "McDonaldisierung des Äthers" (FRISCHKNECHT, J., 1987, S.43), eine Orientierung an der Ästhetik des Werbespots (KLOEPFER, R., 1986) und was den kommunikativen Aspekt angeht, wird Kabelfernsehen von manchen politisch links stehenden sogar mit "Kommunikationszerstörung" gleichgesetzt (HOLZER, H., 1981, S. 53).

Aus der Position der Medienpädagogik faßt DIETER BAACKE (1979, S. 56) die unterschiedlichen Standpunkte der Medientheorie zusammen und unterscheidet dabei vier Ansätze:

1. den Stimulus-Response-Ansatz,
2. den systemtheoretisch-funktionalistischen Ansatz,
3. den kritisch-materialistischen Ansatz und
4. den interaktionistisch-handlungstheoretischen Ansatz.

Der Stimulus-Response-Ansatz geht vom behavioristischen Konzept aus, wobei das Medium mit seinen "stimuli" bei den ihm ausgelieferten Rezipienten bestimmte Wirkungen als "responses" auslöst (vgl. Kapitel "Wirkungsforschung"). Medienpädagogische Aufgaben werden hier in der Warnung vor den Wirkungen und in der Entwicklung von Gegenmaßnahmen gesehen.

Der systemtheoretisch-funktionalistische Ansatz bezieht in Erweiterung der LASSWELL-Formel "wer sagt was in welchem Kanal zu wem mit welchem Effekt?" (LASSWELL, H.D., 1948, S. 37) gesellschaftliche Zusammenhänge mit ein, er sieht Medium und Rezipient in einem "Wirkkreis ..., der seinerseits durch gesamtgesellschaftiche Bedingungen bestimmt wird" (BAACKE, D., 1979, S.57). Die Medienpädagogik thematisiert hierbei Produktions- und Rezeptionsbedingungen von Medien im gesellschaftlichen Kontext.

Einen Schritt weiter geht der kritisch-materialistische Ansatz, der basierend auf der Kulturkritik von ADORNO (1963) Massenmedien als Hilfsmittel zur Aufrechterhaltung kapitalistischer Ideologien sieht und Medientheorie in den Zusammenhang einer materialistischen Gesellschaftstheorie stellt (vgl. DRÖGE, F., 1974; NEGT, O.; KLUGE, A., 1974). Ansatz der Medienpädagogik ist hier die Enttarnung gesellschaftlicher Mißstände, wobei eingeräumt wird, "daß der hochfahrende theoretische Anspruch kaum einlösbar ist: Die radikale Denunziation gesellschaftlicher Zustände wird von der Mehrheit der Adressaten nicht mitgemacht, oft gar nicht verstanden" (BAACKE, D., 1979, S. 60).

Der interaktionistisch-handlungstheoretische Ansatz basiert auf den gleichen theoretischen Überlegungen wie der "Uses-and Gratification-Approach" (vgl. Kapitel "Wirkungsforschung"), wobei der Zuschauer gesehen wird als bedürfnis- und zielorientiert handelnder im Sinne des interpretativen Paradigma des von GEORGE HERBERT MEAD (1934) entwickelten "Symbolischen Interaktionismus" (vgl. ROSE, A., 1967), wobei "die Bedeutungszuweisung des Rezipienten ... aus dem Angebot an Medienaussagen erst eine 'handlungsrelevante Botschaft' für den aktiven Zuschauer macht" (ROGGE, J.-U., 1979, S. 140). Die Konsequenzen für die Medienpädagogik sieht BAACKE unter Einbeziehung auch anderer Theorierahmen darin, Kommunikation zu begreifen "als Prozeß, in dem wir immer schon stehen" (1979, S. 62).

Im Massenmedium Fernsehen mit seinen Möglichkeiten der Wirkung und Einflußnahme auf die Einstellungen und Meinungen der Zuschauer (vgl. BURRICHTER, C., 1970; NOELLE-NEUMANN,

1973, 1977, 1978, 1979, 1980a und 1980b; PROKOP, D., 1981; RONNEBERGER, F., 1980 und 1982; SCHÖNBACH, K., 1983; SCHULZ, W., 1982; WINTERHOFF-SPURK, P., 1986) haben Informations- und Nachrichten-Sendungen einen bedeutungsvollen Stellenwert mit besonderer Problematik. Unter dem Titel "Wer die Show hat, hat die Macht" zeigte ein zweiteiliger Fernsehfilm anhand der amerikanischen und deutschen Fernsehberichterstattung eindrucksvoll, wie Fernsehmacher Wirklichkeit manipulieren und stellte angesichts der immer mehr an die Gesetzmäßigkeiten des Show-Business angelehnten Fernseh-Berichterstattung die provokative Frage "Kann die Demokratie das Fernsehen überleben?" (HAPPRECHT, K. , 1982; BUSSE, M.; WÖRDEMANN, F., 1982). NEIL POSTMAN hat für die amerikanischen Fernsehnachrichten behauptet, "daß dem surrealistischen Rahmen der Fernsehnachrichten eine Theorie der Anti-Kommunikation zugrundeliegt, die einen Diskurstypus propagiert, der Logik, Vernunft, Folgerichtigkeit und Widerspruchslosigkeit preisgegeben hat" (POSTMAN, N., 1985, S. 130).

Internationale Vergleiche sind jedoch nur schwierig zu ziehen. Nicht nur in Programm-Struktur und -Menge unterscheiden sich die USA und deutschsprachige Länder stark voneinander, sondern auch in ihren Publikumseigenschaften (GROEBEL, J., 1986, S. 48). Auch Nachrichtensendungen der DDR sind mit denen der Bundesrepublik aufgrund der unterschiedlichen Gesellschaftssysteme nicht vergleichbar (vgl. SCHARF, W., 1981).

Daher führt die vorliegende Arbeit im Theorie-Teil zunächst mittels einer Bestandsaufnahme der bundesdeutschen Fernseh-Nachrichten-Praxis in die Thematik ein, bevor auf Theorien der Fernsehforschung und die Funktion von Gestaltungstechnik in der medialen Kommunikation eingegangen wird.

II.1 Fernsehnachrichten in der Bundesrepublik Deutschland

Da die vorliegende Arbeit im Praxis-Teil Untersuchungen zur Wirkung von Gestaltungsmitteln in Fernsehnachrichten anstellt, ist es zum Verständnis der Gestaltungsproblematik in Fernsehnachrichten notwendig, im Überblick die historische Entwicklung sowie den aktuellen Strukturwandel der "Fernsehlandschaft" zu berücksichtigen und schließlich auf die Herstellungsmechanismen im Produktions-Alltag der aktuellen Berichterstattung einzugehen.

II.1.1 Historische Entwicklung der Fernsehnachrichten

"Am Anfang war das Wort ..." - hier hat die Bibel sicher recht. Über Jahrtausende hindurch wurde Information ausschließlich mündlich überliefert. Die ersten uns bekannten Höhlenmalereien stammen aus dem 30. Jahrtausend vor Christus und wurden in Europa gefunden - frühe Versuche, Ereignisse auch in Bildern festzuhalten. Die Ägypter entwickelten ein Schriftsystem aus Bildsymbolen und Zeichen, in vielen Kulturen wurden Ereignisse in Stein gemeißelt und aufgemalt. Die Griechen entwickelten eine unterhaltsame Art der Berichterstattung: Kriege und Schlachten wurden in Form von Theaterstücken dargestellt. Seit der Erfindung der Fotografie und der Aufzeichnung von bewegten Seqenzen durch zunächst stumme und bald darauf durch Ton-Filme, stellt die Erfindung des Fernsehens - zunächst schwarz-weiß und bald darauf auch farbig - einen vorläufigen Höhepunkt in der allgemeinen Verfügbarkeit audiovisueller Information für die Allgemeinheit dar, wenn auch Prognosen für die Zukunft weitere revolutionäre Entwicklungen erahnen lassen (vgl. APPELDORN, W. van, 1972).

Berichterstattung war seit Beginn der Bewegtbildaufzeichnung ein wichtiges Anliegen der Filmemacher. Die erste öffentliche Aufführung eines Films der Brüder LUMIERE in einem eigens dafür hergerichteten Theater zeigte einen einfahrenden Zug auf dem Bahnhof von Ciotat so realistisch, daß Zuschauer erschreckt aufsprangen, und "als Griffith zum ersten Mal einen Kopf in Großaufnahme vorführte, brach im Kinosaal Panik aus" (HOEPPEL, R., 1986, S. 34).

Die Brüder LUMIERE drehten 1895 in Frankreich den ersten Dokumentarfilm 'Arbeiter verlassen die Fabrik'; OSKAR MESSTER gründete die erste Wochenschau in Deutschland. "Sie war eher ein Jahrmarktprodukt, eine Weiterentwicklung der Moritatengeschichten als aktuelle Information für die Massen. Trotzdem stellt die Wochenschau den Übergang dar von der gedruckten und dann über Hörfunk verbreiteten Nachricht zur filmischen" (STRASSNER, E., 1982, S. 1). Im deutschen Reich erschienen aktuelle Filmberichte im Vorprogramm der Lichtspielhäuser (vgl. WIPPERMANN, K.W., 1970). Anders als die Allierten entdeckten deutsche Generäle den Nachrichtenfilm als propagandistische Waffe erst nach dem ersten Weltkrieg (vgl. WIPPERMANN, K.W., 1971). Ab 1933 wußten die National-Sozialisten den Film für ihre Zwecke zu nutzen, 1940 entstand die 'Deutsche Wochenschau' als Monopol-Einrichtung - die Berichterstattung wurde zur Propaganda (vgl. GIESE, H.-J., 1940). Nach dem zweiten Weltkrieg standen die Wochenschauen zunächst unter dem Einfluß der Besatzungsmächte. Unter deutscher Regie wurden in der Bundesrepublik 1949 die 'Neue Deutsche Wochenschau' und 1952 die 'Welt im Bild' gegründet (vgl. RENNINGS, J. van, 1956).

Die ersten Fernsehsendungen konnten 1935 in Berlin in öffentlichen Fernsehstuben und von ein paar Gerätebesitzern gesehen werden. Schon das erste regelmäßig ausgestrahlte Versuchsprogramm enthielt Wochenschau-Berichte. Nach dem zweiten Weltkrieg brachte der Nord-West-Deutsche Rundfunk (NWDR) in Hamburg die 'Neue Deutsche Wochenschau' sowie aktuelle Fotos. Ab Oktober 1951 wurden täglich einige aktuelle

Fotos der Deutschen Presse-Agentur (dpa) gesendet, die von der Hörfunk-Nachrichtenredaktion betextet wurden (vgl. WAGENFÜHR, K., 1980).

Am 20.12.1952 wurde die "Taggesschau Nr.1" gesendet, die der Redakteur MARTIN S. SVOBODA in Zusammenarbeit mit einer Cutterin und einer Assistentin produzierte - im Stil immer noch vergleichbar der Wochenschau. Seit dem 1.11.1954 bekam die Hamburger Tagesschau-Redaktion Filme von anderen Fernsehstationen der Bundesrepublik sowie von internationalen Filmdiensten, die neben den inzwischen eigens engagierten Kamerateams aktuelle Berichte anlieferten. Ab 1.10.1956 wird die "Tagesschau" täglich (zunächst außer sonntags) gesendet. Sie besteht überwiegend aus Filmnachrichten mit Kommentartext. Ab dem 2.3.1959 werden zusätzlich Wortmeldungen in einem ca. fünf Minuten langen Block verlesen, die von der NDR-Hörfunkredaktion formuliert sind und durch Standbilder illustriert werden. Seit dem Programm-Start des "Zweiten Deutschen Fernsehens" am 1.4.1963 gibt es die Konkurrenz-Sendung "heute" im ZDF (vgl. STRASSNER, 1982). 1960 bekommt die "Tagesschau" eine eigene Nachrichten-Redaktion unter der Leitung von HANS-JOACHIM REICHE, der die politische Information zum Zentrum der Tagesschau macht und Grundsätze für deren Umsetzung formuliert: "Selbstverständliche Voraussetzung ist und war von Anfang an, daß die Nachrichten objektiv, sachlich und überparteilich ausgewählt, geordnet und dargeboten werden. Überdies ist die Redaktion darauf bedacht, verläßlich und schnell zu sein. Zu den Grundsätzen der Tagesschau gehört schließlich auch klare und leicht verständliche Formulierung der Information" (REICHE, H.J., 1969, S. 140).

II.1.2 **Der Strukturwandel in der "Fernsehlandschaft"**

Im Jahr 1973 war von der Bundesregierung die "Kommission für den Ausbau des technischen Kommunikationssystems" - KtK eingerichtet worden, um Entwicklungen im Bereich der elektronischen Kommunikation zu untersuchen und einzuschätzen. Zunächst ziemlich unbeachtet von der Öffentlichkeit legte die KtK 1976 ihren "Telekommunikationsbericht" vor, der sich für vier Maßnahmen einsetzte: Ausbau der Telefonvollversorgung bis zum Jahre 1985, eine bessere Ausnutzung der Fernsprechleitungen durch Digitalisierung, Ausweitung der Daten- und Textkommunikation in Industrie und Verwaltung und Empfehlung projektbezogener Versuche von Kabelfunk unter Beteiligung privater Veranstalter (vgl. BUNDESMINISTERIUM FÜR DAS POST- UND FERNMELDEWESEN, 1976). Neben der Erprobung neuer Technologien sollten die Projekte vor allem anhand repräsentativer Stichproben der bundesdeutschen Bevölkerung neue sogenannte Kabeldienste zum Informationsabruf und Dialog erproben sowie die Akzeptanz und Nutzungsweisen neuer Programmangebote testen. Da "verfassungsrechtlich Rundfunkangelegenheiten Ländersache sind, beschlossen die Ministerpräsidenten der Bundesländer am 11. Mai 1978, den Kabelfunk in Pilotprojekten (Berlin, Dortmund, Ludwigshafen, München) erproben zu lassen. Der Beschluß wurde im November 1980 bestätigt - vermehrt um die Klausel, daß die Länder durch Rückgriff auf das Rundfunkgebührenaufkommen die Projekte mit 140 Mill. DM unterstützen wollen" (SCHMIDBAUER, M; LÖHR, P., 1983, S. 10). Der Start des ersten Kabelpilotprojekts in Ludwigshafen fiel sinnigerweise auf den 1. Januar des Jahres 1984, dem man jahrzehntelang als sogenanntes "ORWELL-Jahr" (vgl. ORWELL, G., 1950) entgegen-geschmunzelt hatte.

Bezogen auf Fernsehprogramme gab es neben der Vervielfachung der empfangenen Kanäle im wesentlichen folgende Neuerungen: Zum erstenmal wurde Fernsehen von privaten, auch ausländischen Programm-Veranstaltern angeboten, es gab einen sogenannten "Offenen Kanal", der den Zuschauern die Möglichkeit eröffnete, eigene selbst-produzierte Sendungen auszustrahlen und es gab Lokalprogramme. Gerade auf diesen Bereich legt zum Beispiel das Kabelpilotprojekt Dortmund besonderen Wert.

"Der wichtigste Lebensraum jedes Menschen, der Nahbereich in dem für jeden überschaubar die wichtigsten sozialen Prozesse ablaufen, war bisher nicht Gegenstand eigener Programmkapazitäten. Der Kabelfunk hat mit seinem Lokalradio und seinem lokalen Fernsehprogramm hier die Lücke geschlossen" (LINDE, E., 1986, S.12).

Der "Offene Kanal", wird von den einen gefeiert als Konsequenz aus BRECHT's "Radiotheorie", in der er 1932 die Rundfunktechnik nicht nur als Empfangsinstrument, sondern auch als mögliches Sendegerät für jeden Bürger sieht (vgl. BRECHT, B., 1967). Von anderen wird der "Offene Kanal" wegen seiner "Feigenblatt-Funktion" verschriehen.Trotz aller gutgemeinten Ansätze der als "Kommunikationshelfer" bezeichneten Anleiter scheint dieser "Bürger-Kanal" eher ein Schattendasein zu führen und sogar für Hobbyfilmer bzw. Video-Macher seinen anfänglichen Reiz verloren zu haben.

Schon lange vor dem geplanten Auslauf waren die Kabelpilotprojekte bereits von der Entwicklung überholt worden. Die Deutsche Bundespost baute nach dem Regierungswechsel 1982 unter CDU-Regierung die ursprünglich wegen Empfangsschwierigkeiten - z.B. in Hochhaus-Abschattungen - entstandenen Gemeinschaftsantennen-Anlagen zu ersten "Kabel-Inseln" aus. Die ursprüngliche vor allem von der SPD geforderte "Rückholbarkeit" der neuen Medien-Strukturen der Pilotprojekte war längst übergangen worden.

"Seit dem Start von PKS bzw. SAT 1 am 1. Januar 1984 im Rahmen des Kabelpilotprojektes Ludwigshafen gibt es in der Bundesrepublik Deutschland privates Fernsehen. Diese Entwicklung hin zu privaten Rundfunkprogrammen in Deutschland ist nicht mehr reversibel" (DOETZ, J., 1986 S. 1). So beginnt SAT-1-Geschäftführer JÜRGEN DOETZ seinen Beitrag auf der "telematica '86", der internationalen Fachmesse für Bildschirmtext, Kabelfernsehen, Mikrocomputer, Breitbandtechnik und Bürokommunikation - übrigens eine Aufzählung von Begriffen, die seit Beginn der 80er Jahre unter dem Sammelbegriff "Neue Medien" im Informations- und Kommunikations-Bereich subsummiert wurden.

Einen Tag nach dem "Urknall in Ludwigshafen, dessen Schallwellen allerdings nur in 2 bis 3.000 verkabelten Haushalten zu hören waren", startete RTL-plus in Luxemburg, das deutschsprachige Fernsehprogramm der CLT - COMPAGNIE LUXEMBOURGEOISE DE TELEDIFFUSION - in Luxemburg (THOMA, H., 1986, S. 3). Die Programme der CLT , die seit 1928 im Hörfunkbereich tätig ist, sind ausschließlich aus Werbung finanziert. Um nicht als "ausländischer Sender"zu gelten hat RTL den Eigenanteil auf 46% beschränkt; das deutschsprachige RTL-plus-Fernsehprogramm ist zu 39% in der Hand der BERTELSMANN AG aus Gütersloh, dem inzwischen größten Medienproduzenten der Welt; 10% erwarb der zweitgrößte Zeitungskonzern der Bundesrepublik, die WESTDEUTSCHE ALLGEMEINE ZEITUNG (WAZ) aus Essen. Weitere 5% teilen sich die FRANKFURTER ALLGEMEINE ZEITUNG sowie die Verlage BAUER und BURDA (RÖPER, H., 1987).

Nachdem sich unter dem Namen "APF - AKTUELL-PRESSE-FERNSEHEN" anfangs die Großverlage der Zeitschriftenbranche als lockeres Konsortium zusammengefunden hatten, ist daraus inzwischen ein straff organisiertes Unternehmen geworden mit der Bezeichnung "SAT-1". Ca. 60% der Anteile sind in der Hand von Großbanken. Der SPRINGER-Konzern hält 15% und ist an weiteren 15% beteiligt. Anteilseigner sind die PKS - ein Tochter-Unternehmen der DEUTSCHEN GENOSSENSCHAFTSBANK (DG), der OTTO-MAIER-VERLAG aus Ravensburg, die SÜDWEST-PRESSE aus Ulm und ein Tochter-Unternehmen der VON HOLTZBRINCK-Gruppe. Da die DG-Bank mit dem Münchener LEO KIRCH, "Europas größtem Filmhändler" liiert ist, der auch 10% der SPRINGER-Aktien besitzt, geht man davon aus, daß KIRCH "der starke Mann hinter den Kulissen ist" und "daß die Verbindung SPRINGER-KIRCH SAT 1 beherrscht" (RÖPER, H., 1987, S. 26).

Wenngleich z.B. bayerische Medienpolitik ausdrücklich "Beteiligung von Kommunen und Printmedien an den neuen Programmen ohne die Schaffung unerwünschter Monopole" und "grundsätzliches 'Jedermannsrecht' für das Anbieten neuer Programme" als Grundleitlinien propagiert (MÜHLFENZL, R., 1986, S. 10), so ist doch Fernsehprogramme anzubieten ein so kostenintensives Unternehmen, daß aller Euphorie und Pionier-Stimmung zum Trotz zu erwarten ist, daß sich letztendlich nur die großen Medien-Konzerne langfristig durchsetzen. Bei RTL-Plus beispielsweise rechnet man damit, daß man den Punkt, an dem die Gewinne anfangen, die Verluste zu übersteigen, den sogenannten "'break-even-point' im Jahre 1989 erreicht, und im Jahre 1992/93 käme das Unternehmen dann in die Gewinnzone. Wenn man sich diese langen Zeiträume betrachtet, also ein Durchhaltevermögen von 8 Jahren, um dann Gewinne zu machen, so sieht man, daß die viel gescholtenen Kommerziellen offenbar doch im Fernsehmachen mehr sehen als bloß eine Möglichkeit Geld zu verdienen. Denn derartige Möglichkeiten beginnen sich normalerweise in wesentlich kürzerer Zeit zumindest zu errechnen" (THOMA, H., 1986, S. 9). Im Jahr 1985 betrugen die Werbe-Einnahmen der ARD 885 Millionen, die Werbe-Einnahmen von SAT-1 lediglich 10 Millionen DM (LOYSON-SIEMERING, A., 1986, S. 55).

Wenn es also nicht nur um's Geld geht, worum geht es einem Privat-Fernseh-Anbieter dann? - vielleicht doch um's "Sendungsbewußtsein" im doppelten Wortsinn? Aufgrund derzeitiger Entwicklungstrends wird befürchtet, daß die Privatisierung eines Teils der Fernsehlandschaft "zu einer bis dahin unbekannten Konzentration publizistischer Macht in den Händen einiger weniger Großkonzerne" führt, wobei ein Zweikampf zwischen SAT-1 und RTL-plus prophezeit wird (RÖPER, H., 1987, S. 25). Wird der Begriff "Programm-Vielfalt" nicht "quantitativ, sondern i. S. einer qualitativen Vielfalt gedeutet, so spricht gegenwärtig vieles für die Annahme, daß ein solches Vielfaltspotential beim Aufbau des Rundfunksystems der Zukunft verschenkt wird" (HOFFMANN-RIEM, W., 1987, S. 315).

Die Hersteller traditioneller "Print-Medien" sehen dagegen die derzeitige Strukturveränderung als überlebensnotwendig an. Sie haben längst begonnen, zukunftsträchtiges "elektronisches Publizieren" in ihre verlegerische Tätigkeit einzubeziehen. "Mit der Erweiterung des traditionellen Medienprodukts kann eine Diversifikation der Unternehmensaktivitäten verbunden sein, die im wesentlichen auf der Anwendung betriebsinterner Rechner im Rechnerverbund basiert" (HEINRICH-HERTZ-INSTITUT, 1983, S. 71).

"Die wichtigste Chance für eine aktive unternehmenspolitische Strategie der Zeitungsbetriebe gegenüber den neuen Medien richtet sich auf die Nutzbarmachung neuer elektronischer Übertragungswege für eigene publizistische Leistung" (WITTE, E., 1984, S. 76).

Zeitungsverlage erweitern ihre Produktpalette und werden zu Medienunternehmen. Um ihre Existenz zu sichern, müssen sie sich der neuen elektronischen Übertragungskapazitäten bedienen. Zeitungen engagieren sich außerdem als lokale oder regionale Hörfunkveranstalter, "um der drohenden Abschöpfung des lokalen und regionalen Werbebudgets durch Branchenfremde entgegenzusteuern" (LOYSON-SIEMERING, A., 1986, S. 55).

II.1.3 Auswirkungen des Strukturwandels auf Programm und Rezeption

Obwohl sich die Veränderung der Medienlandschaft in der Bundesrepublik Deutschland für die meisten Zuschauer noch nicht spürbar ausgewirkt hat, weil bisher nur eine Minderheit die neuen Fernsehprogramme empfangen kann, liegen aus den Kabelpilotprojekten bereits Forschungsergebnisse vor.

Eine Analyse des bundesdeutschen Fernsehpublikums ergab, "daß die Zuschauer an einem breiten und unterhaltungsorientierten, ihre Alltagsprobleme kompensierenden Programmumfang interessiert sind" (SCHMIDBAUER, M., 1982, S. 83). Eine andere Untersuchung belegte, daß der Anteil informierender, kultureller und bildender Programme in kommerziell organisierten Fernsehsystemen niedriger ist "als in nicht profitorientierten, z.B. öffentlich-rechtlichen, am Gemeinwohl orientierten" (KELLNER, H. u.a., zitiert nach SCHMIDBAUER, M., 1982, S. 86).

Eine interessante Analyse verschiedener Phasen der Programm-Konzepte des Verleger-Fernsehens SAT-1 berichtet, daß man dort durchaus zunächst versucht hatte, den Unterhaltungs-Schwerpunkten der öffentlich-rechtlichen Sender während der Haupt-Sendezeiten ein anspruchsvolles Zielgruppenprogramm entgegenzusetzen. Aufgrund von enttäuschenden demoskopischen Ergebnissen gab man solche Experimente recht bald wegen fehlender Akzeptanz auf seiten der Zuschauer wieder auf (JOSSE, H., 1987).

Aus den Ergebnissen einer Untersuchung der Sehgewohnheiten von Zuschauern im Kabelpilotprojekt Ludwigshafen-Vorderpfalz, die über 20 Fernsehkanäle empfangen, lassen sich die Nutzungs-Ergebnisse nach Angebotsgruppen zusammenfassen: Die zusätzlichen Programme der öffentlich-rechtlichen Anstalten "erfahren positive Resonanz"; die kommerziellen Angebote mit rein unterhaltender Zielsetzung "gehörten zu den erfolgreichsten privaten Angeboten" und unter dem "Schlagwort 'Zuschauerfreie Kanäle' werden Programme wie Bürgerservice-Kanal, Mischkanal und Offener Kanal zusammengefaßt". Die Untersuchung kommt zu dem Ergebnis, "daß der Schwerpunkt der Nutzung neuer Programmangebote eindeutig bei den unterhaltenden Sendungen und damit auch bei den entsprechend konzipierten Kanälen liegt" (DEHM, U.; KLINGLER, W., 1985, S. 460).

Für die Nachrichten-Sendungen von ARD und ZDF zur Hauptsendezeit zeigte sich kein wesentlicher Zuschauer-Rückgang, lediglich am späteren Abend wird hier ein Rückgang deutlich (DEHM, U.; KLINGLER, W., 1985, S. 461), aber "von einem als dramatisch zu bezeichnenden Zuschauerrückgang sind Informationssendungen aus den Themenbereichen Politik, Wirtschaft und Gesellschaft betroffen" (DEHM, U.; KLINGLER, W., 1985, S. 462).

"Massenattraktive Unterhaltungssendungen" können sich bei zunehmender Konkurrenz am ehesten behaupten. Im Rahmen einer generellen Angebotserweiterung gibt es zwar insgesamt auch mehr politisch informierende, kulturelle und bildende Sendungen, die von den öffentlich-rechtlichen Anstalten in ihren dritten Programmen sowie in "EINS-PLUS" und "3-SAT" angeboten werden. "Auf der anderen Seite wird jedoch heute schon deutlich, daß diese Zunahme von im weitesten Sinne informierenden Programmangeboten einhergeht mit einer Stagnation bzw. sogar einem Rückgang in der Nutzung dieser Inhalte. Und dies ganz offensichtlich zugunsten von Unterhaltung, insbesondere Spielfilm und Serien" (DEHM, U.; KLINGLER, W., 1985, S. 463; vgl. RUST, H., 1987).

In den USA hat sich die Prognose seitens der Werbeindustrie und den Kulturkritikern, der Fernsehkonsum werde durch die Verkabelung ansteigen, laut NIELSEN-Report (vgl. NIELSEN, A. C. Company, 1985) erfüllt. "Während der letzten zehn Jahre hat sich der Fernsehkonsum pro Haushalt um etwa zehn Prozent erhöht - auf über sieben Stunden am Tag. Bezogen auf die Einzelpersonen in diesen Haushalten bedeutet dies einen Durchschnitt von ca. 4 1/2 Stunden" (STIPP, H., 1986, S. 177). Diese Ergebnisse müssen aber im Zusammenhang mit der qualitativen Veränderung des Sehverhaltens gesehen werden. Amerikanische Forschungsergebnisse deuten darauf hin, daß vor allem junge Leute neue Sehgewohnheiten entwickelt haben wie "channel switching", ständiges Umschalten zwischen den

Kanälen, und "background viewing", der Fernseher läuft nebenbei mit (vgl. ROPER Organization, 1985).

Gleichzeitig zeigt sich in den Zuschauergewohnheiten eine Tendenz zu aktiverer Programmauswahl; es etablieren sich zunehmend Zielgruppenprogramme, die sich an Zuschauer mit speziellen Themen-Interessen wenden. "Besonders junge Leute, die nach NEIL POSTMAN und anderen zu den bevorzugten Opfern der narkotisierenden Wirkung des Fernsehens gehören, sind die aktivsten und wählen am stärksten aus" (STIPP, H., 1986, S. 178).

Diese Trends der "Medien-Geschichte" faßt MALETZKE im Zusammenhang mit der gesellschaftlichen Entwicklung in drei Phasen zusammen: Die vergangene Phase der "Elite-Medien", die nur einer kleinen Schicht zugänglich waren; die gegenwärtig zu Ende gehende verhältnismäßig kurze "Übergangsphase" der "Massenmedien", die sich "an alle" wendeten und die bereits angebrochene Phase der "'Spezial-Medien', gekennzeichnet durch eine zunehmende Spezialisierung und Differenzierung der Medien selber und ihrer Angebote" (MALETZKE, G., 1987, S. 247).

Es deutet sich an, daß die kommerziellen Programme eher Zuschauern mit niedriger als mit höherer Schulbildung zusagen (vgl. FRANK, B., 1986, S. 234). "Generell ist eine stärkere Segmentierung der Zuschauerschaft festzustellen, die sich z.B. in einer deutlich unterschiedlichen Sehdauer verschiedener Ausbildungsgruppen bei einzelnen Programmen dokumentiert (FRANK, B.; KLINGLER, W., 1987, S. 131).

Bezogen auf das Gesamt-Fernsehprogramm hatte die Veränderung der Medienlandschaft "in der ersten Phase zu einer überproportionalen Unterhaltungsausweitung mit teils ausländischen Billigprodukten geführt". Die öffentlich-rechtlichen Programme von ARD und ZDF erwiesen sich trotz dieser Herausforderung und der zunächst befürchteten Einbuße an Informations-Sendungen in ihrer Programm-Struktur als stabil und setzten in ihren Satelliten-Kanälen EINS PLUS und 3-SAT ein bewußt kulturell und informatorisch anspruchsvoll konzipiertes Programm-Angebot dagegen (KRÜGER, U.M., 1986, S. 505).

Eine Programm-Analyse zeigt für Informationssendungen einen deutlich höheren Anteil in den öffentlich-rechtlichen Programmen. "Bei den aktuellen/politischen Sendungen wies unter den kommerziellen Sendern nur SAT 1 (15%) einen annähernd mit ARD (19%), ZDF (17%) und 3SAT (16%) vergleichbaren Programmanteil auf, während RTL plus (7%) erheblich weniger und Sky Channel (0,4%) so gut wie gar keine aktuelle/politische Information anbot" (KRÜGER, U.M., 1986, S. 491).

In einer vergleichenden Untersuchung der Nachrichtensendungen von ARD, ZDF, SAT-1 und RTL-plus über einen Beobachtungszeitraum von einer Woche stellt KRÜGER (1985) einen "neuartigen Nachrichtenstil" fest, den er analog zu amerikanischen Gepflogenheit in der Terminologie mit "soft news" charakterisiert (KRÜGER, U.M., 1985, S. 484).

"Unter den Hauptnachrichten hat die Newsshow '7 vor 7' von RTL plus mit Abstand vor 'APF blick' und noch deutlicher im Vergleich zu ARD und ZDF den geringsten Anteil an politischer Berichterstattung. Vorherrschend waren bei RTL plus Sport, Alltag, Human Interest und Diverses . Neben der politischen Berichterstattung hatten aber auch in 'APF blick' diese für das kommerzielle Nachrichtenangebot charakteristischen 'soft news'-Beiträge einen herausragenden Stellenwert" (KRÜGER, U.M., 1985, S. 479). Vergleichende Inhaltsanalysen legen die Konzeption privater Nachrichten-Anbieter offen: "Die politische und gesellschaftliche Welt der RTL-Nachrichten hatte - mit Ausnahme der Innenpolitik - wenig mit dem Nachrichtenverständnis der öffentlich-rechtlichen Anstalten zu tun. Hier ging es in den Themen, der Wortwahl, der Gestik und Mimik um Sensationen und Attraktionen, die des Zuschauers Aufmerksamkeit auf subtile und vielfältige Weise zu fesseln versuchten" (FRANK, B.; KLINGLER, W., 1987, S. 85).

"Ein Gegengewicht zur Herstellung von politischer Öffentlichkeit in den öffentlich-rechtlichen Anstalten haben die kommerziellen Sender durch ihre teilweise am Boulevardzeitungsstil orientierte aktuelle Berichterstattung mit erkennbarer Tendenz zur Entpolitisierung im Grunde schon geschaffen. Es sind überwiegend 'soft news', die statt der harten politischen Kontroverse den Strom meist singulärer Fakten bevorzugen und damit wohl den Harmoniebedürfnissen breiter Publikumsschichten entgegenkommen" (KRÜGER, U.M., 1985, S. 480). Ob dies auch beim Rezipienten zu einer Veränderung des Relevanz-Bewußtseins führen wird, ist eine der ungeklärten Fragen (vgl. MOHN, E., 1985). Für die USA faßt EGE zusammen: "Was die kommerziellen Nachrichten hinterlassen, sind Eindrücke und Gefühle" (EGE, K., 1987, S. 38).

Im Vergleich der Repräsentanz politischer und gesellschaftlicher Akteure ergaben "sich in den Verteilungen der Hauptnachrichten Schwerpunkte, die in etwa den Gewichtungen der inhaltlichen Strukturen entsprechen. In '7 vor 7' von RTL plus lagen die Präsenzraten von Bundesregierung (3%) und Opposition (1%), das heißt die Prozentanteile an Beiträgen, in denen die Bundesregierung und/oder die Opposition als Subjekt oder Objekt vorkamen, äußerst niedrig. ... Demgegenüber war in der Hauptnachrichtensendung 'APF blick' von SAT 1 die Bundesregierung mit einer Präsenzrate von 16 Prozent erheblich stärker vertreten, die Bonner Opposition erschien nur in zwei Prozent der APF-Beiträge" (KRÜGER, U.M., 1985, S. 484).

Im Unterschied zu den Privaten, "dafür untereinander sehr ähnlich waren die Präsenzraten bei 'Tagesschau' und 'heute'. In beiden Sendungen dominierte die Bundesregierung (jeweils

19%) vor der Opposition (jeweils 4%)" (KRÜGER, U.M., 1985, S. 485).

Mit der Untersuchung der sogenannten "Issue-Präsentation" sollte herausgefunden werden, inwieweit kontroverse Positionen zu strittigen Themen dargestellt wurden. "Für die Beobachtungszeitwoche zeigte sich, daß von den Hauptnachrichten die 'Tagesschau' die größte Positionsvielfalt aufwies; von den insgesamat 104 Beiträgen enthielten 15 Beiträge zu politischen Inlandsthemen mehrseitige Positionen. An zweiter Stelle folgte 'heute', danach mit Abstand 'APF blick'. Im Nachrichtenangebot von RTL plus mit insgesamt 125 Beiträgen fanden sich nur zwei mehrseitig behandelte Issues und damit die geringste Vielfalt an Positionen in der politischen Inlandsberichterstattung" (KRÜGER, U.M., 1985, S. 487). Es läßt sich also zusammenfassend sagen, daß auch bezogen auf Fernseh-Nachrichten bereits jetzt die veränderte Medienlandschaft zu Veränderungen in den Inhalten und der Rezeption von Programmen geführt hat. "Überspitzt ausgedrückt wird aus Information im Sinne von 'Tagesschau' und 'heute' in den privaten Programmen - Beispiel '7 vor 7' von RTLplus - eine Spielart der (informierenden) Unterhaltung" (FRANK, B.; KLINGLER, W., 1987, S. 151).

Der Kommunikationswissenschaftler DENIS McQUAIL faßt Ansätze zur Reaktion der Kommunikationstheorie auf die Strukturveränderung in der Medienlandschaft, die seiner Meinung nach teils negative und teils positive Bewertung in folgenden Thesen zusammen: Die Kommerzialisierung der Medienlandschaft

"- tendiert dazu, die Kommunikationsziele (Meinungsvielfalt, Teilhabe, Meinungsbildung, Information etc.) durch die Kommunikationsmittel (z.B. Gewinnung von Aufmerksamkeit, Anpassung an Bedürfnisstrukturen) oder gar durch andere Ziele (Gewinn, Bereitstellung eines großen Publikumspotentials für die Werbung treibende Wirtschaft) zu ersetzen;

- tendiert dazu, Macht und Einfluß der Eigentümer von Kommunikationskanälen, die im allgemeinen kapitalistische Interessen vertreten oder der kapitalistischen Klasse angehören, zu erhöhen;
- erkennt keine Werte an, außer denen des Marktes. Kommerzielle Aktivitäten sind daher - prinzipiell - gewissenlos, während Kommunikation primär mit kulturrellen und moralischen Werten zu tun hat;
- begünstigt im Interesse kostengünstiger Produktion und maximalen Absatzes Standardisierung eher als Originalität, Konformität eher als Unabhängigkeit;
- begünstigt unausgewogene, verzerrte oder manipulative (berechnende) Beziehungen zwischen Sender und Empfänger;
- schützt, dem Prinzip nach, die Freiheit für jedermann, auf dem "Markt der Ideen" aufzutreten und dort zu konkurrieren, also Freiheit und Wahlfreiheit, Kommunikator zu werden;
- treibt Innovation, Differenzierung, Verbreitung an viele, Auswahl voran;
- tendiert zur Maximierung von Auswahlmöglichkeiten und zur Befriedigung der maximalen Zahl von Individuen" (McQUAIL, D., 1986, S. 636).

Mediale Kommunikation in den Fernsehnachrichten wird nicht nur durch grundsätzlich unterschiedliche theoretische und konzeptionelle Positionen seitens der Produzenten prädeterminiert, sondern auch Einflüsse der alltäglichen Produktionsmechanismen können die Gestalt der Kommunikate mitbestimmen. Daher werden im folgenden die Produktionsbedingungen der aktuellen Berichterstattung näher betrachtet.

II.1.4 Produktionsbedingungen der aktuellen Berichterstattung

Wie die veränderte "Fernsehlandschaft" sich auf Dauer auf die Rezeption auswirkt, ist noch unbekannt. Zur Zeit jedenfalls haben Nachrichten einen hohen Image-Bonus: "Nachrichten gelten als ideologiefreier, informatorischer Rohstoff über Ereignisse ... die Fiktion der 'reinen', 'nackten' Information bekommt für Nachrichtenredakteure somit Grundgesetzcharakter" (GEYER, M., 1973, S. 78). Generell besteht daher die Gefahr, daß der Zuschauer alle Meldungen als "offiziell" akzeptiert und für ihn auch nur die von den Nachrichten-Machern ausgewählten Meldungen als "Nachrichten" gelten (vgl. SCHLESINGER, P., 1978).

Nachrichtensendungen unterliegen stärker als andere Fernsehsendungen bestimmten Regeln, die zum großen Teil juristisch definiert worden sind und die Produzenten z.B. zu wahrheitsgemäßem, unabhängigem und objektivem Berichten verpflichten sollen (vgl. LEHR, W.; BERG, K., 1976). Eine zentrale Rolle spielt dabei der Begriff der "Objektivität". "In den Programmgrundsätzen werden die Rundfunkredakteure zu objektiver Berichterstattung verpflichtet, wobei allerdings die normativen Formulierungen eine beträchtliche Variationsbreite aufweisen:

- Objektivität bei der Nachrichtenauswahl (BR-Gesetz),
- 'objektiver Überblick über das Weltgeschehen' (ZDF-Staatsvertrag),
- 'hohes Niveau wahrheitsgetreuer Objektivität' von Berichtsinhalt, Stil und Wiedergabe (SDR-Gesetz),
- Verpflichtung auf Nachrichtenquellen, 'die Beurteilung und Wiedergabe einen objektiven Standpunkt erkennnen lassen' (RB-Gesetz)" (AUFERMANN, J., 1982, S. 78).

Darüberhinaus haben die Berufsfelder der Journalistik und

Publizistik ein eigenes Selbstverständnis aufgebaut und ständig weiterentwickelt (vgl. LaROSCHE, W. v., 1984). Während die historische Bedeutung einer "Nachricht" eine "Mitteilung zum darnachrichten" (Gebr. GRIMM, J. u. W., 1889, Spalte 103) war, wurde später eine Nachricht als "kürzeste Mitteilung eines Sachverhalts" (HAGEMANN, W, 1950, S. 49) bezeichnet. Sie wird "vielfach synonym für Information, Mitteilung, Hinweis, Meldung verwendet" (KOSZYK, K.; PRUYS, K. H., 1969, S. 247) und wird definiert als "eine nach bestimmten journalistischen Regeln gestaltete Mitteilung über einen Sachverhalt, von dem angenommen wird, daß er für den Empfänger ganz oder teilsweise neu ist" (NOELLE-NEUMANN, E.; REUMANN, K., 1971, S. 195).

In der Mitte des 19. Jahrhunderts kamen die privatwirtschaftlichen Nachrichtenagenturen auf, die sich nach folgenden Kriterien richteten:

"1. Die Nachricht muß 'stimmen', Informationsgehalt und / oder Quelle müssen zumindest überprüfbar sein.
2. Das Ereignis muß Konsequenzen für eine möglichst große Zahl von Personen haben.
3. Die Gruppen (Parteien, Verbände usw.), über deren Teilnahme an Ereignissen und über deren Stellungnahme zu Ereignissen berichtet wird, müssen groß (am besten von überregionaler Bedeutung) sein.
4. Der Schauplatz des Ereignisses muß psychologisch bzw. räumlich möglichst nahe liegen. - Die Nachrichtenreife von Informationen, die diese Kriterien erfüllen, wächst, wenn
5. bekannte Leute am Ereignis beteiligt sind,
6. Konflikte auftreten (was schafft Spannungen, was ist umstritten?),
7. Gefühle bewegt werden (was ist grausig oder rührend, lustig oder erhebend, was erfreut, was verärgert?);
8. etwas unerwartet ist (amerikanische Journalistenregel:

'Hund beißt Mann' ist keine Nachricht, aber 'Mann beißt Hund' ist eine Nachricht);

9. wenn Superlative und Komperative auftreten bzw. konstruiert werden können.
10. Unabhängig vom Inhalt entscheidet sich auch an der Formulierung der Nachricht, ob sie zur weiteren Verbreitung ausgewählt wird; je konkreter, anschaulicher, präziser, ereignisbezogener, desto eher kommt sie in die engere Wahl." (NOELLE-NEUMANN, E.; REUMANN, K., 1971, S. 203f.).

Die Materialbasis für jede Nachrichtensendung stammt "aus dem Angebot der Wort-, Film- und Bildagenturen, von Eurovision, der von den Fernsehanstalten Westeuropas gegründeten Austauschzentrale für aktuelle Programmbeiträge sowie von den eigenen Korrespondenten" (STRASSNER, E., 1982, S. 25). An einer Nachrichten-Sendung zu arbeiten, heißt unter hohem Zeitdruck aus einer Vielzahl von Ereignissen auswählen, gewichten, medial umsetzen und präsentieren zu müssen. Besonders von Praktikern wird immer wieder beklagt, daß aktueller Fernseh-Journalismus "zustande kommt, indem einer nachmittags einen Bericht macht, der abends gesendet wird. (Obwohl: 'Diese Uhr geht doch gar nicht.' - 'Sie müssen das verstehen, wir hatten nur eine Stunde Zeit, sie zu bauen')" (FAROCKI, H., 1986, S. 65).

Eine eindrucksvolle Gegenüberstellung von "Theorie und Praxis" bzw. "Ideal-Vorstellung" und Produktions-Realität" liefert ERICH STRASSNER, indem er die an Optimierung von Nachrichten-Produkten orientierten "kommunikationswissenschaftlichen Vorgaben" mit der durch teilnehmende Beobachtung in Nachrichtenredaktionen gewonnene Kenntnis der "redaktionellen Praxis" vergleicht (STRASSNER, 1982, S. 49f). Hierbei wird deutlich, mit welchen Schwierigkeiten die tägliche Umsetzung der edlen Grundprinzipien von Verständlichkeit, Informativität, Relevanz und Wahrheit zu kämpfen hat.

"Für die Auslandsberichterstattung maßgeblich ist neben den Korrespondentenberichten das Eurovisionsangebot. In der Eurovisions-Schaltkonferenz um 11 Uhr werden Filme mit kurzer Inhaltsangabe vorgestellt: Jerusalem: Rabin trifft Ortoli; Kinder werfen Steine. Nun können die Konferenzteilnehmer, d.h. die Planungs-Verantwortlichen der als Vollmitglieder eingestuften Fernsehanstalten, das sind die großen in Westeuropa, ihr Interesse bekunden. Melden sich mindestens drei Interessenten, so wird der Film über Telex sämtlichen, auch den assoziierten Anstalten wie denen Algeriens, der Türkei usw. angeboten, was bedeutet, daß Filme erst dann in den Handel kommen, wenn ein Mehrheitsvotum vorliegt. Und über dieses entscheidet ein Planungs-Redakteur, der sich nur rückversichert, wenn eine Überspielung über Satellit notwendig wird. Das Filmangebot unterliegt also rein kommerziellen Gesichtspunkten, wobei Schnelligkeit beim Zuschlag Trumpf ist wie bei einer Auktion. Die Redaktion selbst oder der einzelne Redakteur bleiben ausgespart, haben zu nehmen, was ungesehen eingekauft wurde. Eine Einflußnahme, etwa auf die Filmqualität oder auf Inhalte, ist nicht möglich" (STRASSNER, E., 1982, S. 78). Diese Abhängigkeit von den angelieferten Materialien, aus denen sie das Beste herausholen müssen, beurteilen Redakteure als besonders schwierig. Entweder werden solche eintreffenden Filme mit einer ungefähren Vorgabe, was zu sehen sein soll, den Cutterinnen zur selbständigen Bearbeitung übergeben oder man gibt ihnen den Text vor und läßt das Bild darauf schneiden. Die Produktionsarbeiten laufen sehr arbeitsteilig nebeneinander, Filme werden oft unter großem Zeitdruck noch kurz vor der Sendung hastig "betextet". Für die Behandlung von Hintergründen steht zu wenig Sendezeit zur Verfügung, die Illustration von abstrakten und komplizierten Themen wird meist als unüberwindbares Hindernis empfunden.

Die große Eigendynamik des Mediums scheint nicht nur bekannt, sondern sogar als unumgänglich akzeptiert zu werden:

"'Wir machen Fernsehen' heißt es, 'Es muß flimmern' und 'Bilder, auch grausame, sagen mehr als tausend Worte'. Makaber wird das bei Äußerungen wie: '20 Verletzte - nach den Bildern sehr schön!', 'Jeder Tote belebt die Sendung!', 'In Paris sieht man keinen Toten!', darauf 'Warten wir auf die Toten in Italien?'" (STRASSNER, E., 1982, S. 60).

Zusammenfassend aus den dargestellten historischen und aktuellen Entwicklungen der Informationsvermittlung in Fernsehnachrichten und deren Produktionsbedingungen läßt sich die Problematik der medialen Gestaltungstechnik mit ihrer "Eigendynamik" umreißen: "Das Fernsehen hat für die filmische Informations-Vermittlung keine adäquate Bildgrammatik entwickelt, sondern aus Ahnungslosigkeit oder Bequemlichkeit oder Naivität einfach auf die Praxis der Wochenschau zurückgegriffen und sie fürs Fernsehen stromlinienförmig perfektioniert und verfeinert" (WEMBER, B., 1976/1983, S. 164).

Bevor dazu am Abschluß des Theorie-Teils einige grundsätzlichere Überlegungen zur medialen Gestaltungstechnik angestellt werden, sollen zunächst die wichtigsten wissenschaftlichen Ansätze in der Medienforschung mit besonderer Berücksichtigung der Fernsehnachrichten dargestellt werden.

II.2 Fernsehnachrichten-Forschung

Da für die Fragestellung der vorliegenden Arbeit die Kenntnis der bisherigen Forschung zu Fernsehnachrichten von Interesse ist, gibt der folgende Teil einen zusammengefaßten Überblick zu den verschiedenen Ansätzen.

Als Initialzündungen der Fernsehnachrichten-Forschung in der Bundesrepublik Deutschland gelten GERT von PACZENSKY's provokative Frage "Lügt die Tagesschau?" (PACZENSKY, G. von, 1966) und die starke Kritik von REINHARD LETTAU der Nachrichtensendungen von ARD und ZDF (LETTAU, R., 1972).

Fernsehnachrichten sind in der Vergangenheit mit unterschiedlichen Interessen, verschiedenen Fragestellungen und voneinander abweichenden Methoden untersucht worden. Autoren, die die gesellschaftlichen Bezüge der Massenkommunikation untersuchen, kritisieren, daß Forschungen sich aufgrund der finanziellen Abhängigkeiten an Wirkungsfragen und Publikumsanalysen orientieren (DRÖGE, F., 1973), und daß direkte Verwertungsziele die empirische Forschung bestimmen. "Es interessieren die Verhaltenskonsequenzen einer Medienaussage für das Individuum, dessen kurzfristige Wahl- oder Konsumentscheidung beeinflußt werden" soll (BUSELMEIER, K., 1974 S. 129).

Die Medienforschung wird durch eine Vielzahl von Ansätzen, Meinungen und Interessen beeinflußt. "Die wenigen kommunikationssoziologischen Theoreme ('Agenda-Setting-Effekt', 'Uses and gratification approach', 'Theorie der intervenierenden Variablen', 'Gatekeeper-Forschung', 'Two step flow of communication' u.a.) stellen in ihrer Summe ein willkürliches und widerspruchsvolles Nebeneinander von Hypothesen dar, das sich vorzüglich für beliebige Zwecke jeweils unterschiedlicher Interessenten eignet" (MÜLLER-DOOHM, S., 1987, S. 196). Wissenschaftliche Arbeiten "konzentrieren sich entweder auf eine sozio- oder psycholinguistische Analyse der Nachrichtensprache, auf Produktanalysen, Inhaltsanalysen, auf ideologiekritische Auseinandersetzungen mit Nachrichten, auf soziopsychologische Tests zur Behaltens- und Erinnerungsleistung oder auf wenige semiotische Analysen des Bildmaterials" (BRENTANO, B. 1984, S. 3). Da in der Fernsehforschung nicht ein einheitliches Forschungskonzept mit allgemeingültigem Anspruch vorliegt (vgl. PÖTTKER, H., 1987), sollen im folgenden die wichtigsten Ansätze vorgestellt werden.

II.2.1 Wirkungsforschung

Traditionell beruht "die Forschung der Fernsehanstalten primär auf demoskopischen Umfragen" (BAUSCH, H., 1972, S. 3). Nachdem zunächst Meinungsforschungsinstitute damit beauftragt waren, Daten über Sehbeteiligungen einer repräsentativen Auswahl von Haushalten zu ermitteln (vgl. BESSLER, H., 1980, S. 321), veröffentlicht heute die ARW (Arbeitsgemeinschaft Rundfunkwerbung) die aktuellen gemessenen Einschaltquoten von Repräsentativ-Haushalten (BUSS, M.; DARKOW, M., 1984). Bereits einen Tag später können Aussagen über Einschaltquoten des vergangenen "Fernsehtages" gemacht werden.

Nachdem sich zum Ende der 70er Jahre ein abnehmendes Zuschauerinteresse an Nachrichtensendungen abzuzeichnen schien (BESSLER, H.; FRANK, B., 1977), stellt inzwischen die Teilnahme an Nachrichtensendungen wieder "eine Konstante im Fernsehkonsum der Bundesbürger" dar (DARSCHIN, W., 1981, S. 293), "die Nutzung der Nachrichtensendungen stagniert" (STRASSNER, 1982, S. 313).

Die "Tagesschau" wird an einem Wochentag durchschnittlich in 27 Prozent aller bundesdeutschen Fernsehhaushalte eingeschaltet, das entspricht ca. 9,3 Millionen Zuschauern, ZDF-"heute" liegt im Durchschnitt bei 23 Prozent, entsprechend 7,7 Millionen Zuschauern. Dabei sind die Fernsehnachrichten "offenbar für alle Bevölkerungsteile akzeptabel - auch für solche, denen gewöhnlich ein geringes politisches Interesse nachgesagt wird" (DARSCHIN, W.; FRANK, B., 1986, S. 217). An diesen Nachrichten-Rezeptionsgewohnheiten hat offensichtlich auch das Auftreten der privaten Fernseh-Anbieter wenig geändert. Die Untersuchung von saarländischen Haushalten, die über normale Fernsehantennen das Programm von RTL-plus empfangen können, zeigt nur eine geringfügige Beeinflussung der Sehgewohnheiten von Nachrichtensendungen (DARSCHIN, W.; FRANK, B., 1986). Ähnliche Ergebnisse erzielten Analysen des

Zuschauerverhaltens im Kabelpilotprojekt Ludwigshafen-Vorderpfalz, auch hier zeigte sich für die Nachrichten-Sendungen von ARD und ZDF zur Hauptsendezeit kein wesentlicher Zuschauer-Rückgang (DEHM, U.; KLINGLER, W., 1985, S. 461). Eine Untersuchung des Zuschauerverhaltens für das Kabelpilotprojekt München ergab, daß die Sehgewohnheiten für Nachrichtensendungen sich kaum veränderten, die "Akzeptanz von ARD- und ZDF-Nachrichten ist nach wie vor groß" (RONNEBERGER, F., 1986, S. 227; vgl. STORLL, D., 1987).

Der zukünftige Trend kann allerdings nicht vorausgesagt werden: Während Ergebnisse vorliegen, nach denen die Kabelzuschauer zwar zum "Unterhaltungsslalom" tendieren - d.h. sie vermeiden durch Umschalten Informationssendungen - bilden Nachrichten eine Ausnahme, "hier bleibt die Kompetenz bei den öffentlich-rechtlichen Anstalten" (MOHN, E., 1986, S. 631). Neuste Ergebnisse weisen jedoch darauf hin, daß in Kabelhaushalten neben der Nutzung von Informations-Sendungen auch die der Nachrichten zurückgeht. So erzielten beispielsweise im zweiten Halbjahr 1986 die Hauptnachrichtensendungen in Kabel-Haushalten folgende Einschaltqoten: ARD-"Tagesschau" 20 %, ZDF-"heute" 17 %, SAT-1-"Blick" 4 % und RTLplus-"7 vor 7" 6% (DARSCHIN, W.; FRANK, B., 1987, S. 207).

Allerdings muß bei allen Untersuchungen in den Kabel-Pilotprojekten immer berücksichtigt werden, daß Zuschauer, die einen Kabelanschluß wünschten, damit bereits als Motiv den "Wunsch nach einer Erweiterung insbesondere des Unterhaltungsangebots verbunden" hatten (FRANK, B.; KLINGLER, W., 1986, S. 755). Insofern stellt die Gruppe der Kabelhaushalte in den Pilotprojekten eine nicht-repräsentative Auswahl dar, so daß die Beantwortung der Frage nach der zukünftigen Entwicklung auch weiterhin eher "mutigen Prognosen" vorbehalten bleibt. Die Interessen der Erforschung der Rezeption richten sich allerdings nicht nur auf die quantitative Erfassung von Einschaltquoten, sondern thematisieren auch Zusammenhänge der Medienwirkung im Kommunikationsprozeß.

In den USA erlebte die Wirkungsforschung ihren Aufschwung in den Zwanziger Jahren (McQUAIL, D.,1973). Zunächst wurden den Medien große Einflußmöglichkeiten auf Meinungen und Einstellungen der Rezipienten zugesprochen. Behavioristische Lerntheorien galten als geeignet, Prozesse der Massenkommunikation angemessen zu beschreiben. Massenmedien wurden als Stimuli aufgefaßt, die vorhersehbare Wirkungen auf die nur reagierenden Rezipienten hervorrufen sollten (TULODZIECKI, G., 1981, S. 182). Der sogenannte "Wirkungsansatz" ist darauf ausgerichtet, "auf der Basis des Stimulus-Response-Modells Regelmäßigkeiten der Publikumsreaktion auf bestimmte Kommunikationsinhalte zu ermitteln" (HUNZIKER, P, 1976, S. 180). Solche "kommunikatorbezogenen Wirkungsstudien" werden häufig eingesetzt, um Medieninhalten mit zumeist klar umrissenen Kommunikationszielen auf ihre Wirksamkeit zu überprüfen (SCHULZ, W., 1986, S. 84).

Gegen Ende der Fünfziger Jahre wird die Ansicht vertreten, daß die Wirkung von Massenmedien im Zusammenhang mit verschiedenen gesellschaftlichen Faktoren gesehen werden muß (BRENTANO, B., 1984). Der sogenannte "Uses- and Gratifications-Approach" - auch Bedürfnis-Ansatz genannt - (vgl. CHANEY, D., 1972, S. 23) versteht das Publikum nicht mehr als "atomisierte Masse" (KATZ, E.; LAZARSFELD, P.F.; 1954, S. 20), auf die die Massenmedien beliebig einwirken. Anstelle der medien-zentrierten Sichtweise mit der Fragestellung "was machen die Medien mit den Menschen?" gewann die publikumszentrierte Sichtweise mit der Fragestellung "was machen die Menschen mit den Medien?" (RENCKSTORF, K., 1977, S. 181) an Bedeutung (vgl. UHLIG, P.; ALBRECHT, G., 1976 S. 209). Konzepte eines "aktiven Publikums" treten in den Vordergrund (vgl. BLUMLER, J.G.; KATZ, E., 1974; GRANEY, M.J., 1975; ROSENGREN, K. E.; WINDAHL, S.; HAKANSSON, P.; JOHNSSON-SMARAGDI, U., 1976; BROWN, R., 1977; DIMMICK, J.W.; McCAIN, TH.A.,

1979). Neben der bisher betrachteten "objektiven" Wirklichkeit der Medien wird die "subjektive" Interpretation des Zuschauers berücksichtigt (vgl. TEICHERT, W., 1972 und 1973). "Mediennutzung wird als ein selbstbewußtes, zielorientiertes Handeln der Medienbenutzer gesehen" (TEICHERT, W., 1975, S. 271). Der Rezipient wird nicht mehr lediglich als den Medieninhalten als "Vermittlungsinstanz zwischen Absicht und Wirkungen" (BERGHAUS, M., 1974, S. 331) ausgeliefert betrachtet. "Massenmedien 'wirken' mit ihren Aussagen nicht einfach auf ein Publikum ein und rufen dort dann mehr oder weniger eindeutig vorherbestimmbare Reaktionen hervor, sondern die Menschen selbst gehen mit den Medien bzw. deren Inhalten auf sehr subjektive Weise um" (BURKART, R.; VOGT, U., 1983, S. 6). Eine zentrale Bedeutung erhält dabei die Frage nach der Relevanz der durch Massenmedien vermittelten Informationsangebote für die "persönliche Lage" und das "Alltagshandeln" (KOHLI, M., 1977, S. 73) sowie die Berücksichtigung von Lebensrealität, Ansprüchen und Bedürfnissen der Rezipienten (vgl. BAACKE, D., 1977) bei Ansätzen zur Forschung im Sinne des Nutzenansatzes (vgl. SWANSON, D.L., 1979; RUBIN, A.M., 1981).

Der auch von PALMGREEN (PALMGREEN, P., 1984) vertretene "Uses and Gratifications-Ansatz", der "die Unterstellung eines aktiven zweckgerichtet initiativen Medienpublikums sowie die kausale Verknüpfung von Bedürfnisbefriedigung und Mediennutzung in einem Enscheidungsprozeß" (RONGE, V., 1984, S. 78) impliziert, erfährt starke Kritik. MERTEN kritisiert an PALMGREEN's Ansatz, daß die Verbindung zwischen den einzelnen Prozeßgrößen wie Medienkonsum, Motive, Bedürfnisse und Erwartungen kaum geklärt seien, daß die Selektion der Medieninhalte letztlich doch durch die affektive Kategorie "Befriedigung" gesteuert werde, daß Prozesse der Ausbildung von Konsumgewohnheiten nicht berücksichtigt werden, daß die Messung von Bedürfnissen in das Dilemma einer Unterscheidung zwischen objektivem Bedarf und subjektiven Bedürfnissen führe und vor allem, daß der selektive Akt des Rezipienten dort lediglich auf die Kriterien "Nutzen und Belohnung" reduziert werde (vgl. MERTEN, K, 1984).

Der problematische Begriff der "Medien-Wirkung" wird definiert als "alle Veränderungen bei Individuen oder in der Gesellschaft, die durch Aussagen der Massenkommunikation oder durch die Existenz von Massenmedien entstehen" (MALETZKE, G., 1981, S. 5). SCHULZ versteht Medienwirkungen als Ergebnis der Zuwendung des Rezipienten zum Medium aufgrund von Selektionsprozessen, die von verschiedenen Faktoren beeinflußt werden: auf der Seite des Kommunikators die "Auffälligkeit" und die "inhaltliche Konsonanz" einer Themendarstellung, auf der Seite des Rezipienten die "kognitive Disposition" und das "Bedürfnis" nach Information (SCHULZ, W., 1984). SCHÖNBACH und FRÜH erklären Medienwirkungen mit ihrem "dynamisch-transaktionalen Ansatz" als Resultat vielfältiger Wechselwirkungsprozesse, die sich als "Inter-Transaktionen" zwischen Kommunikator und Rezipienten sowie als "Intra-Transaktionen" im System des Kommunikators sowie in der Person des Rezipienten abspielen (SCHÖNBACH, K.; FRÜH, W., 1984). Es wird versucht, die vielschichtigen Wirkungszusammenhänge in komplizierten Prozeßanalysen zu erfassen (vgl. MERTEN. K., 1977a und 1982; NOELLE-NEUMANN, E.; KEPPLINGER, H.M., 1980; SCHULZ, W.; SCHÖNBACH, K., 1981). Eine wesentliche Rolle für Fernsehnachrichten spielt die Einbeziehung des Kontexts (GOFFMAN, E., 1977) und die Bedeutungszuweisung: "Der Sinn, den die Zuschauer einer Nachrichtensendung entnehmen, ist zwar durch die audiovisuelle Aussage der Sendung bedingt, aber keineswegs identisch mit dem formalen Inhalt" (DAHLGREN, P., 1983, S. 308).

Unter dem Begriff des "rezipienten-orientierten Ansatzes" faßt STURM einen Mittelweg zwischen den Sichtweisen "was machen die Medien mit den Menschen?" und "was macht der Rezipient mit den Medienangeboten?" zusammen als "Versuch, Medienwirkungen als Veränderungen von personalen und sozialen Befindlichkeiten zu verstehen, wie umgekehrt personale und soziale Befindlichkeiten als Steuerungsgrößen zu begreifen sind im Hinblick auf Medienwirkungen" (STURM, H., 1987, S. 34). Besondere Beachtung schenkt sie dabei den medienspezifischen Angebotsweisen, also den Aspekten der Gestaltungstechnik des Fernsehens.

Innerhalb des starken Interesses an Medien-Wirkungsforschung spielen Ansätze zum Verstehen und Behalten von Fernsehnachrichten (vgl. HUTH, S., 1979) eine wichtige Rolle: Fernsehzuschauer erinnern sich schon kurz nach einer Sendung kaum noch an die dargebotene Information (vgl. NEUMANN, W., 1976). Internationale Untersuchungen belegen, daß sich etwa nur noch die Hälfte der Versuchspersonen kurz nach der Präsentation an Inhalte erinnern (BERRY, C.; GUNTER, B.; CLIFFORD, B., 1980). Die Zuschauer konnten keinerlei Fragen zu Fakten, die fast jeden Abend auf den Bildschirmen präsentiert wurden, richtig beantworten (KATZ, E., 1977). Dies führte zu der Frage, ob "der geringe Erinnerungsquotient ein fernsehspezifisches Problem" sei (ABEND, M., 1977, S. 431) und setzte kooperative praxisbezogene Forschung auf diesem Gebiet in Gang, die im folgenden kurz dargestellt wird.

II.2.2 **Produktanalytische Ansätze**

Seit Dezember 1967 gibt es eine gemeinsame "Medienkommision ARD/ZDF", die sich Ende 1970 einigte, kommunikationswissenschaftliche Gutachten zur Fernsehforschung zu vergeben (HANS-BREDOW-Institut, 1972). Neben kritischer Betrachtung der traditionellen Zuschauerforschung (HASELOFF, O. W., 1972), methodenkritischen Überlegungen (IRLE, M., 1972) und ideologiekritischen Auseinandersetzungen mit der Fernsehforschung (DRÖGE, F.; GÖBBEL, N., 1972) wurden kommunikationswissenschaftliche Ansätze (SCHMIDTCHEN, G., 1972) und Praxis-orientierte Forschungsorganisation (GLOTZ, P.; LANGENBUCHER, W.R., 1972) vorgeschlagen.

Bemühungen um einen praxisnahen Dialog zwischen Wissenschaft und Praxis führten zu Projekten, bei denen die Fernsehnachrichten-Sendungen im Mittelpunkt des Interesses standen. Verschiedenartige Bemühungen sollten die Verständlichkeit der Nachrichten verbessern. Auf der Grundlage soziolinguistischer und texttheoretischer Ansätze wurden semantische und syntaktische Unterschiede zwischen Nachrichtensprache und Umgangssprache untersucht. Dabei zeigte sich, daß die Sprache der Fernsehnachrichten einem Sprechsystem angehörte, das den meisten Rezipienten nicht zur Verfügung steht (BALLSTAEDT, S.-P., 1980; vgl. BERNSTEIN, B., 1970 und 1981) und durch zu schwierige Texte Sprachbarrieren aufbaut (ALBRECHT, H., 1972).

Eine unmittelbar auf die Nachrichten-Praxis bezogene Untersuchung führte 1976 das HANS-BREDOW-Institut in Hamburg durch (RENCKSTORF, K., 1980; RENCKSTORF, K.; ROHLAND, L., 1980). Die Redaktionen von ARD-Tagesschau und ZDF-heute produzierten eigens drei Testsendungen mit 17 Themen. Die drei Sendungen unterschieden sich lediglich hinsichtlich der Darstellungsform. Die Untersuchung fand einen nur geringen Einfluß der Darstellungsformen auf die Erinnerungsleistungen der Zuschauer. Der Einfluß des Themas einer Nachricht - also der Interessenkonstellation der Zuschauer - auf die Erinnerungsleistung war erheblich stärker als der der Darstellungsform. (RENCKSTORF, K., 1980).

Gegen den methodischen Ansatz dieser Studie bestehen von verschiedener Seite gravierende Einwände (vgl. FÜHLAU, I.; WOHLERS, H., 1977; HUTH, L.; JÜNGST, W.; KRZEMINSKI, M.; SALZMANN, R., 1977). Das Forschungsdesign sei primär von den Praktikern der beiden Nachrichtenredaktionen gestaltet worden (ABEND, M., 1977). Aufgrund mangelnder Kriterien zur Unterscheidung einfacher und komplexer Anordnungen im Text-Bild-Bereich seien die Texte der Filmberichte syntaktisch einfacher als die der Sprechermeldungen geraten, und die Testfragen bezogen sich auf Fakten, für die das Bild nur wenige zusätzliche, über die Textinformation hinausgehende Hinweise gäben (BALLSTAEDT, S.-P., 1977a).

Aufgrund einer international vergleichenden Analyse von Forschungsergebnissen kamen BERRY, GUNTER und CLIFFORD schließlich zu dem Ergebnis: "Im Gegensatz zu Renckstorfs Schlußfolgerungen hat die neuere Forschung ergeben, daß die Frage der optimalen Vermittlung eines Themas höchst sinnvoll ist" (BERRY, C.; GUNTER, B.; CLIFFORD, B., 1980). Unter Anwendung eines Verfahrens der "qualitativen Methode zur Untersuchung von Meinungen und Einstellungen 'unter Gruppenkontrolle'" (MANGOLD, W., 1973, S.231) wurden in einem Forschungsprojekt zur audiovisuellen Vermittlungslehre Interviews mit Familien nach der Rezeption von Nachrichten-Sendungen gemacht. Es stellte sich heraus, daß reine Sprechermeldungen, Interviews und Statements als wenig geeignet beurteilt wurden, und daß bei der visuellen Umsetzung von Information in Metaphern "der sogenannte 'Bildteppich' für den Zuschauer keinen Aussagewert besitzt" (BRENTANO, B., 1984, S. 105).

Eine Parallele zu der Methoden-Problematik der HANS-BREDOW-Studie sieht STRASSNER in der vom WDR in Auftrag gegebenen ENIGMA-Leitstudie (ENIGMA, 1974). Untersucht werden sollte die Behaltensleistung von Nachrichtensendungen im Hörfunk in Abhängigkeit von verschiedenen Sprachstilen. Auch hier schienen sich die Textversionen der vier von den Nachrichtenredakteuren formulierten Testmeldungen hinsichtlich einfacher und komplizierter Versionen sprachstrukturell überhaupt nicht zu unterscheiden (STRASSNER, E., 1982). Obwohl ein Teil der Nachrichtenpraktiker lieber an den oft kritisierten Darstellungsmethoden festhält (vgl. MAGNUS, U.

1975), wurden in der Vergangenheit in anderen Projekten umfangreiche Analysen von Fernseh-Nachrichten erstellt.

Unter der Leitung von ERICH STRASSNER konfrontierte die Forschungsgruppe des DFG-Nachrichtenprojekts an der Universität Tübingen die Fernsehnachrichten-Forschung unter anderem mit Ergebnissen aus der Kognitionspsychologie. Danach behinderte die hohe Informationsverdichtung die Aufnahme und das Verstehen von Nachrichten (vgl. BRENTANO, B., 1984). Die Präsentation von Nachrichten stellt sehr hohe Anforderungen an die kognitive Verarbeitung durch den Rezipienten (vgl. BALLSTAEDT, S.-P.; ESCHE, A., 1976; BALLSTAEDT, S.-P.; HINKELBEIN, S., 1976). Die Produktionsbedingungen der bundesdeutschen Fernsehnachrichten-Redaktionen führten zu einer oberflächlichen und zusammenhanglosen Informationsverdichtung. Durch die in Schriftsprache verfaßten Nachrichtentexte und die "Bilderflut" entsteht eine Disharmonie der Bild- und Ton-Aussage (STRASSNER, E., 1981).

Einen weder positiven noch negativen Einfluß des Bildes auf das Verständnis fanden dagegen Wissenschaftler in Israel, die Rezipienten Fernsehnachrichten mit und ohne Bild vorführten (KATZ, E.; ADONI, H.; PARNESS, P., 1977). Allerdings konnten die Versuchspersonen unmittelbar nach den Nachrichtensendungen durchschnittlich nur noch zwei Themen wiedergeben, ca. 20 % der Rezipienten erinnerten sich an kein einziges Thema mehr. Ähnliche Ergebnisse werden in anderen internationalen Nachrichtenforschungen bestätigt (vgl. COHEN, A. A.; WIEGAND, R.T; HARRISON , R.P., 1976; FINDAHL, O.; HÖIJER, B., 1975). Die Problematik der Informationsvermittlung in Fernsehnachrichten liegt darin, daß lediglich zusammenhanglose Fragmente von Ereignissen dargeboten werden. Häufig sind die Grundbedingungen der Kommunikation, daß der Sprecher seine Sprechweise dem Kenntnisstand des Zuhörers anpaßt, nicht erfüllt. "Unsere Ergebnisse lassen sich in wenigen Worten zusammenfassen: Nachrichten für Eingeweihte"

(FINDAHL, O.; HÖIJER, B., 1979, S. 20).

Als Ursache für die mangelnde Verständlichkeit wird genannt, daß bereits an der Quelle der Nachrichtenselektion, den Agenturen, "Nachrichtensprache" geprägt wird, und Berichte und Kommentare oft der Selbstdarstellung dienen. Anstelle Zusammenhänge darzustellen, werden aus dem Zwang zur Aktualität Dinge an der Oberfläche spektakulärer Ereignisse behandelt. Bild und Ton stehen oft in Konkurrenz zueinander (vgl. WEMBER, B., 1976). Die Sprache der Nachrichten ist kompliziert, benutzt viele Fremdwörter und entspricht eher der Schriftsprache (vgl. STRASSNER, E., 1982; OOMEN, U., 1983). Eine Meldung jagt die nächste, der Zuschauer muß im vorgegebenen Tempo mithalten und kann nichts wiederholen, wie beim Zeitunglesen. Fernsehnachrichteninhalte haben wenig mit den Alltagserfahrungen des Zuschauers zu tun, und die emotionale Komponente, die beim Verstehen und Behalten eine Rolle spielt, wird wenig berücksichtigt (vgl. STURM, H.; VITOUCH, P.; BAUER, H.; GREWE-PARTSCH, M., 1982). Ereignisse werden von prominenten "Vertretern" aus Politik, Wirtschaft, Kirche, Gewerkschaft etc. personalisiert, der "Durchschnittsbürger" bleibt in der Regel ausgeschlossen, was dazu führt, daß er Politik als etwas "höheres", für ihn nicht relevantes empfindet (vgl. HUEMER, P, 1982).

Eine Vielzahl von Untersuchungen beschäftigt sich schwerpunktmäßig mit der Analyse der Textstruktur (vgl. MANDL. H.; 1981; AUGST, G.; SIMON, H.; WEGNER, I., 1982 und 1985). So wurden beispielsweise vier Dimensionen der Verständlichkeit entwickelt: Einfachheit des Satzbaues und der Wortwahl - im Gegenteil zu Kompliziertheit; Gliederung/Ordnung des Textaufbaues - im Gegenteil zu Ungegliedertheit und Zusammenhanglosigkeit; Kürze/Prägnanz in der Lehrziel-Konzentrierung und der Straffung - im Gegenteil zu Weitschweifigkeit; zusätzliche Stimulanz durch belebende und anregende Motivierung - im Gegenteil zu fehlender zusätzlicher Stimulanz

(LANGER, I.; SCHULZ VON THUN, F.; TAUSCH, R., 1974, S. 11-12). Allgemein wird der inhaltlichen Strukturierung von Texten großer Einfluß auf die Verständlichkeit beigemessen (GROEBEN, N., 1978, S. 102), wobei z.B. das sequenzielle Arrangieren - also "welche Informationen zusammen und welche getrennt dargeboten werden" (BALLSTAEDT, S.P.; MANDL, H.; SCHNOTZ, W.; TERGAN, S.O., 1981) eine Rolle spielt sowie die Strukturierung mittels "advance organizer" - also kurze vorangestellte Darstellungen übergeordneter Konzepte (vgl. AUSUBEL, D.P., 1960; TEIGELER, P., 1979), "current organisation " - die Hervorhebung der für übergeordnete Konzepte wichtigen Aussagen - sowie "post organisation" - die Zusammenfassung (GROEBEN, N. , 1978, S. 50). Außerdem wird das Verständnis erhöht durch Konkretheit in Text- und Bild-Gestaltung (vgl. BOSSHART, L., 1976; HUTH, S., 1979) und durch Redundanz (vgl. DREW, D.G.; GRIMES, T., 1987).

Möglicherweise liegen aber die Ursachen für das "schnelle Vergessen" der Nachrichten in einer ganz anderen Dimension: Fernsehnachrichten berichten über Außergewöhnliches und meist Unerfreuliches. In den Nachrichten findet man "das Unheil der Welt gebündelt", man sieht es mit an, kann aber selbst nicht eingreifen. "Der Zuschauer kann dem verdurstenden Kind kein Wasser reichen, obwohl er Wasser im Überfluß hat" (JÖRG, S., 1987, S. 29).

Ein speziell auf die optimale Präsentation von Nachrichten ausgerichtetes Projekt im Rahmen einer Weiterbildung von Redakteuren erzielte in der Diskussion mit Zuschauern nach Testläufen einer Sendung verblüffende Rückmeldungen: Die Rezipienten lehnten die Sendung ab, weil sie "das Gefühl hatten, man müsse ja die ganze Zeit zuhören", sie wollten sich aber gar nicht bewußt auf die Sendung konzentrieren müssen, sondern die Nachrichten nur "nebenbei mitlaufen" lassen (TEICHERT, W., 1988).

Eine andere Richtung der produktanalytischen Forschung beschäftigt sich mit der Inhaltsanalyse (vgl. LASSWELL, H.D., 1941; LASSWELL, H.D., 1948; LASSWELL, H.D; LERNER, D; SOLA POOL, I. DE, 1952; BERELSON, B; LAZARSFELD, P., 1948; KRIPPENDORFF, K., 1980; BALLSTAEDT, S.-P., 1977). MERTEN definiert Inhaltsanalyse als "eine Methode zur Erhebung sozialer Wirklichkeit, bei der von Merkmalen eines manifesten Textes auf einen nicht manifesten Kontext geschlossen wird" (MERTEN, K., 1983, S. 57). Dabei wird "soziale Wirklichkeit" nicht als "objektive Wirklichkeit" verstanden, sondern als "ein selektiver Zugriff nach interpretativen Regeln: ein Produkt der Kommunikation" (MERTEN, K., 1983, S. 84; vgl. BERGER, P.; LUCKMANN, T., 1970).

Bei der Diskussion von Fernsehnachrichten spielt im Zusammenhang mit inhaltsanalytischen Aspekten der Begriff der "Objektivität" eine zentrale Rolle bei der Nachrichten-Auswahl und der Präsentation. Die Aussage soll sprachlich und in der artikulatorisch-optischen Realisierung der Nachricht nur an der Vermittlung der Sachverhalte und nicht an der Beeinflussung der Zuschauer durch Wertung interessiert sein (HEUN, M., 1975, S. 69). Diese Forderung, Nachrichten auszuwählen, zu akzentuieren und zu formulieren ohne zu bewerten, ohne Stellung zu nehmen, ohne sich selbst "in Stellung zu bringen gegenüber dem, was man auswählt und nicht auswählt" dürfte kaum erfüllbar sein (PAETZOLD, U., 1973, S. 489). Hier setzt der inhaltsanalytische Forschungsansatz der sogenannten "Objektivitäts- oder Wirklichkeitsanalyse" an. Sie vergleicht z.B. die Perspektive von direkten Beobachtern eines Ereignisses mit der spezifischen, durch Kamera-Bilder und Kommentar präsentierten Sichtweise des Geschehens, das dem Fernsehzuschauer medial vermittelt wird (LANG, K.; LANG, G.E., 1953). Solchen Verfahren "zugrunde liegt die sog. 'Reflexionshypothese', wonach abgebildete und originäre Wirklichkeit kongruent sein sollen. Kongruenz bzw. Inkongruenz der verglichenen Größen werden in Beziehung zu den Eigenschaften des Kommunikators gesetzt, oder es wird nach Richtung und Struktur der festgestellten Inkongruenz gefragt und von der 'Wirklichkeit aus zweiter Hand' auf eine zugrundeliegende Wirklichkeit geschlossen. Dabei wird davon ausgegangen, daß man, wenn man weiß, wie Inhalte verzerrt werden, von der Art und Weise der Verzerrung Rückschlüsse auf die 'unverstellte' Wirklichkeit ziehen kann" (KEPPLER, A., 1985, S. 11).

Demgegenüber steht die Auffassung "was 'wirklich' geschah, welches das 'richtige' Bild der Realität ist, das ist letzlich eine metaphysische Frage. Niemand ist in der Lage, darüber eine intersubjektiv verbindliche Antwort zu geben" (SCHULZ, W., 1976, S. 27). Dabei wird stattdessen nach den Kriterien der Selektion und Interpretation gefragt, die als "journalistische Hypothesen von Realität zu interpretieren" sind (SCHULZ, W., 1976, S. 30); "Glaubwürdigkeit ist nämlich das wichtigste Kapital aller Informationsvermittlung" (ARNOLD, B.-P., 1982, S. 28).

II.2.3 Glaubwürdigkeit und Objektivität von Fernsehen

Eine große Bedeutung für die Kommunikation mittels Massenmedien kommt der Zuschreibung von Objektivität (vgl. BENTELE, G., 1982; ABEND, M., 1982) und Glaubwürdigkeit des Kommunikators seitens des Kommunikanten zu (vgl. NESTMANN, F., 1979, S. 17ff). Grundlegende Untersuchungen zur Glaubwürdigkeit des Kommunikators in personalen Kommunikationsprozessen wurden im Rahmen des YALE COMMUNICATION RESEARCH PROGRAMME von HOVLAND und Mitarbeitern durchgeführt. Dabei wurde eine Vielzahl von Ergebnissen erzielt, die auch für mediale Kommunikationsprozesse von Bedeutung sein können. So wurde beispielsweise eine Abhängigkeit von Richtung und Grad der Meinungsänderung der Rezipienten und der der Quelle zugeschriebenen Glaubwürdigkeit gefunden (HOVLAND, C.I.;

WEISS, W., 1952) und ein Zusammenhang zwischen dem Grad der Akzeptanz der Botschaft und der Meinungsbeeinflussung des Publikums entdeckt (HOVLAND, C.I.; JANIS, I.L.; KELLEY, H. H., 1953). Meinungsänderung in eine gewünschte Richtung wurde wahrscheinlicher, wenn die Botschaft von einer Quelle mit hoher zugeschriebener Glaubwürdigkeit verbreitet wurde (KELMAN, H.C.; HOVLAND, C.I., 1953).

Folge-Untersuchungen mit der gleichen Stichprobe ergaben, daß dieser Effekt unterschiedlicher Glaubwürdigkeit nur über kurze Zeit anhielt. Die Beurteilungen der Rezipienten glaubwürdiger und unglaubwürdiger Quellen glichen sich an. Diesen Effekt nannte HOVLAND "sleeper effect". Nicht durch Vergessen, sondern durch abnehmendes Assoziieren der Quelle verbleibt lediglich der Kommunikationsinhalt ohne von der Glaubwürdigkeit des Kommunikators beeinträchtigt zu werden (HOVLAND, C.I.; WEISS, W., 1952). Unwirksam wurde der "sleeper effect", sobald den Versuchspersonen die Quelle der Botschaft in Erinnerung gerufen wurde (KELMAN, H.C.; HOVLAND, C.I., 1953). Wenn sowohl der Stoff als auch die Quelle verschwimmen, wird der nonverbale Anteil der Kommunikation besonders bedeutsam (ARGYLE, M., 1969 und 1975).

Weitergehende Untersuchungen ermittelten das Konstrukt "Glaubwürdigkeit" als zusammengesetzt aus den Komponenten "Vertrauenswürdigkeit" ("trustworthiness") und "Sachkenntnis" ("expertness"). "Sachkenntnis ... wird einem Kommunikator zugeschrieben, der als Quelle richtiger, zutreffender Information und Interpretation gilt; Vertrauenswürdigkeit beruht auf der dem Kommunikator zugeschriebenen Absicht, 'ehrlich und wahr' zu informieren" (NESTMANN, F., 1979, S. 20).

Wenngleich die genannten Untersuchungen, die sich auf interpersonale Kommunikation beziehen, in Zusammenhang mit Massenkommunikation mittels Medien von Bedeutung sein können, so müssen doch bei der Betrachtung medialer Kommunikationsprozesse spezifische Kriterien herangezogen werden. So kann "im Bewußtsein der Rezipienten der Kommunikator ... sehr eng mit dem Medium verbunden" sein, ... "denn wenn ein Kommunikator oder das Medium bei den Rezipienten ein gut durchstrukturiertes Image besitzen, dann wird dieses Image sehr häufig auf den jeweils anderen Teil, der subjektiv weniger konturiert erscheint, projeziert" (DRÖGE, F.; WEISSENBORN, R.; HAFT, H., 1973, S. 104). Das Massenmedium Fernsehen kann Prestige auf Kommunikatoren und Personen, die zu Wort kommen, übertragen (LAZARSFELD, P.F.; MERTON, R.K., 1948; DRÖGE, F., W., 1967) und selbst als Medium und Institution ein Image beim Rezipienten herausbilden (MALETZKE, G., 1963). In verschiedenartigen Untersuchungen und Rezipientenbefragungen wurde das Fernsehen als verläßlichstes (SILBERMANN, A., 1966), unabhängigstes, wichtigstes (HANS-BREDOW-INSTITUT, 1968), glaubwürdigstes (ROPER, B.W. , 1969; DRESCHER, S., 1969; DAVEY, K. 1970; STEINBORN, P., 1973) und hilfreichstes Medium (GROOMBRIDGE, B., 1972) bezeichnet, das "wahrheitsgetreu" berichtet (GREULICH, H., 1973, S. 153).

Die Ursachen für diese hohe Glaubwürdigkeit des Mediums Fernsehen werden in seinem audiovisuellen Charakter und dem damit verbundenen Eindruck von Authentizität gesehen (STEINER G.A., 1963; GROOMBRIDGE, B., 1972; McQUAIL, D., 1973; WEAVER, P.H., 1975), weil die präsentierten Bilder den stärksten Eindruck von Realität vermitteln (MALETZKE, G., 1963) und der Rezipient am ehesten dem traut, was er scheinbar mit eigenen Augen sieht (GRITCHLEY, J., 1969). Die mit technischer Perfektion reproduzierte Wirklichkeit mit bewegten Bildern und Originalgeräuschen übertrifft in der Anschaulichkeit alle anderen Medien und suggeriert den Eindruck von eigenem Wahrnehmen und Miterleben (HALL, S., 1973; MARLOCK, G., 1974). Diese "Augenzeugenideologie" (KNILLI, F., 1971, S.13) und "Bildgläubigkeit" (DAHLMÜLLER, G.; HUND,

W.; KOMMER, H., 1973, S. 106) schwingt schon in dem Begriff "Fern-sehen" mit (HICKETHIER, K., 1976). Rezipienten beurteilen "die visuelle Information - also das, was man mit den Augen selbst sehen kann - als den eigentlichen und den hauptsächlichen Maßstab für die Glaubwürdigkeit" (DRESCHER, S., 1969, S. 178), Fernsehnachrichten können wie eine direkte Übertragung der Wirklichkeit wirken (GLASGOW GROUP, 1980, S. 193).

Hinzu kommt ein durch die Präsentation von Experten (RONNEBERGER, F., 1971) und auftretende Prominenz (PROBST, I.; HASLER, P., 1973) übertragenes Prestige und der scheinbar "amtliche" und "offiziöse" Charakter der Berichterstattung (SCHWARZ, R., 1974, 1976; DAHLMÜLLER, G.; HUND, W.; KOMMER, G., 1973), der vor allem durch die offizielle Nachrichten-Sprache verstärkt wird (Hund, W.D., 1976; STRASSNER, E., 1982). Die besondere "Gutgläubigkeit" gegenüber dem Fernsehen dürfte auch mit der Organisation des Rundfunks und seinen Inhalten zu tun haben, da Rundfunk bis 1984 in der Bundesrepublik ausschließlich öffentlich-rechtlich organisiert und einem gesetzlich verankerten Programmauftrag zu politischer Ausgewogenheit und kulturellem Wert verpflichtet war (PÖTTKER, H.,1987a).

In der jüngsten Entwicklung allerdings scheinen einige Anzeichen dafür zu sprechen, daß die Zuweisung von Glaubwürdigkeit und Objektivität gegenüber dem Medium Fernsehen rückläufig ist. 1985 hielten nur noch drei von zehn Bundesbürgern die Berichterstattung des Fernsehens für wahrheitsgetreu und objektiv, beim Hörfunk war nur noch jeder vierte davon überzeugt, bei der Tageszeitung nicht einmal mehr jeder fünfte Bundesbürger" (KIEFER, M.-L., 1987, S. 145). Für diesen Trend wird auch die veränderte Medienlandschaft mit ihren privaten Fernsehprogramm-Anbietern gemacht (vgl. PÖTTKER, H., 1987).

II.2.4 Kritik der Forschungsinteressen

Betrachtet man die Forschungsansätze im Überblick, so stehen quantitative empirische Erhebungen über Zuhörer- bzw. Zuschauerquoten im Vordergrund. Nach der sogenannten "LASWELL-Formel" "Wer sagt was über welchen Kanal zu wem mit welchem Effekt?" unterschied man zwar zwischen Kommunikator-, Inhalts-, Medien-, Rezipienten- und Wirkungsforschung, aber politische und ökonomische Interessen blieben dabei ausschlaggebend (BRENTANO, B., 1984). Bei Untersuchungen solcher Art steht meist das technische Interesse der Manipulierbarkeit von Kommunikations-, Lehr- und Lernprozessen im Vordergund (vgl. HABERMAS, J., 1968).

Neben den Laboratoriumsversuchen, die CARL I. HOVLAND im Zweiten Weltkrieg betrieb, um Meinungswandel zu untersuchen, kam mit LEON FESTINGERs Theorie von der kognitiven Dissonanz die Einsicht, daß der Rezipient bevorzugt solche Inhalte aufnimmt, die in seinem vorhandenen Umfeld keine Widersprüche auslösen oder bestehende reduzieren. Zur Differenzierung von Meinungen, Haltungen und Handlungsansätzen gehören zum Instrumentarium empirischer Untersuchungen der Fernsehforschung auch der Mitläufer-Effekt ("band-waggon-effect") und die Zwei-Stufen-Theorie, derzufolge Ideen aus den Medien zu "Meinungsführern" fließen, die sie dann im persönlichen Umgang verbreiten (PROSS, H. 1976, S. 12/13). Nach diesem "two step flow of communication"-Konzept wird durch die mediale Beeinflussung der "opinion leader" (LAZARSFELD, P.; BERELSON, B.; GAUDET, H., 1944) Einfluß auf die interpersonale Kommunikation genommen; mediale Kommunikation und die Interpretation ihrer Inhalte sind wiederum Gegenstand von Kommunikation und nehmen dadurch Einfluß auf Verhalten auch gegenüber den Medien (vgl. MERTEN, K., 1977).

Zusammenfassend wird die bloß erkenntnis-orientierte Wirkungsforschung von Vertretern der sogenannten "Handlungsforschung" kritisiert (vgl. HEINZE, T., 1971), deren Ziel es ist, "Wissenschaft nicht vorrangig als Instrument zur Erkenntnisgewinnung einzusetzen, sondern als Instrument zur Veränderung bzw. Verbesserung der jeweiligen Lebenswelt, die zugleich immer als gesellschaftliche Realität verstanden wird" (TULODZIECKI, G., 1981. S. 186), wobei eine weitere Position zunehmend eine Verknüpfung der zunächst kontroversen Alternativen anstrebt (vgl. MOLLENHAUER, K., 1972; KLAFKI, W., 1973; HAEBERLIN U., 1975; WELLENREUTHER M., 1976). Die Problematik der Fernsehforschung wird vor allem in den meist engen"Grenzen politischer Toleranzen und marktbezogener Verwertungsinteressen" gesehen (TEICHERT, W., 1986 S. 425).

II.2.5 Funktion und Bedeutung von Fernseh-Nachrichten

Aus den bisher dargestellten Forschungsansätzen geht hervor, daß Fernsehnachrichten weit über eine bloße Vermittlerfunktion "zwischen dem aktuellen Ereignis und dem Publikum" (LOJEWSKI, G. VON, 1975, S. 169) hinausgehen.

Dem Fernsehen wird "die zentrale Steuerungs- und Orientierungsfunktion für die menschliche Gesellschaft" (WENZEL, F., 1973, S.3) zugeschrieben. "Unter den Mächten, die Leben, Bewußtsein und Verhalten des Menschen in modernen Gesellschaften steuern und beeinflussen, steht das Fernsehen schon heute an erster Stelle" (FWU, 1974, S.6). Diese Orientierungsfunktion wird vor allem im Hinblick auf Informationssendungen (vgl. BELSON, W. A., 1967; FURU, T., 1971; STOLTE, D., 1972; HÖGY, T., WEISS, H., 1974) aber auch auf die Funktion der Erziehung (McQUAIL, 1973) und Unterrichtung gesehen (MERRILL, J.C., LÖWENSTEIN, R.L., 1971; SCHRAMM, W.; ROBERTS, D.F., 1971). Zum Teil wird davon ausgegangen, daß die allgemein zugängliche Fernseh-Information mehr Demokratie bewirken könne (GROOMBRIDGE, B., 1972; McQUAIL, D., 1973; HÖGY, T., WEISS, H., 1974), während andere im Zusammenhang mit Information durch Massenmedien eine immer größer auseinanderklaffende "knowledge-gap" zwischen verschiedenen sozialen Schichten diagnostizieren (TICHENOR, P.; DONOHUE, G.; OLIEN, C., 1970), die in verschiedenen kulturellen Umfeldern untersucht wurde (vgl. SHINGI, P.; MODY, B, 1976; BONFADELLI, H., 1978).

Von einigen wird die Gefahr gesehen, daß das Fernsehen eine "neue Realität" (NOVAK, M., 1975, S. 9) schafft und sogenannte "Pseudo-Ereignisse" produziert (BOORSTIN, D.J., 1971; FABIAN, R., 1974), die mehr Bedeutung gewinnen als die selbst erfahrene Wirklichkeit. Ein Großteil der Bilder der Wirklichkeit, die Menschen im Kopf haben, stammt aus den Fernsehnachrichten (ALTHEIDE, D., 1976). Es wird eine mediale Realität dokumentiert, auf die der Rezipient sonst keinen direkten Zugriff hat (SMITH, D.E., 1974).

Wenngleich eine Beeinflussung von Zuschauern durch Fernsehen auch immer wieder bestritten wird (WÖRDEMANN, F. 1967 S. 211), so gehen doch "zahlreiche Autoren unterschiedlicher politischer Positionen vornehmlich von einem anderen Aspekt der Fernsehfunktion aus, der Aufgabe des Fernsehens im Rahmen der öffentlichen Meinungsbildung, die auch für das öffentlich-rechtliche Fernsehen der Bundesrepublik im 1. Fernsehurteil des Bundesverfassungsgerichtes vom 28. 2. 1961 explizit erwähnt ist: 'Der Rundfunk ist mehr als nur ein 'Medium' der öffentlichen Meinungsbildung, er ist ein eminenter 'Faktor' der öffentlichen Meinungsbildung ...'" (NESTMANN, F., 1979, S. 37). In diesem Prozeß spielen die Fernseh-Nachrichtensendungen eine zentrale Rolle, da sie wie kaum ein anderes Medium mit einer gewissen Selbstverständlichkeit zu unserem Alltagsleben gehören, die etwas Rituelles zu haben scheint.

Im öffentlichen Leben wie in der Poltik spielen Rituale eine große Rolle (PROSS, H., 1980). "Medien haben einen festen Platz im Kommunikationsgefüge einer Familie. Sie strukturieren Tages- und Wochenabläufe sowie die Freizeit" (ROGGE, J.U., 1987, S. 39), sie tragen zu einer "Ritualisierung des Alltags" bei (vgl. SCHUMACHER, G., 1987; SCHULZ, W., 1987). Die Rituale der Nachrichtensendungen (MOLES, A.A., 1983) scheinen für den Fernsehzuschauer eine besondere Auswirkung zu haben: "Das Verfolgen von Nachrichtensendungen wird zu einem Ritual, zu einer Gewohnheit, die der Aufrechterhaltung eines Gefühls von Sicherheit dient" (NORDENSTRENG, K. u.a., 1972, S. 112). Fernsehnachrichtensendungen "liefern zeitliche Orientierungspunkte für den Tagesablauf und symbolisieren in ihrer gleichbleibenden Mischung von Katastrophen und Männern, die Geschichte machen, daß abends um 20.00 Uhr die Welt noch in Ordnung ist" (STRASSNER, E., 1982, S. 315).

II.3 Mediale Kommunikation und Gestaltung

Als der damalige Reichsrundfunkkommissar HANS BREDOW 1928 mahnte, der Rundfunk solle manche Inhalte und Themen "mit großer Vorsicht anfassen. Ja, er muß sie manchmal sogar farblos gestalten" (zitiert nach SEIFERT, J., 1972, S. 127), standen die elektronischen Massenmedien noch am Anfang. Heute würde eine wie auch immer gemeinte "farblose" oder zurückhaltende Gestaltung von informierenden Massenmedien wohl eher mitleidig belächelt. Gerade aufgrund des scheinbar "lebendigen" Miterlebens "mit eigenen Augen" wird den audiovisuellen Medien seitens der Rezipienten oft ein hohes Maß an Glaubwürdigkeit und Objektivität zugeschrieben, da man ja glaubt, alles selbst mitanzusehen und zu hören (vgl. Kapitel "Glaubwürdigkeit und Objektivität von Fernsehen"). Während noch in der Vergangenheit eine bewußt intendierte Manipulation von Bild- und Ton-Material oft gegen große technische Schwierigkeiten zu kämpfen hatte, sind durch die Entwicklung der Digital-Technik den Bearbeitungsmöglichkeiten heute immer weniger Grenzen gesetzt. Wenn man beispielsweise früher ein durch Tonschnitt aus dem Zusammenhang herausgenommenes Zitat oft an der Unnatürlichkeit der Sprachmelodie des "Zitierten" heraushörte - wenn z.B. der Satz plötzlich endete, obwohl die Stimme deutlich anhob - so kann heute Sprechgeschwindigkeit und Sprachmelodie mit Hilfe von digitalen Effektgeräten mühelos und unbemerkt manipuliert werden (nicht zuletzt ein Grund, warum Tonbänder vor Gericht nicht als Beweismaterial zugelassen sind). Durch die rasante Entwicklung der Computer-Technik ist heute auch die künstliche Herstellung von Bewegtbild-Sequenzen fast wirklichkeitsgetreu erreicht (vgl. WILLIM, B., 1986; NEES, G., 1987). Somit reduzieren sich die Grenzen des Umgangs mit audiovisuellen Gestaltungsmitteln stärker denn je auf die Verantwortung des Journalisten. Im folgenden ist auch nicht von Manipulation im Sinne von bewußter Falschinformation mit Hilfe audiovisueller Gestaltungstechnik die Rede, sondern von den Mechanismen und Gestaltungsmitteln, die wie die berühmten "Gehilfen des Zauberlehrlings" ein Eigenleben führen können - eine mögliche Folge könnte mit dem oft zitierten Satz überschrieben werden: "the medium is the message" (McLUHAN, M., 1964).

Da die vorliegende Arbeit Untersuchungen zur Wirkung von visueller Fernseh-Gestaltungstechnik vornimmt, müssen vorweg einige Grundlagen der medialen Kommunikations-Gestaltung geklärt werden, auf die die Untersuchung zurückgreift. Um den Rahmen abzustecken, in dem alle Kommunikations-Gestaltung stattfindet, sollen zunächst einige Grundbegriffe der Kommunikation (vgl. MERTEN, K., 1983, S. 72f) erwähnt werden.

II.3.1 **Mediale Kommunikation und Zeichen-Bedeutung**

Bereits über zweitausend Jahre alt ist ein "Kommunikationsmodell des Aristoteles ..., der ... schon erkannt hatte, daß Aussagen nach Form und Inhalt im Hinblick auf den Rezipienten sorgsam konstruiert und präsentiert werden müssen, damit die intendierte Wirkung auch eintritt" (MERTEN, K., 1983, S. 72).

Das in seiner Form einfachste Kommunikationsmodell ist aus der behavioristischen Reflex-Theorie abgeleitet und beschreibt Kommunikation als ein Reiz-Reaktions-Modell zwischen dem Stimuli aussendenden Kommunikator und dem darauf reagierenden Rezipienten (vgl. LASSWELL, H.D., 1927 und 1934; BERELSON, B., 1952). Menschliche Kommunikation läßt sich allerdings nicht auf simple Reiz-Reaktionsmuster beschränken, sondern muß kommunikative Aspekte unterschiedliche Bedeutung und Handlungsrelevanz berücksichtigen (vgl. MORRIS, C., 1938 und 1946).

Verschiedene kommunikationswissenschaftliche Ansätze gehen auf das einfache Nachrichten-Übertragungsmodell von Sender,

Medium und Empfänger zurück (SHANNON, C.E.; WEAVER, W., 1949, S. 7), das z.B. mit der Technik des Morsens veranschaulicht werden kann: Der Sender codiert eine Botschaft unter Benutzung des Morsealphabets, sie wird durch das technische Medium der Telegraphie übertragen und beim Empfänger - vorausgesetzt er kennt die vereinbarten Codes des Morsealphabets - decodiert zur ursprünglichen Botschaft. Dieses Übertragungsmodell aus der Informationstheorie gilt seither in leicht modifizierter Form als Kommunikationsmodell. Dabei werden Codierung und Decodierung als Prozeß zur Übermittlung von Inhalten interpretiert (vgl. SCHRAMM, W., 1954); alle Kommunikationsformen funktionieren "als Sendung von Botschaften auf der Grundlage von zugrundeliegenden Codes" (ECO, U., 1972, S. 19).

Aus mathematischer Sicht beschäftigt sich die Kybernetik mit Kommunikation. Die Kybernetik ist die Theorie oder Technik der Nachrichten und der nachrichtenumsetzenden Systeme (FRANK, H.G., 1966), während die Informationstheorie sich zur Aufgabe gesetzt hat, "die Kommunikation von Mensch zu Mensch, die sich als Zeichenverkehr manifestiert, oder die Kommunikation des Menschen mit der Welt, die auf eine Beobachtung hinausläuft, einer quantitativen und strukturellen Erfassung zugänglich zu machen" (MEYER-EPPLER, W., 1969, S. V). Für die Informationstheorie als "Nachrichtentheorie" geht es um Information als quantifizierbaren Begriff, in der die Nachrichtenelemente "Zeichen" aus einem "Zeichenvorrat" einer "Quelle" von einem "Sender" zu einem "Empfänger" gelangen (vgl. KLAUS, G.; LIEBSCHER, H., 1979, S. 278), wobei bedeutsam ist, daß Sender und Empfänger über ein gemeinsames Zeichenrepertoire verfügen, das von historischen, soziokulturellen, sozio-psychologischen und sozio-ökonomischen Faktoren beeinflußt wird (vgl. SILBERMANN, A.; KRÜGER, U.M., 1973, S. 21).

Mediale Kommunikation unterscheidet sich wesentlich von direkter bzw. "face to face communication". WATZLAWICK spricht von der "Unvermeidbarkeit von Kommunikation in sozialen Situationen", sobald Menschen zusammenkommen, findet Kommunikation statt, "es läßt sich allgemein sagen, daß alles Verhalten, nicht bloß der Gebrauch von Wörtern, Kommunikation ist ... und da es so etwas wie Nichtverhalten nicht gibt, ist es unmöglich, nicht zu kommunizieren" (WATZLAWICK, P.; BEAVIN, J., 1972, S. 181). Direkte Kommunikation ist interaktiv, d.h. die Rollen zwischen "Sender" und "Empfänger" wechseln ständig, es findet Interaktion statt. Mediale Massenkommunikation ist durch ihre Einseitigkeit gekennzeichnet, die Sender- und Empfänger-Rollen sind statisch, es handelt sich um asymmetrische Kommunikation unter "Zwischenschaltung eines symbolkonservierenden Mediums zur Überwindung räumlicher oder zeitlicher Distanzen" (REIMANN, H., 1968, S. 130).

Besondere Beachtung verlangt in diesem Zusammenhang die Sichtweise der Informationsästhetik, die ein Kunstwerk als eine Botschaft eines Senders an einen Empfänger versteht. "Die Kommunikationsästhetik geht davon aus, daß jeder künstlerische Ausdruck ein Kommunikationsphänomen ist. Sie betrachtet das Kunstwerk als eine Nachricht, die aus einem sozio-kulturellen Ganzen entnommen ist und mittels eines Kanals (System visueller, auditiver usw. Empfindungen) zwischen ... dem Künstler als Sender und einem Empfängerindividuum übertragen wird" (HENNEN, M.; PRIGGE, W., 1977, S.10), das Kunstwerk fungiert als Medium (vgl. WEBER, M., 1976, S. 541).

Zum Verständnis der Kompliziertheit medialer Kommunikation müssen diese Modelle um weitere Aspekte erweitert werden, um hervorzuheben, "daß im Kommunikationsprozeß Zeichen benutzt werden, deren Wirkung nicht aus ihnen heraus, sondern nur in Relation zu den jeweiligen Rezipienten bestimmt werden kann" (MERTEN, K.,1983, S. 74), denn "jedes beliebige Etwas kann (im Prinzip) zu Zeichen erklärt werden" (BENSE, M., 1969, S. 10). Dabei hat ein Zeichen Repräsentanzfunktion, d.h. es steht für etwas anderes, z.B. für ein Objekt oder eine Idee. Zunächst wurde eine Beziehung zwischen dem Bezeichnenden (Signifikant) und dem Bezeichneten (Signifikat) angenommen (SAUSSURE, F. de, 1916), wobei später unter Signifikant der materielle Zeichenträger und unter Signifikat die Bedeutungsfunktion verstanden wurde (LINK, J., 1974, S. 23). Aufgrund der Überlegung, daß eine Beziehung zwischen einem Zeichenträger und einem Objekt erst durch den Akt des operativen Denkens möglich wird, erweiterte PEIRCE den Zeichenbegriff in eine triadische Beziehung zwischen Objekt, Zeichenträger und Interpretant (vgl. PEIRCE, C.S., 1931). Wenn ein Kleinkind seinem Stofftier (Objekt) einen Namen (Signifikant) gibt, "dann ist der Interpretant nicht das Kleinkind, sondern die relationierende Denkstruktur des Kleinkindes, die den Zusammenhang zwischen Objekt- und der Mittelrelation eines Zeichens darstellt" (MERTEN, K., 1983, S. 60). An diese Lehre der dreistelligen Relation knüpft MORRIS mit dem Vorschlag einer einheitlichen Zeichenlehre an, die er Semiotik nennt (MORRIS, C., 1938). "Man kann den Prozeß, in dem etwas als Zeichen funktioniert, Zeichenprozeß oder Semiose nennen. Die Tradition, die bis auf die Griechen zurückgeht, stellt sich gemeinhin vor, daß dieser Prozeß aus drei (oder vier) Faktoren besteht: nämlich aus dem, was als Zeichen wirkt, aus dem, worauf das Zeichen referiert, und aus dem Effekt, der in irgendeinem Rezipienten ausgelöst wird und durch den die betreffende Sache ihm als Zeichen erscheint. Diese drei Komponenten der Semiose sollen jeweils Zeichenträger (sign-vehicle), Designat (designatum) und Interpretant (interpretant) heißen. Hinzu kommt als vierter Faktor der Interpret (interpreter)" (MORRIS, C., 1972, S. 20). Innerhalb der triadischen Zeichenrelation lassen sich theoretisch wiederum jeweils drei Subzeichen durch eine "trichotomische Differenzierung in Feinbezüge" unterscheiden (BENSE, M., 1975, S. 35): Im Mittel-Bezug die Qualität des Zeichens - "Qualizeichen", seine Singularität - "Sinzeichen" und die Gesetzmäßigkeit im Zusammenhang mit dem Objekt - "Legizeichen"; im Objektbezug kann ein Objekt abbildhaft - "Ikon", hinweisend - "Index" oder durch beliebige Vereinbarung - "Symbol" bezeichnet werden; im Interpretantenbezug ist ein Zeichen frei interpretierbar, offen - "Rhema", abgeschlossen, der Behauptung fähig - "Dicent" oder vollständig und einem logischen Schluß vergleichbar - "Argument" (vgl. BENSE, M., 1967, S. 12f). "Die Methode der Bedeutungsanalyse auf kommunikativer Ebene mit den Elementen Inhaltsanalyse = Semantik, Verknüpfungsanalyse = Syntagmatik und Situationsanalyse = Pragmatik ist die Semiotik" (SCHAAF, M., 1977 S. 19).

Bedeutungen werden in der Kommunikation auf zwei Arten weitergegeben: durch Denotation und Konnotation. Wenn in einem Film eine Rose gezeigt wird, so steht die Film-Aufnahme (die Einstellung) der Rose zunächst einmal für sich, in ihrer denotativen Bedeutung zeigt sie das Abbild einer Blume. "Da der Film ein Kulturprodukt ist, hat er eine Resonanzfülle, die weit über das hinausgeht, was die Semiologen eine 'Diegesis' nennen (die Summe seiner Denotationen). Das Bild einer Rose ist nicht nur einfach dieses Bild, wenn es zum Beispiel in einem Film über Richard III. erscheint, denn uns ist die Konnotation der weißen Rose und der roten Rose als Symbole der Häuser York und Lancaster bewußt. Dies sind kulturell bedingte Konnotationen. Zusätzlich zu diesen Einflüssen aus der Allgemeinkultur hat der Film seine spezifischen konnotativen Fähigkeiten. Wir wissen (selbst wenn wir uns nicht oft bewußt daran erinnern), daß ein Filmemacher bestimmte Entscheidungen getroffen hat: Die Rose ist aus einem bestimmten Winkel gefilmt ... . Wenn unser Erfassen der Konnotation einer bestimmten Einstelluung davon abhängt, daß sie aus einer Anzahl anderer möglicher Aufnahmen ausgewählt worden ist, dann können wir in der Sprache der Semiologie sagen, daß dies eine paradigmatische Konnotation ist. Das heißt, der konnotative Sinn, den wir erfassen, resultiert daraus, daß die Aufnahme - nicht unbedingt bewußt - verglichen wird, und zwar mit den nicht realisierten, aber austauschbaren Aufnahmen im Paradigma oder Allgemein-Modell dieser Art von Aufnahme. ... Umgekehrt sprechen wir von einer syntagmatischen Konnotation, wenn die Bedeutung der Rose nicht von der Aufnahme im Vergleich mit anderen möglichen Aufnahmen abhängt, sondern eher von dem Vergleich mit tatsächlichen Aufnahmen, die ihr vorausgehen oder folgen" und die durch Schnitt bzw. Montage miteinander verknüpft werden (MONACO, J., 1980, S. 145).

"Wenn wir den Blitz sehen, so schließen wir aufgrund vieler Erfahrungen, daß gleich der Donner folgen wird; gibt es viele dunkle Wolken, so schließen wir auf baldigen Regen. Das heißt, wir stellen Beziehungen oder Relationen zwischen Anzeichen und Angezeigtem her. ... verallgemeinernd läßt sich sagen, daß Konditionierungen erlernte Anzeichenprozesse sind. ... Donner und Blitz ... stehen ... zueinander ... in einem Kontiguitätsverhältnis" (BENTELE, G., 1983, S. 104).

"Peirce bemerkte, daß ein Index etwas sei, was die Aufmerksamkeit auf den angezeigten Gegenstand mittels eines blinden Impulses richte. ... Ein plötzlich aufleuchtendes Licht, das mich die Augenlider niederschlagen läßt, veranlaßt ein bestimmtes Verhalten durch einen blinden Impuls, aber es tritt kein Semioseprozeß ein; es handelt sich einfach um einen physikalischen Stimulus (auch Tiere würden die Augen schließen). Wenn ich aber dagegen vom rötlichen Schein, der sich am Himmel ausbreitet, auf den bevorstehenden Sonnenaufgang schließe, dann antworte ich schon auf die Anwesenheit eines durch die Erlernung erkennbaren Zeichens." (ECO, U., 1972, S. 199).

In der filmischen Zeichentheorie sind vor allem drei Arten

von Zeichen von Bedeutung:

1. Das Ikon - ein Kurzschluß-Zeichen, bei dem der Signifikant das Signifikat als Abbild darstellt;
2. der Index - wobei unterschieden wird zwischen dem technischen Index wie z.B. ein medizinisches Symptom für eine Krankheit und dem metaphorischen Index wie z. B. der schaukelnde Gang eines Mannes, der auf dessen Beruf als Matrose hindeuten kann;
3. das Symbol, ein willkürliches Zeichen, dessen Bedeutung aufgrund von Konvention entsteht (vgl. WOLLEN, P., 1969).

"Es scheint, als ob ein großer Teil der konnotativen Stärke des Films von Index-Kunstgriffen abhinge, das heißt von Zeichen, die nicht willkürlich sind, aber ebensowenig identisch. Zwei literarische Begriffe, die eng miteinander verbunden sind, bieten sich an, um die wichtigste Vorgehensweise zu beschreiben, in der der Film konnotative Bedeutung vermittelt: Metonymie und Synekdoche" (MONACO, J., 1980, S. 149), wobei unter Metonymie eine "Ersatz-Bedeutung" verstanden wird; ein assoziiertes Detail kann benutzt werden, um eine Idee oder Vorstellung zu indizieren, z.B. ein Thermometer oder Schweiß sind metonymische Indices von Hitze. Bei einer Synekdoche steht ein Teil für das Ganze, wie z.B. marschierende Füße, die ein Heer repräsentieren - Klischees, die in dieser oder ähnlicher Art in fast allen Nachrichten-Filmen vorkommen, wobei die Auswahl der Gestaltungsmittel den subjektiven Intentionen des Autors entspricht, der "aus einer großen Zahl denkbarer Möglichkeiten eine Wirklichkeitssicht selektiert" (FAULSTICH, W., 1980, S. 45).

"Genauso wie unser Verständnis für die Konnotationen im Film im allgemeinen davon abhängt, daß wir den Vergleich des gefilmten Bildes mit Bildern verstehen, die nicht gewählt worden sind (paradigmatischen), und Bildern, die vorher oder danach kommen (syntagmatischen), so hängt unser Verständnis für kulturrelle Konnotationen davon ab, daß wir Vergleiche des Teils mit dem Ganzen (Synekdoche) und assoziierter Details mit Ideen (Metonymie) verstehen. Der Film ist eine Kunst und ein Medium, das mit Erweiterungen und Indices arbeitet. Ein großer Teil seiner Bedeutung entspringt nicht dem, was wir sehen (oder hören), sondern dem, was wir nicht sehen, oder, genauer gesagt, einem fortlaufenden Prozeß des Vergleichs zwischen dem, was wir sehen und dem, was wir nicht sehen. Dies entbehrt nicht der Ironie, wenn man bedenkt, daß der Film auf den ersten Blick eine Kunst ist, die viel zu augenscheinlich ist, eine Kunst, die oft dafür kritisiert wird, 'daß sie nichts der Phantasie überläßt'. Genau das Gegenteil ist der Fall" (MONACO, J., 1980, S. 150/151). Diese Aspekte der "Zeichenhaftigkeit" (vgl. BENSE, M., 1978; WALTHER, E., 1979) wurden in der empirischen Medienforschung bisher kaum berücksichtigt (SCHMITT, R., 1986).

Zum Verständnis der "Regelhaftigkeit", mit der die Zeichen-Bildung und Bedeutungszuweisung im Rahmen medialer Kommunikation funktioniert, ist es notwendig, einige Grundlagen der menschlichen Wahrnehmung zu betrachten, die für das Erleben von Film und Fernsehen bedeutsam sind.

II.3.2 Visuelle Wahrnehmung und Gestaltung

Um Aussagen über visuelle Gestaltungstechnik machen zu können, sollen im folgenden die Zusammenhänge der visuellen Wahrnehmung zur Filmgestaltung dargestellt werden, da ihre Gesetzmäßigkeiten das "Wesen der Filmkunst" ausmachen (vgl. ARNHEIM, R., 1979, S. 309) und die filmische Erzählweise weitgehende Ähnlichkeiten mit den menschlichen Wahrnehmungsphänomenen hat. Quantitative Aussagen über den komplexen Prozeß der menschlichen Wahrnehmung zu machen, ist äußert problematisch. Dennoch gibt es Aussagen, die das Sinnesaufnahmevermögen prozentual gewichten wollen, z.B. Anteile von

78% dem Auge und 13% dem Ohr zuweisen (vgl. MILAN, W., 1969, S. 6; zitiert nach FENK, A., 1980).

Um zu überleben, müssen Lebewesen mit Hilfe ihrer Sinnesorgane zur Außenwelt in Beziehung treten. Dabei erfassen sie nur einen bestimmten subjektiven für sie lebenswichtigen Anteil der Welt. Das Gedächtnis ermöglicht es, sich bestimmte Dinge zu merken und sich gegebenenfalls später wieder daran zu erinnern. Zur Erfassung der Außenwelt dient außerdem die Möglichkeit, alles, was bisher erlebt wurde, in Begriffe zusammenzufassen und in Worten zum Ausdruck bringen zu können. Dadurch können die Vorgänge in der Welt rasch und sicher überblickt und in die bisherige Erfahrung eingeordnet werden. Die Sinnesorgane erzeugen Empfindungen, die mit den bisherigen Erfahrungen zu Wahrnehmungen verbunden werden und aus denen sich die Außenwelt aufbaut. Jeder erlebt dadurch seine eigene individuelle Welt, die von denen anderer Menschen verschieden ist (ROHRACHER, H., 1971, S. 103-105).

Für das Verstehen von filmischer Wahrnehmung ist die Grundkenntnis der Physiologie des Auges bedeutsam. Während man fälschlicherweise den Eindruck haben könnte, das Auge nehme die Umgebung in einer Art "Weitwinkelbild" auf, bildet das menschliche Auge in Wirklichkeit nur einen Bereich von ca. einem Winkelgrad scharf auf der Netzhaut ab. Der "Gesamteindruck" beispielsweise eines Raumes kommt nur dadurch zustande, daß das Auge den Raum ununterbrochen abtastet und ca. 3-5 Fixationen pro Sekunde (MURCH, G.M.; WOODWORTH, G.L., 1978, S. 65) an das Gehirn liefert, in dem die Menge von Einzel-Signalen zur Wahrnehmung zusammenkommt: Die Gestaltpsychologie hat den Satz geprägt "das Ganze ist mehr als die Summe seiner Teile" (ROHRACHER, H., 1971, S. 199).

In welch bedeutsamer Form dieses Prinzip für die Filmgestaltung zutrifft, hat der russische Filmpionier LEW KULESCHOW nachgewiesen, als er aus einem Film eine Großaufnahme des

Schauspielers MOSJUKHIN herausnahm und mit dieser Aufnahme drei verschiedene Schnitt-Versionen herstellte: In einer Version wurde hinter die Einstellung mit dem Gesicht des zur Seite blickenden Schauspielers ein Teller Suppe, in der zweiten ein Sarg mit der Leiche einer Frau und in der dritten ein mit einem Teddybär spielendes kleines Mädchen montiert. "Als wir die drei Kombinationen dem Publikum, dem wir unser Geheimnis nicht verraten hatten, vorführten, war die Wirkung ungeheuer. Das Publikum war von der schauspielerischen Leistung Mosjukhins hingerissen. Man wies auf die tiefe Nachdenklichkeit seiner Stimmung über der vergessenen Suppe hin, man war gerührt und bewegt über die Trauer seines Antlitzes angesichts der Toten und bewunderte das sanfte, glückliche Lächeln, mit dem er dem spielenden Mädchen zuschaute. Nur wir wußten, daß in allen Fällen der Gesichtausdruck der nämliche gewesen war" (PUDOWKIN, W.I., 1961, S. 199). Dieser Effekt ging als "KULESCHOW-Effekt" oder auch "Induktions-Effekt" in die Filmgeschichte ein, durch das Zusammentreffen von zwei ursprünglich nicht zusammengehörigen Einstellungen, durch die Montage, wurden die beiden Bilder (syntagmatisch) verknüpft und "induzierten" neue Gesamtaussagen. Durch die Aufnahme des zur Seite blickenden Darstellers wurde ein Bedeutungszusammenhang nahegelegt: "Sobald jemand aus dem Bild herausguckt oder herauszeigt, liegt ein Versuch vor, 'den Rahmen zu verlassen' und Kontakt herzustellen" (KRAMPEN, M., 1983, S. 56), aber der "Induktions-Effekt" funktioniert auch bei hintereinander montierten Einstellungen, die eigentlich überhaupt nichts miteinander zu tun haben. Dies läßt sich auf der einen Seite damit erklären, daß inzwischen diese Sehgewohnheiten unserer mit Film und Fernsehen vertrauten Kultur zu unseren Wahrnehmungs-Erfahrungen gehören (vgl. HICKETHIER, K., 1980, S. 80). Auf der anderen Seite kommt aber hinzu, daß die Montage-Technik der filmischen Erzählweise Parallelen zu der menschlichen Wahrnehmungs-Physiologie hat, die mit "ineinander verschachtelten Szenen" wie sie "in unserem Kopf entstehen", verglichen werden kann (vgl. MÜNSTERBERG, H., 1970). Die gleiche Skala von "bedeutungsvollen Bildern", die Erinnerungen und Träume begleiten, dient im Film als Kommunikationsbasis (PASOLINI, P.P., 1971).

Wenn ein Laie den Blick von einem Objekt auf ein anderes durch filmische Gestaltungsmittel umsetzen will, so denkt er meist zuerst an einen Schwenk. Aber wenn jemand von einem Objekt zum anderen blickt, geschieht dieser Übergang gewöhnlich durch eine schnelle Augenbewegung; in dieser Übergangsphase wird so gut wie nichts wahrgenommen. Die adäquate filmische Umsetzung ist der Schnitt (vgl. APPELDORN, W. van, 1984, S. 34).

Der ungarische Theoretiker BELA BALAZS behauptete schon 1930, "daß die Filmmontage, wenn sie beherrschend ist, es im Grunde genommen durch Gewalt sei: selbst in zwei willkürlich nebeneinandergesetzten Bildern würde der Betrachter eine 'Folge' erkennen. Gerade das und nichts anderes beweisen die Experimente KULESCHOWs" (METZ, C., 1972, S. 72). Somit sind die "Kino-Montage ... und die Narrativität des Kinos ... nur die Konsequenzen aus diesem Induktionsstrom, der zwangsläufig fließt, sobald die beiden Pole einander nahe genug sind und bisweilen auch, wenn sie ziemlich weit voneinander entfernt sind" (METZ, C., 1972, S. 73).

Die hier beschriebenen filmischen Gestaltungsmittel funktionieren - wie die menschliche Wahrnehmung allgemein auch - normalerweise im Unbewußten des Rezipienten. Der Zuschauer kann sich den Suggestionen variabler Bildverknüpfung und Bildüberlagerung bei der Film-Wahrnehmung kaum entziehen: "Das Auge vermittelt Einzelbilder im Kontinuum. Die Bildfolge untersteht dem Sehkontinuumgesetz. Es bindet das Sehen an eine Raum-Zeit-Einheit, die jedoch im Wahrnehmungsbewußtsein /-Unterbewußtsein aufgehoben ist. ... Das Filmbildkontinuum ist beliebig zu unterbrechen (Schnitt), Einzelbilder oder

Bildfolgen können beliebig zusammenmontiert werden." (ZURHAKE, M., 1982, S. 261). Hierbei allerdings "bleibt zu prüfen, ob und wie Kamerawechsel, Schnitte, Schwenks, Zooms, Montagen, Bild/Wort-Umsprünge die jeweiligen Darstellungsverläufe unterbrechen, zerstückeln, unvorhersehbar machen, also den lebensrealen Wahrnehmungserwartungen und Wahrnehmungserfahrungen der Zuschauer zuwiderlaufen" (STURM, H., 1984, S. 62).

Die beschriebenen Gesetzmäßigkeiten legen Assoziationen zur Manipulation durch filmische Gestaltungsmittel nahe. Selbstverständlich ist jede filmgestalterische Entscheidung auch eine Manipulation der Wirklichkeit, die aber auf dem Hintergrund, daß es im Sinne der Wahrnehmungspsychologie keine "objektive Wirklichkeit" geben kann, als unumgänglich erscheinen muß. Allerdings gibt es in der Filmgestaltung zwei gegensätzliche Auffassungen auch von dokumentarischem Arbeiten: Im Gegensatz zur Auffassung des Naturalismus, zusammengefaßt mit "ROSSELINIs Ausspruch 'Die Dinge sind da. Warum soll man sie manipulieren?'" (METZ, C., 1972, S. 58) "manipuliert" die Film-Gestaltung zumeist bewußt bzw. absichtsvoll, wenn auch nicht immer so extrem wie z.B. EISENSTEIN, der die Montage als die eigentlich bedeutungstragende und filmspezifische Gestaltungsform ansieht. "EISENSTEIN zeigt uns niemals den Lauf der Welt, sondern immer, wie er sagt, den Lauf der Welt, gebrochen durch einen 'ideologischen Gesichtspunkt', der total erdacht ist und von Segment zu Segment bedeutet. Der Sinn (sens) reicht nicht aus, die Bedeutungsrelation (signification) muß dazu kommen" (METZ, C., 1972, S. 58).

Auch ausschließlich am Dokumentarischen orientierte Filmemacher arbeiten mit dieser Methode, bei der ein Ereignis oder eine Person "aus Material quasi atomisiert und neu zusammengesetzt wird" (BÖHM, R. in: MARCHAL, P,, 1985, S. 29; vgl. IVENS, J., 1974). Solche Produktionsmechanismen treffen auch auf dokumentarische Nachrichtenfilme zu. "Der didaktische

Dokumentarfilm, der auf fadeste Weise erklärend wirkt, könnte nicht verhindern, seine Bilder mit etwas Kunstsinn abzustimmen und ihre Reihenfolge zu organisieren" (METZ, C., 1972, S. 117), ein Film wird immer als "Werk einer schöpferischen Absicht" gesehen (BALAZS, B., 1972, S. 21).

Die Verwendung gestalterischer Entscheidungen geschieht beim Film immer mit einer bestimmten Absicht (vgl. SCHANZ, G., 1975, S. 43), "in der Perspektivität des Zeigens muß der Film 'Stellung' nehmen" (PAECH, J., 1975, S. 32). Der Vergleich liegt nahe: So wie es nach WATZLAWICK kein "Nicht-Verhalten" in sozialen Situationen gibt, existiert offensichtlich keine "Nicht-Gestaltung" beim Filmemachen. Diese Gestaltungsmittel sind aber nicht nur "Werkzeug" des Produzierenden, sie können das, was im Kommunikationsmodell vereinfacht gesagt als "Botschaft" transportiert werden soll, beherrschen und ein "Eigenleben" führen, das völlig neue und oft unbeabsichtigte Bedeutungsdimensionen erhält.

II.3.3 Probleme der Bedeutungsdimensionen filmischer Gestaltungsmittel

Die oben erwähnten Zusammenhänge bei der Film- und Fernseh-Gestaltung deuten an, daß sowohl auf der Seite des Kommunikators wie auch auf der Seite des Rezipienten die Subjektivität und Individualität eine große Rolle spielt bei der "Zeichen-Bildung" und der Zuweisung von "Bedeutung". Aber auch die Kommunikate selbst, in diesem Fall Dokumentar-Filme, Film-Berichte und Nachrichten-Filme, können ein "Eigenleben" von "Zeichen" und "Bedeutungsdimensionen" entwickeln. Das hat am eindrucksvollsten BERNWARD WEMBER in seinen Arbeiten belegt (vgl. WEMBER, B., 1972, 1976 und 1983). Er geht dabei davon aus, daß die von ihm kritisierten Autoren die negativen Konsequenzen ihrer "Filmsprache" nicht ab sichtsvoll manipulativ einsetzen wollten. Er unterstellt ihnen keinen "bösen Willen", obwohl die von ihm analysierten Filme diesen Schluß nahelegen könnten.

Da die Analysen von WEMBER eine bedeutende Rolle für den Ansatz der vorliegenden Arbeit spielen, werden seine wichtigsten Ergebnisse hier ausführlicher dargestellt.

Das Medium Film übt durch seine spezifischen Gestaltungsformen - wie Perspektive, Bildausschnitt und Montage - einen notwendigen "Zwang zur Subjektivität" aus. "Indem man sich auf das Medium einläßt, unterwirft man sich diesen Zwängen, auszuschneiden, Perspektiven zu wählen, Details oder Zusammenhänge zu verschweigen, Proportionen im Schnitt herzustellen, neue Wirkungen zu montieren" (WEMBER, B., 1972, S. 11). WEMBER geht davon aus, daß der manipulative Umgang mit den medienspezifischen Gestaltungsformen auf dem Hintergrund der soziokulturellen Gesellschaftsstruktur stattfindet. D.h. bei der Arbeit von Filmemachern "fließen in ihr Verhalten gesellschaftlich bedingte Normen und Wertvorstellungen ein. Werte, die man meistens von der umgebenden soziokulturellen Gesellschaftsstruktur unreflektiert übernommen hat. Mit diesen gesellschaftlichen und medien-immanenten Notwendigkeiten steht die schon angesprochene Manipulation in direktem Zusammenhang" (WEMBER, B., 1972, S.14-15).

Am 11. Dezember 1975 strahlte das ZDF die Sendung "Wie informiert das Fernsehen?" aus, in der WEMBER einen "Indizienbeweis" für seine These von der "Verseuchung der Denkwelt" liefert - auf dem Hintergrund seiner Hypothese, daß "in der Fernsehinformation Schadstoffe enthalten sind, die durch eine schleichende Verseuchung unsere Wahrnehmung ruinieren" (WEMBER, B., 1976, S. 11).
WEMBER unterzog Filmberichte und Nachrichten-Filme über den Konflikt in Nordirland einer eingehenden Analyse. Für den Bild-Bereich stellte er fest, daß die kurzen Einstellungen bei weitem überwiegen. Die befragten Film-Autoren begründeten ihre Vorgehensweise: Die vielen kurzen Einstellungen seien notwendig, da ein Ereignis mit seinen vielen verschiedenen Gesichtspunkten und Aspekten in kürzester Zeit gezeigt werden sollte. Die Analyse entlarvt jedoch, daß sogar Ein-

stellungen, die im Original-Material lang sind, "auseinandergeschnipselt" werden. "Gleiche oder ähnliche Bilder sind so zerschnitzelt und gemixt, daß man es nicht merkt. Man hat zwar zunächst den flüchtigen Eindruck, man bekäme immer etwas Neues zu sehen. Aber wenn man genauer hinschaut, ist es oft genau dasselbe oder zumindest etwas sehr Ähnliches mit dem Anschein des immer Neuen" (WEMBER, B., 1976, S. 18). Zur Einstellungslänge befragt, äußern die Autoren, daß die wichtigeren Dinge länger gezeigt würden als die unwichtigen. Die Analyse ergibt jedoch: "Wenn viel Bewegung da ist, werden dem Zuschauer die Bilder länger gezeigt. Je weniger Bewegung im Bild ist, umso kürzer werden die Bilder geschnitten. Von verschiedener inhaltlicher Wichtigkeit, wie die Autoren meinen, kann überhaupt keine Rede sein" (WEMBER, B., 1976, S. 21). Aus diesen Befunden entwickelte WEMBER auf dem Hintergrund des aus der Wahrnehmungspsychologie bekannten "orientierenden Reflexes" (vgl. KÖNIG, O., 1975), der dazu führt, daß sich das menschliche Auge unwillkürlich einem Bewegungsreiz zuwendet, seine These vom "Augenkitzel".

Seine Bild-Analysen lieferten dafür weitere Indizien: Die Bild-Ausschnitte konzentrierten sich auf Bewegung, die Kamera selbst stellte künstlich Bewegung her durch Fahrt, Zoom, Schwenk und Schärfe-Verlagerung. Die Bild-Inhalts-Analyse ergab, daß sich die Kamera auf irgendwelche Besonderheiten konzentriert, oder eine künstliche "Reiz-Intensivierung" durch Perspektive, Vergrößerung, Schärfe-Verlagerung, Kamera-Bewegung oder rasanten Schnitt hergestellt wird. Für das "Funktionieren" dieser Gestaltungsmittel macht WEMBER den "Induktionseffekt" verantwortlich (vgl. Kapitel "Visuelle Wahrnehmung und Gestaltung"), der dafür sorgt, daß die Bild-Inhalte und die filmischen Reizmethoden miteinander verschmelzen und sich gegenseitig "anstecken". "Das ist einer der Gründe, weshalb ein Film überhaupt funktionieren kann. Sonst könnte man einen Film nie als Einheit erleben. Aber diese Ansteckung ist auch einer der Gründe dafür, weshalb wir beim Anschauen eines Informationsfilms nicht direkt mer-

ken, wie sehr wir mit Reizmaterial bombardiert werden, wie sehr die Bildinhalte zerstückelt sind" (WEMBER, B., 1976, S. 42).
In der Analyse der Text-Bild-Beziehung weist WEMBER die Folgen einer "Bild-Text-Schere" nach: "Wenn das Bild mit seinem Augenkitzel die gesamte Aufmerksamkeit fesselt, dann ist ein gleichzeitiges Zuhören, ein bewußtes, verstehendes Zuhören unmöglich. Einfach, weil die Kapazität nicht reicht. Dann verkommt der Text zu einem reinen Plätschern, zu einer plappernden Geräuschkulisse" (WEMBER, B., 1976, S. 49). Diese produkt-analytischen Befunde finden ihre Bestätigung in verschiedenen empirischen Untersuchungen (vgl. STURM, H.; VITOUCH, P.; BAUER, H.; GREWE-PARTSCH, M., 1982; DREW, D.G.; GRIMES, T., 1987). In "einer psycho-physiologischen Untersuchung zeigte sich, daß eine Gegenläufigkeit von Bild und Wort - es handelte sich um emotionale Bilder mit sachlicher Kommentierung, wie dies z.B. bei Fernsehnachrichten häufig der Fall ist - zu einer hohen physiologischen Erregung führt, die als unangenehm empfunden wird und ein Sich-Einlassen auf die Darbietung erschwert" (STURM, H., 1984, S. 61).

Hinzu kommt der filmische "Ablaufzwang", d.h. der Zuschauer kann den Film nicht anhalten und Argumentationsketten und Zusammenhänge überprüfen, er erlebt vom Film immer nur den gerade sichtbaren Durchlaufpunkt. "Der Ablaufzwang des Mediums verführt auch geradezu, an diesem Durchlaufpunkt, das heißt an Einzelheiten kleben zu bleiben" (WEMBER, B., 1976, S. 57). Das von WEMBER analysierte Material nutzt die Möglichkeiten von Strukturierung und Hervorhebung, die zur Verständlichkeit beitragen könnten, nicht (zur "Verständlichkeit" vgl. Kapitel "Produktanalytische Ansätze"). Daraus entwickelt WEMBER das Modell des "Durchlauferhitzers". "Es wird unglaublich viel Material herangeschafft. Es wird so zubereitet, daß es am Durchlaufpunkt ordentlich erhitzt. ... Nach dem Durchlaufpunkt löst sich die Information allmählich auf. Wegwerfinformation, nach einmaligem Gebrauch wertlos.

Und der Zuschauer wird genau an diesen Durchlaufpunkt gefesselt, der so aufgeheizt wird, daß man die Frage nach dem Zusammenhang vergißt und daß man gar nicht merkt, wie sich die Information auflöst" (WEMBER, B., 1976, S. 61), die Film-Berichte liefern nur ein oberflächliches Bild, die Hintergründe bleiben im Verborgenen.

Diese von WEMBER kritisierten "Schadstoffe" verseuchen seiner Meinung nach die Seh- und Hörgewohnheiten: "Denn man gewöhnt sich daran, daß ein genaues, aktives Zuschauen ... ein verstehendes , aktives Zuhören" und ein "genaues Mitdenken kaum möglich ist" (WEMBER, B., 1976, S. 63); und das führt zur "Verseuchung der Denkwelt", zur "Behinderung von Information" und damit zur "Behinderung von demokratischer Urteilsbildung" (vgl. WEMBER, B., 1976, S. 64-65). Wie aktuell die damals durchgeführten Analysen heute sind, erläuterte WEMBER in einem Gespräch im Januar 1988, als er von seinen unveröffentlichten Überprüfungen der Bildanalyse berichtete: Nach seinem Ergebnis ist die durchschnittliche Länge der Einstellungen, in denen keine Bewegung vorkommt, von damals 2,0 auf heute 1,4 Sekunden gesunken.

Vergleicht man diese Indizienkette mit den Ergebnissen von Rezeptionsforschungen, die belegen, daß viele Zuschauer von den Fernsehnachrichten und Filmberichten gar keine verständliche Information wollen (vgl. Kapitel "Ergebnisse von Nachrichten-Analysen"), sondern zum großen Teil an "background viewing" interessiert sind (vgl. Kapitel "Auswirkungen des Strukturwandels auf Programm und Rezeption"), drängt sich die alte Frage nach der "Henne oder dem Ei" auf - nach Ursache oder der Wirkung. Für den in der vorliegenden Arbeit zu untersuchenden Zusammenhang der "Gesetzmäßigkeit des Funktionierens von Film-Gestaltung" und den vielfältigen "Bedeutungs-Funktionen der filmischen Gestaltungstechnik" ist die Frage nach dem, "was beim Zuschauer ankommt" bzw. "was er daraus macht oder darin sieht" von besonderem Interesse. Dieser Frage wird im folgenden Praxis-Teil nachgegangen.

III PRAXIS

Nachdem im Theorie-Teil Aspekte der "Fernsehnachrichten in der BRD","Fernsehnachrichten-Forschung" und "medialen Kommunikation und Gestaltungsform" referiert wurden, beschäftigt sich der Praktische Teil dieser Arbeit mit Untersuchungen, die von folgendem Interesse geleitet sind:

Information in den Fernsehnachrichten ist nicht nur selektierte Information, sondern immer auch "gestaltete Präsentation". Die Fragestellung der vorliegenden Arbeit ist die Frage nach dem Zusammenhang von "gestalteter Information" und deren "Wirkung" auf die Rezeption. Die hier relevante Bedeutung von "Wirkung" für die Fragestellung bedarf der Präzisierung: Auf der Grundlage eines Verständnisses von "Massen-Kommunikation", das die Wirkung medial vermittelter Botschaften ansiedelt in einem Beziehungsgefüge von

1. Codierung seitens des Kommunikators (Sender)

2. Eigengesetzmäßigkeit und Eigendynamik des Kommunikats (Mediums)

3. "Zeichen-Bildung" und "Bedeutungs-Zuweisung" auf seiten des Kommunikanten (Rezipienten, Empfängers)

wird folgender Ansatz entwickelt:

Die Arbeit untersucht die subjektive Beurteilung von Rezipienten zu Fernseh-Nachrichtenprodukten. Im Mittelpunkt des Interesses steht die Zuweisung von "Objektivität" gegenüber einer Fernsehnachrichten-Sendung in Abhängigkeit zu ihrer Gestaltungsform. Wie eine spezifische Gestaltungsform "isoliert" werden kann, so daß einerseits eine praxisrelevante und in den täglichen Fernsehnachrichten "typische" Gestaltung erhalten bleibt, sie aber andererseits so angelegt werden kann, daß sie "definiert variiert" werden kann, um in Laborexperimenten untersucht zu werden, wird zunächst zu klären sein. Hinzu kommt die Frage nach einem geeigneten "Instrument", das Aussagen über die vorwiegend emotionalen und "unbewußten" Zuschauer-Beurteilungen und Bewertungen zuläßt. Die vorliegende Arbeit setzt daher in drei Untersuchungsphasen an:

1. Phase: Erarbeitung eines Untersuchungs-Konzepts anhand einer exemplarischen analytischen Betrachtung von "typischen" Fernseh-Nachrichten-Sendungen verschiedener Sender.

2. Phase: Durchführung von Voruntersuchungen auf zwei Ebenen: Auf der Ebene einer Produktanalyse wird versucht, aus verschiedenen vergleichbaren Materialien Produkt-Spezifika herauszuarbeiten. Auf der Ebene einer Rezeptionsanalyse wird zu den gleichen Materialien die Rezipienten-Beurteilung untersucht. Diese beiden Vergleichs-Ebenen sollen zueinander in Beziehung gesetzt werden auf dem Hintergrund der Fragestellung: Lassen bestimmte mediale Gestaltungs-Spezifika bestimmte Rezeptions-Wirkungen bezüglich der Beurteilung durch Zuschauer vermuten?

3. Phase: Die Ergebnisse der Voruntersuchung werden zueinander in Beziehung gesetzt. Den daraus resultierenden Hypothesen wird in der Hauptuntersuchung mittels eines "Labor-Experiments" nachgegangen: Eine eigens produzierte Fernsehnachrichten-Sendung wird in vier variablen Versionen, deren Definition sich aus den in der Voruntersuchung gewonnenen Erkenntnissen ableitet, auf die Rezipienten-Beurteilung hin untersucht.

III.1 ERSTE PHASE: Erarbeitung eines Untersuchungs-Konzepts

Die Fragestellung der vorliegenden Arbeit betrifft Zusammenhänge fernsehspezifischer Gestaltungs-Technik und deren Wirkung auf die Rezeption. Daher geht es zunächst um ein Untersuchungs-Konzept, mit dem bestimmte "typische" Gestaltungsformen "herauskristallisiert" werden können. Der erste Schritt ist daher eine vergleichende Analyse des Produkts "Fernsehnachrichten".

Nachrichtensendungen im Fernsehen zu vergleichen, ist im ersten Augenschein für jedermann leicht möglich. Bestimmte Dinge sind eben "augenfällig"; z.B. die Personen, die die Nachrichten sprechen, scheinen das Image einer Sendung regelrecht zu "verkörpern". Wie steht es mit den Film-Berichten? "Kameramann Müller" macht andere Bilder als "Kameramann Meier". Beide waren am selben Drehort, berichten über dasselbe Ereignis. Sind das nur zufällige "handwerkliche" Unterschiede oder steckt dahinter "System" - unterschiedliche Konzeptionen der Nachrichten-Redaktionen oder der Sender, gar ein anderes Weltbild - oder Ideologie?

III.1.1 Eine exemplarische Studie: Die Haupt-Nachrichtensendungen verschiedener Sender desselben Abends

Unter Ausklammerung der über Kabel oder Satellit empfangbaren Regional-Programme, ausländischer Programme und der - zum Untersuchungszeitpunkt dieser Arbeit 1987 eher als auf dem Bildschirm vorgelesenen Hörfunk zu bezeichnenden - Kurznachrichten des Anbieters "Musikbox" aus München sind in der Bundesrepublik Deutschland vier Fernsehnachrichten-Anbieter von Bedeutung: Die beiden öffentlich-rechtlichen Programme "ARD" und "ZDF" sowie die beiden privaten Programm-Anbieter "SAT-1" und "RTL-plus". Die Satelliten-Kanäle EINS-PLUS und

3-SAT bleiben unberücksichtigt, da diese Programme ebenfalls von den öffentlich-rechtlichen Anbietern veranstaltet werden.

Untersucht werden sollten jeweils die Nachrichten-Hauptausgaben der vier Sender ARD, ZDF, SAT-1 und RTL-plus, da sie von den meisten Zuschauern gesehen werden.

III.1.1.1 **Bestimmung der Materialbasis für das Fallbeispiel**

Zunächst wurde eine Programm-Beobachtung der Hauptausgaben der vier Sender über die Monate Januar bis März 1987 durchgeführt, wobei in abwechselndem Turnus nach dem Zufallsprinzip jeweils abwechselnd Nachrichten-Sendungen der vier Programme auf ihre Inhalts-Struktur und ihre Präsentationsform hin beobachtet wurden. Im Verlauf dieser Programm-Beobachtung bestätigten sich zwei Annahmen, die sich auch mit den Ergebnissen anderer vergleichenden Analysen decken (vgl. Kapitel "Auswirkungen des Strukturwandels auf Programm und Rezeption"):

1. Ablauf-Schema und Präsentationsform der vier Sender waren hinsichtlich der Nachrichten-Selektion und des Präsentationsstils deutlich unterschiedlich; zumindest wurde das für die Gruppierung der beiden öffentlich-rechtlichen Sender gegenüber den beiden privaten augenfällig. Dabei fiel auf, daß hinsichtlich der Auswahl die privaten erheblich mehr "bunte" Themen, sogenannte "soft news" einbezogen und ihre Meldungen in einer unterhaltsamen Art der Team-Moderation zu präsentieren versuchten, während die öffentlich-rechtlichen die Meldungen jeweils von nur einem Sprecher bzw. "Redakteur im Studio" verlesen ließen.

2. Innerhalb des jeweiligen Senders unterschieden sich weder Ablauf-Schema noch Präsentationsform der einzelnen ausgestrahlten Sendungen voneinander. Dies ist verständlich, da jede der Nachrichtenredaktionen bewußt nach einem nach langen Überlegungen konzipierten bzw. über die Zeit gewachsenem Sendungskonzept arbeitet, das die inhaltliche und die gestalterische Arbeit prägt.

Als Konsequenz aus dieser Erkenntnis wurde davon ausgegangen, daß als exemplarisches Fallbeispiel für die Voranalyse die Hauptausgaben der vier Nachrichtensendungen eines Stichtages aufgezeichnet und analysiert werden konnten, um aus dieser Analyse Hinweise für die Hypothesenbildung zu gewinnen.

Durch das Los wurde aus der ersten Aprilwoche 1987 der Sendetermin für den Video-Mitschnitt ermittelt; er fiel auf Dienstag, den 7.4.1987. An diesem Tag wurden folgende Nachrichtensendungen auf Videoband aufgezeichnet:

18.30 Uhr - 18.42 "SAT 1 Blick"
18.53 Uhr - 19.24 "7 vor 7", RTL-plus
19.00 Uhr - 19.22 "heute", ZDF
20.00 Uhr - 20.16 "Tagesschau", ARD

III.1.1.2 Aspekte von "Zeichen" und "Bedeutungen" in den Fernsehnachrichten

Bevor auf die analytische Darstellung der Unterschiede eingegangen wird, soll zunächst ein "erster Blick" auf die vier aufgezeichneten Sendungen geworfen werden, auf deren Gestaltungsform aus einer lediglich beschreibenden Perspektive der "Zeichen- und Bedeutungs-Dimension" (vgl. Kapitel "Mediale Kommunikation und Zeichen-Bedeutung"), um dem Leser einen ersten Eindruck zu geben.

Dabei muß ausdrücklich darauf hingewiesen werden, daß die (links dargestellte) Beschreibung der audio-visuellen Phänomene ...

... mit den (rechts dargestellten) assoziierten Zeichen- und Bedeutungs-Aspekten subjektiv verknüpft werden:

Die ARD-Tagesschau - "perfekt"

Stille. Im Bild eine große silberblaue Uhr. Kein Ticken - lautlos vergehen die letzten Sekunden vor 20 Uhr. Anstelle eines Sekundenzeigers leuchten kleine rote Lämpchen auf, die wie ein Kranz um das Ziffernblatt angeordnet sind - "high tech". Ein Gong ertönt - die Uhr ist weg, eine große silberne 1 mit drei silbernen Buchstaben "ARD" füllt das Bild - "blank geputzt", sauber. Während eine sonore Stimme sagt "hier ist das Erste Deutsche Fernsehen mit der Tagesschau", entschwindet die 1 nach hinten. Von unten schiebt sich eine blau-silberne "Welt-Platte" mit den Konturen der Kontinente vor die 1, von oben schwebt die goldene Schrift "tagesschau" hernieder. Während eine Fanfare ihren Schlußakkord schmettert, füllen sich die Buchstaben goldfarben.

Diese Uhr geht genau - unbestechlich, unbeirrbar. Hier ist man pünktlich - auf die Sekunde. Alles ist blitzblank und edel - kein Stäubchen, kein Kratzer - alles ohne Fehl und Tadel - mit einem Wort: "perfekt".

"Guten Abend, meine Damen und Herren." Die Sprecherin, eine elegant gekleidete Dame mit korrektem Äußeren und gepflegter Sprache blickt uns in die Augen.

Sie weiß, was sich gehört, sie hat Klasse, sie ist professionell, sicher aber unaufdringlich - mit einem Wort: "perfekt".

In der Hand hält sie ein gelbes Blatt Papier, von dem sie abliest, ohne uns "aus den Augen zu lassen". Vor ihr liegen noch mehrere Blätter. Sie spricht ohne zu zögern - sie liest "wie gedruckt" und jede Formulierung klingt sorgsam getextet.

Hier hat man was zu sagen, es duldet keinen Aufschub - alles ist wichtig, nichts ist überflüssig. Hier wird nichts dem Zufall überlassen, alles ist hoch offiziell und wahrhaftig - mit einem Wort: "perfekt".

Im Hintergrund ein Foto: Der Bundeskanzler begrüßt einen lächelnden Mann, darunter steht geschrieben "Gespräch bei Staatsbesuch" und die Sprecherin sagt, daß der israelische Präsident Herzog "einen Meinungsaustausch mit Bundeskanzler Kohl geführt" hat.

Hier stimmt alles. Was gesagt wird, ist im Bild belegt. Herzog ist wirklich da gewesen - und hat Kohl die Hand gegeben und gelächelt und gesprochen hat er auch. Man zeigt uns das. Hier wird nichts verheimlicht. Und zum Beweis folgt noch ein Film, in dem wir alles selbst mitansehen können. Und weil wir nur sehen, wie sich elegant gekleidete Herren die Hände schütteln, sagt uns ein unsichtbarer Sprecher, was da vor sich geht. Er weiß Bescheid, ist uns haushoch überlegen - mit einem Wort: "perfekt".

ZDF-heute - "kompetent"

Grünlich-gelb ist der Hintergrund - ein Ausschnitt von einem Gebäude. Der geübte Zuschauer ahnt: Der Blick aus dem ZDF-Studiofenster. In dieses Bild "eingestanzt" ein weißes Ziffernblatt. Während der Sekundenzeiger vorrückt, leiten elektronische Piepser eine synthetische Fanfare ein. Punkt 19 Uhr sehen wir eine Studio-Totale, eine Frau sitzt an einem Tisch, vor ihr Kameras. Sie wirft einen letzten prüfenden Blick auf die Blätter vor ihr. Von hinten schwebt die Schrift "heute" auf uns zu, darunter entstehen wie aus einem Fernschreiber-"Ticker" Buchstabe für Buchstabe drei Schlagzeilen: das wichtigste von heute. Eine rote Lampe unter der Studiodecke leuchtet auf - Achtung!

Auch hier ist man pünktlich und aktuell. Alles läuft fahrplanmäßig, alles ist "im Griff", modernste Studiotechnik wird beherrscht - in diesem Gebäude wird gearbeitet - "kompetent".

"Guten Abend, verehrte Zuschauer, ich begrüße Sie zur Heute-Sendung" sagt eine gut gekleidete Dame und ein Schriftzug stellt sie vor: "Ulrike v. Möllendorff, Redakteurin im Studio".

Hier hat sie gerade Platz genommmen - die Journalistin. Gerade noch am Fernschreiber - jetzt vor der Kamera. Das wichtigste hat sie mitgebracht, sie weiß wovon sie spricht, sie ist informiert - vielseitig - verantwortlich - "kompetent".

Im Hintergrund erscheint ein Foto von einem Schiff und Kränen - darüber die Schrift "Bergung der Unglücksfähre" und Frau von Möllendorff sagt: "Der technische Aufwand war beispiellos".

Hier kommen die Sensationen frei Haus, Bilder belegen das Unfaßbare. Gleich werden wir noch mehr davon sehen - alles wohl ausgewählt, die Redakteurin kennt sich aus, sie erklärt uns alles, sie war für uns dabei, sie ist informiert - gut vorbereitet - "kompetent".

SAT-1-Blick - "nett"

Keine Uhr, keine Stille. Man hört halblaute, ziemlich flotte Musik und Gemurmel von durcheinander redenden Stimmen. Im Bild eine dunkelblaue Jalousie, die einen Spalt geöffnet ist. Dadurch blikken wir wie Zaungäste in ein Studio: Leute stehen an einem Pult, Kameras werden verschoben, es herrscht geschäftiges Treiben - letzte Vorbereitungen. Dann schließt sich die Jalousie. Eine Fanfare, die Schrift "SAT-1-Blick" springt in's Bild - endlich ist es soweit.

Hier hat man alle Hände voll zu tun, hier spielt sich was ab. Es ist noch nicht soweit - auch wenn hier "pünktlich geöffnet" wird, wir dürfen schon 'mal "durch's Schlüselloch gucken". Man ist hier nicht so streng und zugeknöpft, man ist hier jovial - "nett".

"Guten Abend, liebe Zuschauer, die SAT-1-Nachrichten", sagt ein freundlicher Herr in dunklem Anzug und seine Kollegin nickt uns zu und sagt "im Millionenskandal bei VW gibt es eine Verhaftung". Die beiden Moderatoren stehen an einem Pult, im Hintergrund sieht man weitere Mitarbeiter an einem Redaktionstisch. Die beiden stellen abwechselnd "drei wesentliche Themen dieser Sendung" vor, die jeweils von einem Kurzfilm illustriert werden: Wir sehen Präsident Herzog, die verunglückte Fähre und zwei Jungen, die an einem Tisch sitzen, der eine zupft unwirsch an seiner Krawatte, während der Sprecher - von lustiger Musik unterlegt - sagt, daß wir in dieser Sendung auch erfahren werden, was "uns'rer Jugend" Spaß macht. Dann sehen wir den Sprecher nah, der berichtet - fast plaudernd - daß VW seinen Chef-Devisenhändler "fristlos gefeuert" hat.

Hier hat man einen ganzen Korb voller Neuigkeiten - oder auch Besonderheiten. Von allem etwas - für jeden 'was dabei:

nicht nur die Männer von Welt auch die Jungen von nebenan. Hier ist man nicht so offiziell, zum Feierabend auch 'mal entspannend und freundlich - "nett".

RTL-plus-7 vor 7 - "rasant"

Ein weißes Zifferblatt auf blauem Grund - dazu ruhige Popmusik aus den 70er Jahren. Der Sekundenzeiger rückt vor. Um "7 vor 7" löst eine quirlige elektronische Musik die ruhigen Töne ab, und von allen Bildschirmseiten kommen Bilder angeflogen und werden eingesogen von einem sich drehenden elektronischen Klotz, aus dem sich dann die Computer-Schrift "7 vor 7" bildet. Ein synthetischer Trompetenstoß - und eine Sprecherstimme ruft: "die Bilder des Tages". Während Bilder von der Unglücksfähre, einer Frau vor einem Mikrophon und einem Mann, der ein Nichtraucher-Schild auf eine Glastür klebt, zu sehen sind, ruft die Sprecherstimme weiter: "Millimeterarbeit am Schiffskoloß ... eine Bäuerin wird Minister ... die Gesundheitsapostel der UNO geben das Rauchen auf" und stellt zwei Sprecher vor, die "heute im Studio" sind und uns verbindlich lächelnd zunicken.

Hier "geht's rund", hier wird "nicht lange gefackelt", hier ist "die action". Man drückt auf's Tempo - die "Bilder des Tages" warten. Es ist höchste Zeit. Der Sprecher ruft wie einst der Zeitungsverkäufer seine Schlagzeilen. Alle 'mal herhören, wir sind wichtig, wir sind witzig, wir sind aktuell, wir sind top - "rasant".

"Guten Abend um 7 vor 7!" Drei Leute sitzen am "news desk" amerikanischer Prägung - zwei Männer, eine Frau - im Hintergrund der Schriftzug "7 vor 7" an der Wand, vielfach übereinander. Der Hauptsprecher - immer noch mit erhobener Stimme - wendet sich zu seinem Kollegen und spricht ihn an. Der blickt auf sein Manuskript und hebt an: "Es waren faszinierende Bilder, Hans, von einer technischen Meisterleistung". Er wendet sich uns zu und kommt nah in's Bild. "Es regnet ganz ganz leicht heute in Zeebrugge, doch die See ist ruhig", fährt er fort und schwärmt von technischen Details und Superlativen der Fähren-Bergung.

Hier sitzt ein starkes Team - jeder ein Fachmann auf seinem Gebiet - die Frau für Sport übrigens. Alle mögen sich, alle kennen sich aus und beeilen sich; sie "spielen sich die Bälle zu" - sind "voll dabei", hellwach und fix - "rasant".

Soweit der "erste Eindruck" der vier Sendungen desselben Abends. Subjektiv sollte er veranschaulichen, was hier unter "Zeichen- und Bedeutungs-Bildung" verstanden wird, und wie "symbolische Interaktion" in den täglichen Fernsehnachrichten erlebt wird, bevor sich die vorliegende Arbeit im folgenden mit genauer definierten Instrumenten an das "Sezieren" der Gestaltungstechnik begibt.

III.1.1.3 **Überprüfung zur Repräsentanz der Ausschnitte**

Da vergleichende Inhaltsanalysen von Nachrichten-Sendungen der genannten vier Anbieter bereits in der Literatur vorliegen (vgl. FRANK, B.; KLINGLER, W., 1987), sollte zunächst überprüft werden, ob die gewählten vier Ausschnitte auch als repräsentativ bzw. "typisch" für die täglichen Nachrichtensendungen gelten können.

In einer Programm-Analyse der vier Nachrichtenanbieter ARD, ZDF, APF - der damalige Name von SAT-1 - und RTL-plus hatte KRÜGER folgende Eigenarten festgestellt: Die Untersuchung der inhaltlichen Struktur der Nachrichtensendungen zeigte deutlich, "daß sich die Newsshow '7 vor 7' von RTL plus ganz wesentlich von der ARD-'Tagesschau' sowie von ZDF-'heute', aber auch von 'APF blick' unterscheidet. ... RTL plus verweist die politische Berichterstattung mit insgesamt nur 16 Prozent der Sendezeit im Vergleich zu 84 Prozent für nichtpolitische Berichterstattung in einen Randbereich seiner Relevanzskala für aktuelle Berichterstattung. ... In 'APF blick' lag das Schwergewicht der Sendezeit auf der politischen Auslandsberichterstattung (32%), danach rangierten die politische Inlandsberichterstattung einschließlich DDR (22%), Alltag/Human Interest/Diverses (14%) und Wirtschaft (12%), gefolgt vom Wetterbericht (9%). ... Den relativ höchsten Anteil an Sendezeit für politische Berichterstattung (insgesamt 68%) hatte die 'Tagesschau' in der Vergleichswoche. Allein 43 Prozent ihrer Sendezeit verwendete die 'Tagesschau' für Inlandspolitik einschließlich DDR, 25 Prozent für Auslandspolitik. Auch in 'heute' dominierte die politische Berichterstattung (insgesamt 61%), hier erhielt die Auslandspolitik (33%) den Vorrang vor der Inlandspolitik einschließlich DDR (28%). Der Priorität, die Beobachtung und Darstellung politischer Ereignisse in den öffentlich-rechtlichen Hauptnachrichtensendungen hatten, entsprach umgekehrt eine rigorose Einschränkung der Sendezeit für Alltag/Human Interest/Diverses, hierauf entfielen in der 'Tagesschau' nur drei Prozent und in 'heute' fünf Prozent" (KRÜGER, U.M., 1985, S. 483).

In der vorliegenden Untersuchung wurden für den Vergleich der vier Sendungen in Anlehnung an bisherige Nachrichtenforschungen Inhaltskategorien verwendet (vgl. WERSIG, G., 1968; SCHATZ, H., 1971 ; GROHALL, K.-H.; JOHANN, K.P.; SCHUSTER, A., 1972; GROHALL, K.-H.; SCHUSTER, A., 1975; STRASSNER, 1982), die eine Aussage darüber gestatten, welche Interpretation von Realität die jeweiligen Redaktionen vornehmen, bzw. welche Inhalte sie den Zuschauern "verkaufen".

Die Verteilung der Sendezeit in verschiedene Kategorien "ist ein wichtiges Maß für eine quantitative Beschreibung von Fernsehaussagen, weil sie z.B. für die Produzenten solcher Sendungen eine verhaltensbestimmende Größe ist und nur in beschränktem Umfang zur Verfügung steht" (GROHALL, K.-H.; SCHUSTER, A., 1975, S. 51). Wie bereits erwähnt (vgl. Kapitel "Auswirkungen des Strukturwandels auf Programm und Rezeption"), können im wesentlichen zwei Grob-Kategorien unterschieden werden:

1. "hard news" - typische Nachrichten-Themen, die einen Informationswert und einen gewissen Relevanzgehalt haben und deren Auswahl sich in der Regel an den klassischen "Nachrichten-Faktoren" orientiert (vgl. ÖSTGAARD, E., 1965; GALTUNG, J.; RUGE, H.M., 1965; SCHULZ, W., 1976). Diese Zuordnung ist vielleicht nicht immer leicht zu treffen, läßt sich aber verhältnismäßig einfach und schlüssig von der zweiten Kategorie trennen.

2. "soft news" - Meldungen, die in erster Linie Unterhaltungswert haben und zur Auflockerung einer Sendung die-

nen; sie werden oft auch als sogenannte "bunte" Beiträge bezeichnet.

Der Vergleich der Ausschnitte mit den in der Literatur vorliegenden Analysen ergab, daß es sich hier um ein verhältnismäßig "typisches" Fallbeispiel handelte: Die charakteristische Kategorienverteilung findet sich in den vier Sendungs-Beispielen wieder.

Die folgende Aufstellung (Abb. 1) gibt einen vergleichenden Überblick über die Inhaltskategorien der Nachrichten-Ausschnitte. Dabei wurden Sport-Meldungen den "soft news" zugeordnet, und unter dem Begriff "Buntes" wurden Beiträge zusammengefaßt, die nach den journalistischen Kriterien (vgl. Kapitel "Produktionsbedingungen der aktuellen Berichterstattung") keinen "Nachrichten-Wert" haben. Hier wird deutlich, daß vergleichbar zur generellen Struktur auch in diesen aufgezeichneten Sendungen in Rangfolge und Gewichtung die öffentlich-rechtlichen Sender Politik bevorzugen und überhaupt keine "bunten" Beiträge einbeziehen.

Kategorie	SAT-1 "Blick" Rang	Thema	RTL+ "7 vor 7" Rang	Thema	ZDF "heute" Rang	Thema	ARD "Tagesschau" Rang	Thema
"hard news"								
Politik	2.	Israel-Staatsbesuch	6.	Landwirtschaftministerin	2.	Israel-Staatsbesuch	1.	Israel-Staatsbesuch
	6.	Montan-Mitbestimmung	7.	Israel-Staatsbesuch	3.	Kernenergie-Finanzierung	3.	Papst-Besuch
			11.	Montan-Mitbestimmung	4.	Strahlenschutz-Kritik	5.	Montan-Mitbestimmung
			13.	Italien-Regierungskrise	9.	Montan-Mitbestimmung		
			14.	Papstbesuch	11.	Hessen-Ministerpräsident		
					12.	Hessen-SPD		
					13.	Papst-Besuch		
					14.	Gorbatschow krank		
					15.	Ägypten-Wahl		
Katastrophen	3.	Schiffsbergung	1.	Schiffsbergung	1.	Schiffsbergung	2.	Schiffsbergung
			2.	Flugzeug-Absturz				
Finanzen	4.	Beamten-Gehälter	3.	Beamten-Gehälter	10.	Beamten-Gehälter	4.	Beamten-Gehälter
	7.	Benzinpreiserhöhung	4.	Benzinpreiserhöhung			11.	Benzinpreiserhöhung
	8.	DDR-Transit-Bußgeld	5.	Fleischpreissenkung				
	9.	Fleischpreissenkung						
Industrie	1.	VW-Devisen-Skandal			6.	VW-Devisen-Skandal	6.	Arbeitskampf-Gefahr
	5.	Metall-Tarifrunde			7.	Metall-Tarifrunde	10.	VW-Devisen-Skandal
					8.	Arbeitskampf-Gefahr		
Wissenschaft			12.	Neues Medikament	5.	Tschernobyl-Folgen	7.	Weltgesundheit-Impfen
			15.	Weltgesundheit-Rauchen	16.	Weltgesundheit-Impfen	8.	Tschernobyl-Folgen
Restkategorie			16.	Belgien-Rauchverbot	17.	Bubak-Mord-Gedenken	9.	Alkem-Prozeß
					18.	Bauskandal-Urteil	12.	ARD-Tagung
							13.	RIAS-Intendant
"soft news"								
Sport	12.	Becker krank	17.	Becker krank	19.	Becker krank		
	13.	Boxweltmeister	18.	Boxweltmeister	20.	Boxweltmeister		
			19.	Fußball-Europapokal				
			20.	Beckenbauer-Streit				
			21.	HSV-Spieler verletzt				
			22.	Leverkusen-Ersatztorhüter				
			23.	Bundesliga-Ergebnis				
			24.	Eishockey-Weltmeistersch.				
Buntes	10.	Waschmaschine explodiert	8.	Jäger-Protest				
	11.	Jugend-Freizeitstudie	9.	Heuschrecke				
			10.	Hannovermesse-Bierhalle				
Wetter	14.	Wetter	25.	Wetter	21.	Wetter	14.	Wetter

(Abb. 1) Inhalte der vier Nachrichten-Sendungen des Fallbeispiels vom 7.4.1987

III.1.2 Entwurf des Untersuchungs-Konzepts

Nach den bisherigen Betrachtungen der ersten Untersuchungsphase läßt sich zusammenfassen: Die aufgezeichnete Materialbasis der vier Sendungen desselben Abends wird als "typisches" Fallbeispiel akzeptiert.

Die Zielsetzung der Untersuchungen des Praxis-Teils ist die Frage nach Zusammenhängen von "gestalteter Information" und deren "Wirkung" auf die Rezeption. Um möglichen Zusammenhängen näher zu kommen, wird als weitere Strategie folgende Vorgehensweise entworfen: Mit Hilfe der vorhandenen Materialbasis sollen die Untersuchungen "zweigleisig" auf den folgenden beiden Ebenen angesetzt werden:

1. In einer Produktanalyse sollen die visuellen medialen Gestaltungsformen in ihren typischen bzw. spezifisch unterschiedlichen Dimensionen erfaßt werden mit der Zielsetzung, herauszukristallisieren, in welchen Punkten sich die vier aufgezeichneten Sendungen signifikant unterscheiden.

2. In einer Rezeptionsanalyse soll Versuchspersonen dasselbe Material präsentiert werden und mittels einer standardisierten Befragung die Beurteilung der Rezipienten in verschiedenen Dimensionen untersucht werden.

Hintergrund dieser Untersuchung bildet dabei folgende Fragestellung:

1. Lassen sich aus dem Material-Paket von vier verschiedenen Nachrichten-Sendungen produktanalytisch verschiedene Eigenarten und Merkmale erfassen?

2. Beurteilen Rezipienten diese vier Sendungen "signifikant unterschiedlich"?

Die Ergebnisse dieser "zweigleisigen" Untersuchung sollten gegebenenfalls Hinweise zu einer Hypothesenbildung bezüglich einer direkten Untersuchung definierbarer Zusammenhänge von visueller Gestaltungstechnik und Rezeptionswirkung liefern.

III.2 Zweite Phase: Voruntersuchungen

Für das oben beschriebene Untersuchungskonzept wurde folgendes Versuchsdesign erarbeitet. Um eine größtmögliche Vergleichbarkeit zu erreichen, wurde zunächst festgelegt, daß jeder Versuchsperson das gesamte zu untersuchende Produkt-Material präsentiert werden sollte. Dasselbe Material, das den Versuchspersonen in der Rezeptionsanalyse gezeigt wird, sollte einer Produktanalyse unterzogen werden, damit eine direkt vergleichende Beurteilung ermöglicht wird. Somit stellte sich die Frage nach der Auswahl der zu vergleichenden Materialien.

III.2.1 Materialauswahl

Um einen unmittelbaren Vergleich zu ermöglichen, durften die Ausschnitte nicht zu lang sein. Im wesentlichen kamen für die Auswahl der Ausschnitte nur zwei Kriterien in Frage: Entweder konnten anhand der zuvor durchgeführten Analysen "typisch verschiedene" Ausschnitte willkürlich zusammengestellt werden, wobei schon hier eine Entscheidung zu treffen wäre, welche "typischen Kriterien" für untersuchenswert gehalten werden. Die zweite Auswahlmöglichkeit könnte zunächst rein formal quantitativ ansetzen, um die Untersuchungs-Dimensionen im Anschluß daran zu entwickeln.

Aufgrund der Überlegung, die möglichen Dimensionen nicht in der Voruntersuchung schon mehr oder weniger willkürlich einzuschränken, wurde das zweite Auswahlkriterium gewählt. Da für jede Nachrichtensendung, wie oben beschrieben, die Anfangsphase von besonderer Relevanz ist, wurde entschieden, für die Voruntersuchung jeweils die Anfangsphase der vier Nachrichtensendungen von ARD, ZDF, SAT-1 und RTL-plus vom selben Tag zu benutzen. Damit die Ausschnitte unmittelbar vergleichbar waren, wurde eine Ausschnitt-Dauer von jeweils zwei Minuten festgelegt.

Dazu wurde das Material auf ein Videoband folgendermaßen zusammengestellt: Der jeweilige Ausschnitt begann 10 Sek. vor Sendungs-Start mit einer 2-Sek.-Aufblende und endete 1 Min. 50 Sek. nach Sendungs-Start mit einer 10-Sek. langen Abblende. Dieses Videoband bildete die Ausgangsbasis für die Voruntersuchung, die zur Hypothesen-Bildung für die Hauptuntersuchung dienen sollte.

III.2.2 **Produktanalyse**

Aus oben beschriebenen Gründen konzentrierte sich die Produktanalyse auf die visuelle Gestaltungstechnik. Ziel dieser Untersuchung war, unterschiedliche visuelle Gestaltungsmerkmale herauszukristallisieren.

III.2.2.1 **Methode**

Obwohl in bundesrepublikanischen Fernsehnachrichten traditionell die Bilder "dem vorgelesenen Text untergeordnet" sind (OOMEN, U., 1983, S. 12/13), scheint in Forschungen belegt zu sein, daß der Bildbereich der eigentlich gewichtigere Teil der audio-visuellen Präsentation ist, zumindest was die Wirkungen beim Zuschauer betrifft (vgl. WEMBER, B., 1976; DREW, D.G.; GRIMES, T., 1987). Daher soll im folgenden der Bildbereich detaillierter untersucht werden.

Deskriptive Analyse der visuellen Präsentationsform

In der visuellen Präsentationsform von Fernsehnachrichten wird den Bildern eine "Leitfunktion" gegenüber dem Text zugesprochen. STRASSNER (1982, S. 239) bildet dabei für die visuelle Präsentationsform zwei Hauptkategorien:

1. "Wortnachrichten mit visueller Illustration" - vom Sprecher im "On" gesrochene Texte, die durch Schrifteinblendung, Graphiken, Standfotos, in einen Teil des Bildes oder bildfüllend illustriert werden - hier im folgenden "Studio-Bild" genannt.

2. "Filmnachrichten" - Bewegt-Bild-Berichte, z.B. Reportagen, Korrespondentenberichte oder Informationsfilme - hier im folgenden "Film-Bild" genannt.

Die visuelle Gestaltungstechnik soll in diesen beiden Kategorien jeweils einzeln analysiert werden.

Deskriptive Analyse der Einstellungslängen in Studio- und Film-Bild

Auf die vielschichtigen Schwierigkeiten bei der Analyse der formalen Eigenheiten der filmischen Präsentation weist STRASSNER hin und faßt zusammen: "Unproblematisch und trotzdem aussagekräftig ist die Auszählung der Einstellungslängen in den Informationsfilmen" (STRASSNER 1982, S. 240). Er geht davon aus, daß pro Sekunde durchschnittlich 3,5 Augenfixationen zur Durchmusterung eines Bildes stattfinden und daß zur Auswertung eines Einzelbildes normalerweise ca. 6 Sekunden benötigt werden. Ein Nachrichtenfilm mit kürzeren Einstellungen bewirkt seiner Meinung nach beim Zuschauer eine Überforderung bei der Verarbeitung des Inhalts (STRASSNER, 1982, S. 56).

Da die Einstellungslänge in Filmen als wichtige Meßgröße gilt (vgl. WEMBER, B., 1976; KUCHENBUCH, T., 1978), soll ermittelt und verglichen werden, wie Einstellungslängen in den verschiedenen Bildkategorien verwendet werden.

Deskriptive Analyse der Einstellungsgröße

Die Einstellungsgröße, mit der etwas aufgenommen wird, unterliegt der subjektiven Entscheidung des Kameramanns; sie ist ein typisches Produkt der zum Teil willkürlichen Selektion und "das deutlichste Indiz für die Art und Weise, wie das 'Kamera-Auge' auf die Gegenstände eingeht, wo sie detailliert sehen will und wo sie die Objekte auf Distanz hält" (KUCHENBUCH, T., 1978, S.21).

In Anlehnung an die in der Film- und Fernsehanalyse üblichen Einstellungsgrößen-Einteilung (vgl. ALBRECHT, G., 1969; KNILLI, F.; REISS, E., 1971; WEMBER, B., 1972 und 1976; KUCHENBUCH, T., 1978) soll das Material nach folgenden Einstellungsgrößen differenziert werden:

1. Detail (z.B. Mund)
2. Groß (Kopf)
3. Nah (Kopf mit Brust)
4. Halbnah/"Amerikanische" (Kopf bis Oberschenkel)
5. Halbtotal (ganze Person)
6. Total (ganzer Raum oder ganzes Haus)
7. Weit (Landschaft)

Deskriptive Analyse der Kamera-Bewegungen

Entsprechend der These vom "Augenkitzel" von WEMBER (1976, S.32) könnten die Kamera-Bewegungen ein Indiz für künstlich hergestellte Bewegung im Filmmaterial sein. Die Bewegungen werden klassifiziert nach:

1. Schwenk (horizontal oder vertikal)
2. Zoom (stufenlose Veränderung der Brennweite auf ein Objekt zu oder davon weg)
3. Fahrt (Verlagerung des Kamera-Standpunkts im "on", dazu gehört auch das Gehen mit der Schulterkamera)

Deskriptive Analyse der Text-Bild-Beziehungen

Ausgehend von der vor allem von WEMBER (1976, S. 43f.) beschriebenen "Text-Bild-Schere", bei der die Text- und Bild-Inhalte wie eine offene Schere so auseinanderklaffen, daß der Zuschauer nur noch eins von beiden - meist das Bild - aufnehmen kann, sollen die Filmberichte der Nachrichtensendungen auf die Text-Bild-Beziehung hin untersucht werden. Dies ist allerdings methodisch besonders problematisch, da hier weder objektiv gemessen noch für die Beurteilung durch verschiedene "rater"-Personen ohne weiteres ein eindeutiges Kriterium definiert werden kann. So weist z.B. STRASSNER (1982, S. 245) darauf hin, daß "zwischen dem vom Produzenten gemeinten ... und dem tatsächlich vom Zuschauer hergestellten Zusammenhang unterschieden werden" muß und fragt daher Versuchspersonen in mündlichen Interviews: "Haben Sie eher auf den Text oder eher auf den Film geachtet?" (STRASSNER, E., 1982, S. 486). Brauchbar hingegen scheint ein Verfahren zu sein, bei dem die jeweiligen Handlungsträger für die Bereiche Bild und Text pro Einstellung in einer Tabelle dargestellt werden (STRASSNER, E., 1982, S. 261). Hierbei wird unmittelbar sichtbar, wenn Bild- und Ton-Inhalte auseinanderklaffen.

Da dieser Analyse-Ansatz für die Studio-Seqenzen keine Bedeutung hat, und sich in der Film-Bild-Auswertung keine wesentlichen Unterschiede der vier Sender ergaben (vgl. "Anhang", "Protokolle der Sendungsausschnitte der Voruntersuchung"), werden die einzelnen Ergebnisse der Analyse hier nicht weiter ausgeführt. In allen analysierten Filmberichten zeigte sich ein enger Zusammenhang von Bild und Text. Dies kann vor allem auf die Themen zurückgeführt werden. Die Beschreibungen der Schiffs-Bergung werden unmittelbar durch die Bilder unterstützt; lediglich der Staatsbesuch-Bericht bringt neben dem Original-Redeausschnitt die für diese Gelegenheiten üblichen austauschbaren Bilder von "händeschüttelnden Männern".

III.2.2.2 **Ergebnisse der Produktanalyse**

Die folgenden Ergebnisse beziehen sich auf die Merkmale Einstellungs-Größe und -Länge und Kamera-Bewegung für die Präsentationsformen Studio- und Film-Bild.

In jedem der vier Ausschnitte wurden die ersten 10 Sekunden vor Sendungsbeginn von der Auswertung ausgenommen, da sie bei allen vier Ausschnitten eher Pausen-Funktion hatten. In der Bildanalyse wurden bei Zooms für die Klassifizierung in Einstellungsgrößen die Zeiten anteilig für die jeweils durchlaufene Ausschnitt-Größe gewertet. Die Ergebnisse lassen sich in folgenden Übersichten (Abb. 2-5) zusammenfassend darstellen (die folgenden %-Angaben beziehen sich auf den zwei Minuten Ausschnitt):

Gesamtzeit-Verteilungen:

	SAT-1	RTL+	ZDF	ARD
%-Vorspann	5	19	13	13
%-Studio	63	35	27	38
%-Film-Bild	32	46	60	49

(Abb. 2) Deskriptive Analyse der visuellen Präsentationsform der vier Sendungsausschnitte (in %)

In der Analyse der visuellen Präsentationsform fällt auf, daß das ZDF mit 60% den höchsten Film-Anteil der Sendungs-Ausschnitte hat, während SAT-1 mit 32% den geringsten Teil mit Nachrichten-Filmen präsentiert; entsprechend überwiegt dort mit 63% der Anteil der Studio-Präsentation.

Gesamt-Bild-Auswertung:

	SAT-1	RTL+	ZDF	ARD
durchschn. Ein-stell.-Länge Sek.	13	4,7	13,8	19,2
%-groß	2	2	8	12
%-nah	60	10	2	25
%-halb-nah	30	41	33	63
%-halb-total	1	-	12	-
%-total	5	38	18	-
%-weit-total	2	9	27	-
%-Kamera-Bewegung	9	3	46	28

(Abb. 3) Deskriptive Analyse der Einstellungslängen (durchschnittl. Länge in Sek.), Einstellungsgrößen (%-Anteile der Größen-Kategorien) und Kamera-Bewegungen (%) der Sendungsausschnitte

Der größte Anteil an Kamera-Bewegung findet sich im ZDF mit 46 %, während bei SAT-1 (9%) und RTL-plus auffallend wenig Kamerabewegungen eingesetzt werden. Große Unterschiede zeigen sich auch in der durchschnittlichen Einstellungslänge: RTL-plus mit 4,7 Sekunden gegenüber ARD mit 19,2 Sekunden. Bei den Einstellungsgrößen überwiegen auffallend die Nah-Aufnahmen bei SAT-1 (60%), während in der ARD die halb-nahen Einstellungen (63%) überwiegen.

Studio-Bild-Auswertung:

	SAT-1	RTL+	ZDF	ARD
durchschn. Ein-stell.-Länge Sek.	23	7,6	30	42
%-groß	-	-	-	-
%-nah	86	5	-	-
%-halb-nah	14	95	100	100
%-halb-total	-	-	-	-
%-total	-	-	-	-
%-weit-total	-	-	-	-
%-Kamera-Bewegung	-	-	-	-

(Abb. 4) Deskriptive Analyse der Einstellungslängen (durchschnittl. Länge in Sek.), Einstellungsgrößen (%-Anteile der Größen-Kategorien) und Kamera-Bewegungen (%) im Studio-Bild

Auch hier fallen die Bereiche Einstellungs-Länge (RTL-plus mit 7,6 gegenüber ARD mit 42 Sekunden) und Einstellungsgröße (SAT-1 mit 86% nahen gegenüber den anderen mit 95% bei RTL-plus und 100% bei ARD und ZDF halb-nahen Einstellungen) deutlich auf.

Film-Bild-Auswertung:

	SAT-1	RTL+	ZDF	ARD
durchschn. Ein-stell.-Länge Sek.	7	3,4	8,6	13,5
%-groß	6	4	11	22
%-nah	11	14	3	45
%-halb-nah	60	-	3	33
%-halb-total	3	-	18	-
%-total	14	66	34	-
%-weit-total	6	16	31	-
%-Kamera-Bewegung	26	6	67	50

(Abb. 5) Deskriptive Analyse der Einstellungslängen (durchschnittl. Länge in Sek.), Einstellungsgrößen (%-Anteile der Größen-Kategorien) und Kamera-Bewegungen (%) in Filmberichten

Hier liegt das Ergebnis ähnlich wie bei der Gesamt-Auswertung: Der größte Anteil an Kamera-Bewegung findet sich im ZDF mit 67 %, während bei RTL-plus (6%) sehr wenig Kamerabewegung vorkommt. Große Unterschiede zeigen sich in der durchschnittlichen Einstellungslänge: RTL-plus mit 3,7 Sekunden gegenüber ARD mit 13,5 Sekunden. Bei den Einstellungsgrößen überwiegen die Nah-Aufnahmen bei SAT-1 (60%), während bei RTL-plus die Totalen mit (66%) stark vertreten sind.

III.2.2.3 Interpretation

Die Produktanalyse sollte Unterschiede der vier Sendungs-Ausschnitte bezüglich ihrer visuellen Gestaltung herausarbeiten. Abgesehen von unterschiedlichen Gewichtungen in der visuellen Präsentationsform kristallisieren sich deutlich einige Bildgestaltungseigenheiten heraus.

Auffallend ist neben den unterschiedlichen Anteilen der Kamera-Bewegung in Filmberichten vor allem der Bereich der **Einstellungslänge.** In der Film-Bild-Auswertung hat der RTL-plus-Ausschnitt mit durchschnittlich 3,4 Sekunden die kürzesten Schnitte, während im ARD-Beitrag die Einstellungen durchschnittlich 13,5 Sekunden lang sind. SAT-1 mit 7 und ZDF mit 8,6 Sekunden liegen im mittleren Bereich. Interessanterweise findet dieser Befund seine Parallele in der Studio-Bild-Auswertung - allerdings mit insgesamt längeren Einstellungen. Dort hat RTL-plus mit 7,6 Sekunden die kürzesten und ARD mit 42 Sekunden die längsten Einstellungen. SAT-1 mit 23 und ZDF mit 30 Sekunden liegen wieder im Mittel-Bereich. Diese auffallende "Rhythmisierung" der Bildgestaltung (vgl. Kapitel "Aspekte von 'Zeichen' und 'Bedeutungen'"), unterstützt wesentlich den bei RTL-plus-Sendung eindeutig dominierenden Eindruck des "rasanten Tempos".

Ein Effekt, der bei der vergleichenden Bildbetrachtung deutlich wird, ist die unterschiedliche **Ausschnitt-Größe**, mit der die Studio-Sprecher aufgenommen werden: Während die Kamera vor allem bei SAT-1 und zum Teil auch bei RTL-plus die Sprecher "nah" als "Brustbild" zeigt, vermittelt die "halbnahe" Einstellung im ZDF und die noch weitere Aufnahme in der ARD eine auffallend größere Distanz. Abgesehen von der dadurch für Illustrationen frei werdenden Bildfläche, die in ARD und ZDF mit Fotos und Schriften gefüllt wird, könnte die weite Einstellung gleichzeitig eine Aussage zur Funktion des Sprechers vermitteln: Die Persönlichkeit des Sprechers soll bewußt "in den Hintergrund" treten, die verlesenen Meldungen sollen "neutral" und "ohne Anteilnahme" präsentiert werden. Dazu paßt auch der deutlich wahrnehmbare "Nähe-Unterschied" zwischen ARD und ZDF: Die "Redakteurin im Studio" des ZDF wird durch die nähere Kamera-Einstellung stärker als Person einbezogen als die Sprecherin in der ARD-Tagesschau. Im Privat-Fernsehen werden Personen mitunter sogar "in den Vordergrund" gestellt. Hier sind Menschen vor der Kamera mit all ihren persönlichen Eigenheiten, und das soll der Zuschauer auch spüren. Fast ist man versucht, als Parallele zu den höheren "soft news"-Anteilen in der visuellen Gestaltung eine "soft-images"-Hypothese zu formulieren.

Zusammenfassend läßt sich zur Produktanalyse des visuellen Bereichs sagen, daß die vier Fallbeispiele eindeutig unterschiedliche Gestaltungseigenarten verwenden, die sich vor allem in der Einstellungs-Größe des Studio-Sprechers und der Schnitt-Länge in Filmberichten bemerkbar machen.

III.2.3 **Rezeptionsanalyse**

Im zweiten Untersuchungs-Komplex steht die Frage der "Wirkungen" der Nachrichtensendungen auf die Rezipienten im Vordergrund. Wie kommt das, was Nachrichten-Redaktionen mittels des Mediums "Fernsehen" in Bilder und Töne codiert haben, beim Empfänger an, bzw. was "macht" der Zuschauer daraus oder was "sieht" er darin? Dementsprechend soll im Rahmen dieser Voruntersuchung die subjektive, emotionale Beurteilung von Zuschauern untersucht werden. Dabei spielen weder die oft untersuchten Fragen der Behaltensleistung noch die psycho-physiologischen Wirkungen von Präsentationsformen eine Rolle (vgl. Theorie-Teil). Die Fragestellung zielt mit der Dimension der subjektiven Beurteilung auf Aspekte der "Zeichen- und Bedeutungen" von visuellen Gestaltungsformen (vgl. Kapitel "Mediale Kommunikation und Zeichenbedeutung").

Dabei vergleicht die Rezeptionsanalyse im Rahmen einer standardisierten Befragung die Zuschauer-Beurteilungen zu den vier Nachrichtensendungs-Ausschnitten.

III.2.3.1 **Methode**

Auf der Suche nach einem geeigneten Meßinstrument schieden Formen der Verbalisierung und freien Beschreibung der "Eindrücke" bestimmter Gestaltungsformen aus, da sie die kognitiven Aspekte betonen. Vom Rezipienten sollte nicht eine analytische Beurteilung eines bestimmten Aspekts wie z.B. der Schnitt-Gestaltung erwartet werden. Als möglicher Ansatz sollte vielmehr die Beurteilung des subjektiven Gesamt-Eindrucks einer Sendung erprobt werden. Da es bei den hier interessierenden Bewertungen im wesentlichen um emotionale Eindrücke der Zuschauer geht, die möglichst geringer Verfälschung durch Rationalisierungen unterliegen dürfen, sollte die mögliche Verwendung eines Semantischen Differentials getestet werden. Die Tauglichkeit dieses Meßinstruments zu überprüfen sollte gleichzeitig eine der Aufgaben dieser Voruntersuchung sein.

Als Instrument wurde ein Fragebogen mit einem Semantischen Differential von 13 Items mit einer 5-Punkte-Skala mit gegensätzlichen Adjektiv-Paaren entworfen (siehe "Anhang": "Fragebogen-1"). Dieses Verfahren scheint geeignet für diese Art der Rezeptions-Analyse. In verschiedenen Untersuchungen finden sich Hinweise auf die Tauglichkeit eines solchen Instruments. Es wird in ähnlicher Form bei verschiedenen Autoren für mediale Wahrnehmungs- und Bewertungsuntersuchungen benutzt (vgl. BAGGERLEY, J.P.; DUCK, S.W., 1975; SCHULZ, W., 1975; MERDIAN, F., 1977; STRASSNER, E., 1982; TAN, E., 1982). Bei der Verwendung eines Differentials (vgl. SCHÄFER, B.; FUCHS, A., 1975) muß vor allem berücksichtigt werden, daß dieses Instrument nicht zur "Verhaltensmessung" geeignet ist, sondern den subjektiven "Bedeutungs-Aspekt" in den Vordergrund stellt (vgl. BERGLER, R., 1975, S.27). Für die Fragestellung der vorliegenden Arbeit scheint das Semantische Differential brauchbar zu sein, denn "die Technik der Bedeutungsdifferenzierung gilt als besonders geeignet, emotionale Bedeutungsprozesse (indirekt) quantitativ zu erfassen" (FUCHS, A., 1975, S. 99). Die Konstruktion des in der vorliegenden Arbeit verwendeten Differentials wurde in wesentlichen Teilen übernommen von dem Semantischen Differential von ERICH STRASSNER (1982, S. 329), mit dem er die Gesamtbewertung von Nachrichten-Sendungen untersucht hatte.

Im Fragebogen wurde zu jedem der vier Video-Beispiele (Fragen 1-4) zunächst nach dem Gesamteindruck "wie hat Ihnen das Gesehene gefallen?" gefragt. Durch Ankreuzen von fünf Skalenpunkten wählte die Versuchsperson zwischen den Polaritäten "gut" und "schlecht". Nach dem gleichen Prinzip erfragte die Skala die Polaritäten für 12 weitere Items. Um eine Verfälschung durch "Ankreuz-Tendenzen" auszuschließen, wurden jeweils zwei "verwandte" Begriffspaare so verteilt, daß sich der "positive Begriff" einmal links und einmal rechts auf der Skala befand. Wenn z.B. "verständlich" links auf der Skala und der dazugehörige entgegengesetzte Begriff "unverständlich" rechts stand, dann stand bei dem entsprechenden "verwandten" Begriffspaar "einfach" rechts und "kompliziert" links. Die dreizehn Items in der Reihenfolge, wie sie im Fragebogen auftauchen:

gut / schlecht
anonym / verbindlich
ermüdend / anregend
glaubwürdig / unglaubwürdig
interessant / langweilig
kompliziert / einfach
neutral / parteiisch
relevant/wichtig / irrelevant
sympathisch / unsympathisch
tendenziös / objektiv
unseriös / seriös
verständlich / unverständlich
wenig informativ / informativ

Am Ende des Fragebogens wurde die Versuchsperson gefragt, welche der vier Sendungen sie weitersehen möchte, (Frage 9) und dann nach einer Begründung befragt (Frage 10). Diese Fragen wurden in den Fragebogen aufgenommen, um daraus zusätzliche Hinweise ableiten zu können.

Die Voruntersuchung wurde mit Studenten durchgeführt, so daß von einer Homogenität der Stichprobe ausgegangen werden kann. Dementsprechend wurden Daten zu Beruf und Schulabschluß nicht erhoben, sondern lediglich Geschlecht und Alter (Frage 5 und 6) als Sozialdaten erfragt. Die Altersgruppen wurden so gewählt, daß sie kompatibel zu den von der Fernseh-Forschung etablierten Altersgruppen waren. Frage 7 ermittelte, welche Fernsehsender die Versuchsperson empfangen konnte; Frage 8 erfragte, welche der vier zu untersuchenden Nachrichtensendungen "täglich", "2 - 3 mal pro Woche", "unregelmäßig" oder "nie" gesehen wurden.

Den Versuchspersonen wurden - in Gruppen zu ca. 10 Personen - jeweils die ersten zwei Minuten der vier verschiedenen Sendungen desselben Tages als Videoband gezeigt. Dabei wurde jeweils nach Ende des einzelnen Sendungsbeispiels das Band gestoppt, und die Versuchspersonen wurden aufgefordert, zunächst den zugehörigen Abschnitt des Fragebogens auszufüllen, bevor das nächste Video-Beispiel gezeigt wurde. Bei den verschiedenen Versuchsdurchgängen wurde jeweils die Reihenfolge der Video-Beispiele variiert.

III.2.3.2 **Ergebnisse der Rezeptionsanalyse**

Von den 44 befragten Vpn hatten lediglich 4 angegeben, einen Kabelfernsehanschluß zu haben. Um die Stichprobe homogen zu halten, wurden die 4 Vpn aus der Stichprobe herausgenommen. Alle anderen hatten die "normale" Empfangsmöglichkeit der öffentlich-rechtlichen Programme.

Zunächst wurde für jedes Item der jeweilige Mittelwert der vier verschiedenen Sendungs-Ausschnitte errechnet (vgl. "Anhang", Abb. A-01) und in einem Polaritätsprofil dargestellt. In der folgenden Abbildung stehen die jeweils "verwandten" Item-Paare untereinander, wobei in dieser Darstellung (Abb. 6) alle positiven Begriffe links angeordnet sind:

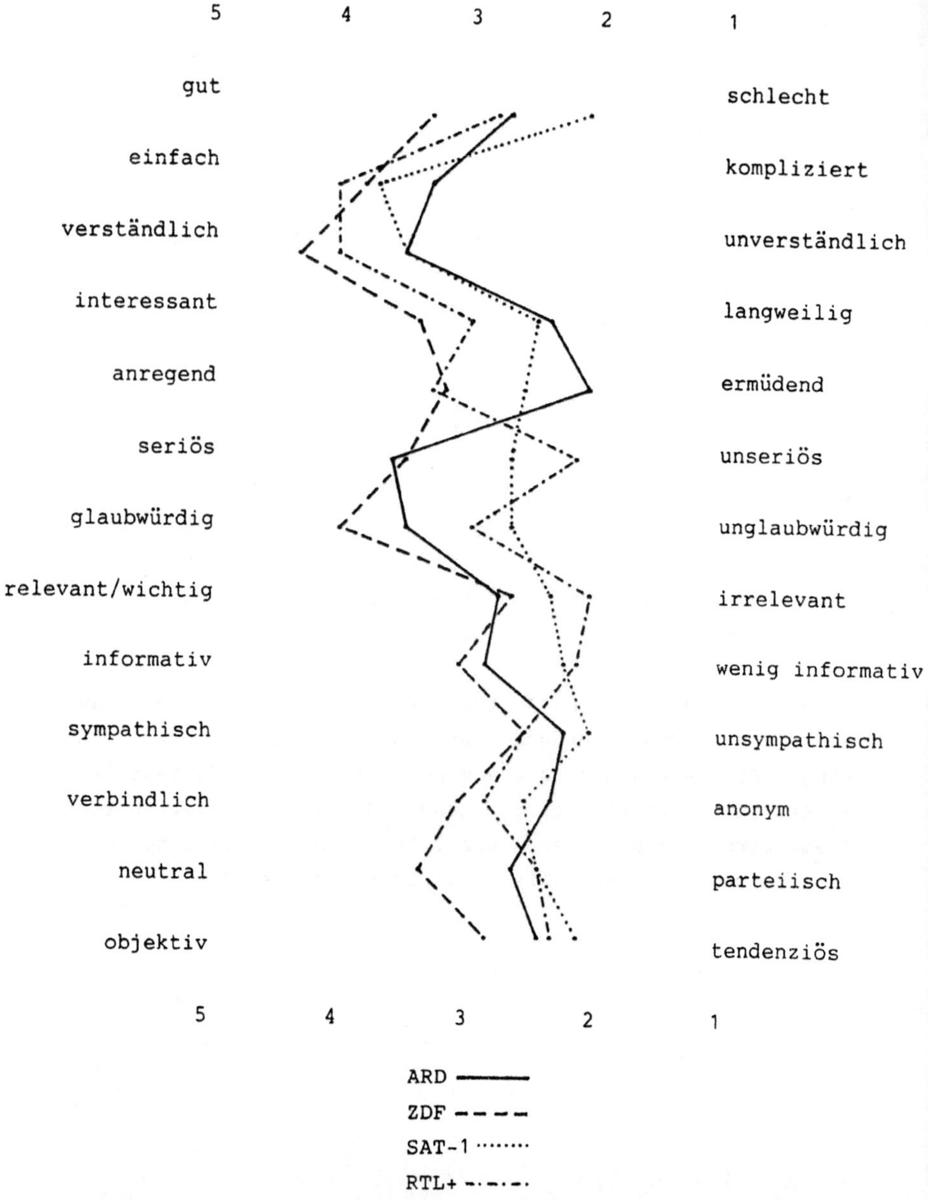

(Abb. 6) Polaritätsprofil der vergleichenden Beurteilung der vier Sendungsausschnitte

Die Darstellung weist auf eine unterschiedliche Beurteilung hin. So liegen beispielsweise die beiden öffentlich-rechtlichen Sendungsausschnitte hinsichtlich der Zuweisung von Seriösität und Glaubwürdigkeit deutlich über den privaten.

Die Signifikanz der Ergebnisse wurde statistisch überprüft. Die statistischen Auswertungen der Rezeptionsanalyse erfolgten mittels des SAS-Pakets (SAS-INSTITUTE-INC., 1985). Eine explorative Faktoren-Analyse wurde durchgeführt, durch eine Hauptkomponenten-Analyse mit Varimax-Rotation ergaben sich drei Faktoren mit Varianz-erklärendem Anteil von 60,84 % (vgl. "Anhang", Abb. A-02 und A-03). Die folgende Graphik (Abb. 7) gibt einen Überblick zu den verschiedenen Ladungen:

(Abb. 7) **Faktorladungen der Fragebogen-Items**

nach Hauptkomponenten-Methode mit VARIMAX-Rotation

- absolute Ladungen, mit 100 multipliziert -

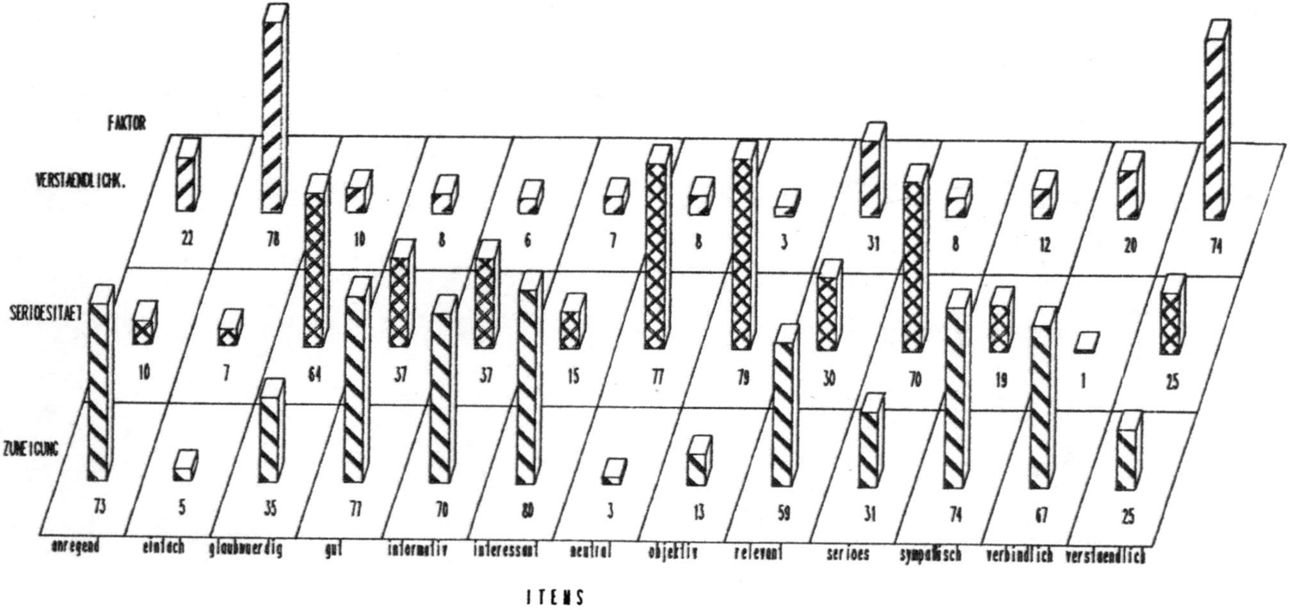

Erwartungsgemäß laden jeweils die beiden beim Entwurf des Fragebogens "verwandten" Begriffspaare auch in der Faktoren-Analyse auf demselben Faktor. Die auf den Faktor-1 ladenden Items lassen sich mit dem Begriff "Zuneigung" benennen (in Klammern die jeweilige Ladungshöhe):

Faktor-1 "Zuneigung":

Item 5	interessant	/ langweilig	(82)
Item 1	gut	/ schlecht	(78)
Item 9	sympathisch	/ unsympathisch	(76)
Item 3	anregend	/ ermüdend	(74)
Item 2	verbindlich	/ anonym	(68)
Item 13	informativ	/ wenig informativ	(67)
Item 8	relevant/wichtig	/ irrelevant	(54)

Die Items 8 ("relevant/wichtig / irrelevant") und 13 ("informativ / wenig informativ") scheinen damit auf den ersten Blick nicht ganz treffend benannt zu sein, obwohl es plausibel ist, daß Rezipienten einer Nachrichtensendung zugeneigt sind, die sie für relevant und informativ halten. Da bei der Benennung der Faktoren auch die Höhe der Ladung mitberücksichtigt wird, und diese beiden Items die geringsten Ladungen der sieben auf Faktor-1 ladenden Items aufweisen, scheint die Benennung gerechtfertigt.

Die vier auf Faktor-2 ladenden Items lassen sich unter den Begriff "Seriösität" fassen:

Faktor-2 "Seriösität":

Item 10	objektiv / tendenziös	(79)
Item 11	seriös / unseriös	(73)
Item 7	neutral / parteiisch	(69)
Item 4	glaubwürdig / unglaubwürdig	(65)

Die beiden auf Faktor-3 ladenden Items werden mit dem Begriff "Verständlichkeit" zusammengefaßt:

Faktor-3 "Verständlichkeit":

Item 6	einfach / kompliziert	(78)
Item 12	verständlich / unverständlich	(75)

Für diese drei Faktoren wurden die Zusammenhänge mit den folgenden drei Variablen des Fragebogens überprüft:

"**Sender**" - bezeichnet den Sender, aus dessen Nachrichtensendung der Materialausschnitt stammt.

"**Nachrichten-Gewohnheit**" - bezeichnet die ermittelten Sehgewohnheiten zur Häufigkeit der Rezeption von Fernsehnachrichten, wobei berücksichtigt wurde, daß die Antwortmöglichkeit "nie" nur für die beiden öffentlich-rechtlichen Nachrichtensendungen gezählt wurde, da sich - wie oben beschrieben - in der Stichprobe nur noch Vpn ohne Kabelfernsehanschluß befanden.

"Reihenfolge" - bezeichnet die Reihenfolge, in der die Materialausschnitte den Versuchsgruppen präsentiert wurden.

Aufgrund der geringen Probanden-Anzahl wurde keine Varianz-Analyse durchgeführt. Die Überprüfung erfolgte mit Hilfe des multiplen Mittelwert-Vergleichs, der auf einem 5%-Signifikanz-Niveau durchgeführt wurde nach dem Rangtest von DUNCAN (die statistischen Berechnungen befinden sich im "Anhang", Abb. A-04 - A-12).

Variable "Sender"

Für den Faktor "Zuneigung" ergibt sich folgende Rangfolge; die Buchstaben vor den Sender-Namen geben die Gruppierung an, wobei Bezeichnungen mit demselben Buchstaben nicht signifikant unterschiedlich sind (in Klammern die Mittelwerte):

	A	ZDF	(22.600)
B	A	RTL+	(20.200)
B		ARD	(18.900)
B		SAT1	(17.925)

Somit werden als signifikant die Unterschiede zwischen ZDF auf der einen Seite und ARD und SAT-1 auf der anderen Seite angegeben, während RTL+ sich nur gering von dem höher liegenden ZDF-Rang und den niedriger liegenden ARD- und SAT-1-Rängen unterscheidet. Die Rezipienten zeigen also eine hö-höhere Zuneigung zur ZDF-Sendung als zu den Sendungen von ARD und SAT-1.

Für den Faktor "Seriösität" ergibt sich folgende Rangfolge:

A ZDF (14.4750)
B ARD (13.0250)
C SAT1 (10.8250)
C RTL+ (10.7750)

Als signifikant werden die Unterschiede zwischen ZDF, ARD und der Gruppierung SAT-1 / RTL+ angegeben. Die Gruppe der beiden öffentlich-rechtlichen Sender wird in der Beurteilung der Rezipienten als seriöser als die Gruppe der beiden privaten Sender eingeschätzt.

Für den Faktor "Verständlichkeit" ergibt sich folgende Rangfolge:

A RTL+ (8.4750)
A ZDF (8.4250)
B SAT-1 (7.5750)
B ARD (7.2000)

Hier wird die Gruppierung RTL+ / ZDF also als signifikant verständlicher als die Gruppierung SAT-1 / ARD in der Zuschauer-Beurteilung ausgewiesen.

Variable "Nachrichten-Gewohnheit"

Bei dieser Variablen wurden die Rezipienten in zwei Gruppen eingeteilt: Solche, die häufig und diejenigen, die selten Fernsehnachrichten sehen.

Für den Faktor "Zuneigung" ergibt sich folgende Rangfolge (in Klammern die Mittelwerte):

A "häufig" (23.029)
B "selten" (18.978)

Das signifikante Ergebnis: Rezipienten, die häufig Fernsehnachrichten-Sendungen sehen, geben eine größere Zuneigung zu Fernsehnachrichten an, als Zuschauer, die solche Sendungen selten sehen. Ein Zusammenhang, der fast trivial scheint, denn wenn man die Folgerung umkehrt, belegt sie, daß Zuschauer, die den Fernsehnachrichten zugeneigter sind, auch häufiger solche Sendungen ansehen.

Für den Faktor "Seriösität" ergibt sich folgende Rangfolge (in Klammern die Mittelwerte):

A "häufig" (14.8286)
B "selten" (12.9111)

Als signifikant wird ausgewiesen, daß eine häufigere Rezeption von Fernsehnachrichten mit einer höheren Zuweisung von Seriösität an solche Sendungen einhergeht.

Für den Faktor "Verständlichkeit" ergibt sich folgende Rangfolge (in Klammern die Mittelwerte):

A "häufig" (8.0000)
A "selten" (7.6286)

Dieser Unterschied wird als nicht signifikant angegeben, so daß der Schluß gezogen werden kann, daß die häufige Rezeption von Fernsehnachrichten bei den befragten Personen keinen Einfluß auf die Einschätzung hinsichtlich der Verständlichkeit der Sendungen nimmt.

Variable "Reihenfolge"

Bei der Überprüfung des Einflusses der Reihenfolge, in der die Sendungsausschnitte präsentiert wurden, stellten sich keine signifikanten Unterschiede heraus. Die Reihenfolge der Präsentation der Sendungsausschnitte hatte also keinen Einfluß auf die Beurteilung.

III.2.3.3 Interpretation

Die Ergebnisse dieser Rezeptionsanalyse müssen mit Einschränkung interpretiert werden. Es handelte sich um 40 studentische Versuchspersonen. Es ergaben sich signifikante Unterschiede, die belegten, daß die vier Ausschnitte für die Aspekte der Zuweisung von "Seriösität", "Verständlichkeit" und "Zuneigung" unterschiedlich bewertet wurden. Diese Untersuchung läßt jedoch keinerlei Schlüsse auf die Ursächlichkeit für diese Beurteilungen zu. Daher werden die Ergebnisse zunächst im Zusammenhang mit anderen Untersuchungen interpretiert.

Als eindeutiges Ergebnis kann die höhere Zuweisung von "Seriösität" an die beiden öffentlich-rechtlichen Sender gegenüber den privaten gesehen werden. Dies stimmt mit einer Vielzahl von Untersuchungen an Zuschauern mit Kabelanschluß überein (vgl. Kapitel "Wirkungsforschung" und "Auswirkungen des Strukturwandels auf Programm und Rezeption"). Dieser Befund läßt sich auch mit den Ergebnissen von Inhaltsanalysen erklären (vgl. Kapitel "Überprüfung der Repräsentanz"). Danach könnte die Tradition der öffentlich-rechtlichen Sender gegenüber der deutlichen Tendenz zu "soft news" der privaten Sender als mögliche Ursache für die Zuschreibung erhöhter Seriösität bei ARD und ZDF angesehen werden. Welche Ursachen im einzelnen im Rahmen dieser Untersuchung für die unterschiedliche Seriösitäts-Zuweisung letztlich verantwortlich zu machen sind, läßt sich jedoch anhand dieser Untersuchung nicht aufklären.

Klare Ergebnisse zeigte auch die Untersuchung des Eindrucks von "Verständlichkeit" der Sendungsausschnitte: RTL-plus und ZDF schneiden signifikant besser ab als SAT-1 und ARD. Eine interessante Parallele findet dieses Ergebnis in der Analyse des Sprechstils der Sprechertexte. Für das Verstehen von gesprochenen Texten ist der Sprechstil, d.h. Sprechgeschwindigkeit, Betonung und Intonation von großer Bedeutung. Die Sprechgeschwindigkeit bestimmt für den Rezipienten das Tempo, in dem er sprachliche Information verarbeiten muß. Ein zu hohes Sprechtempo übersteigt die Kapazität an Information, die der Mensch pro Zeiteinheit verarbeiten kann (vgl. STRASSNER, E. 1982). Die folgende Übersicht (Abb. 8) zeigt die Ergebnisse der Analyse des Studio-Sprechertextes:

Text-Analyse Sprechertext der 2-Min.-Ausschnitte

	SAT-1	RTL+	ZDF	ARD
durchschn. Satzlänge in Sek.:	6,1	5,5	6,9	5,9
" in Worten:	11,6	10,1	11,4	16,4
Silben/Min.:	247,1	210,0	195,0	305,8

(Abb. 8) Ergebnisse der vergleichenden Sprechstil-Analyse

Es zeigte sich, daß die beiden Sendungsausschnitte von RTL-plus und ZDF zwar nur gering kürzere Sätze - gemessen an der Anzahl der Worte - verwendeten, aber sich deutlich in der Sprechgeschwindigkeit von den beiden anderen Sendern abhoben: Die ZDF- und RTL-plus-Texte hatten weniger Silben pro Minute, es wurde deutlich langsamer gesprochen.

Für die "Zuneigung" ergab sich signifikant: ZDF erhielt höhere Zuneigung als ARD und SAT-1, RTL-plus lag nicht unterscheidbar in der Mitte. Hier bleiben Überlegungen zur Ursächlichkeit reine Spekulation. Vielleicht könnte man vermuten, daß die größere Verständlichkeit zusammen mit dem Eindruck der Seriösität die hohe Zuneigung zum ZDF erklärt. Es könnte aber auch an der Ausstrahlung der "Redakteurin im Studio" liegen. Es gibt unendlich viele Möglichkeiten, die für diesen Effekt verantwortlich sein könnten. Gründe lassen sich für diese Beurteilung nicht aufspüren, da Zuneigung eine stark emotionale Komponente hat.

Den Einflüssen von Geschlecht und Alter wurde an dieser Stelle nicht nachgegangen.

Zusammenfassend lassen sich zwei klare Ergebnisse festhalten:

1. Die Untersuchung hat bezüglich der Beurteilung von "Seriösisät", "Verständlichkeit" und "Zuneigung" signifikante Unterschiede der vier Sendungsausschnitte der Eröfffnungsphasen von vier Nachrichtensendungen verschiedener Sender desselben Abends in der subjektiven Beurteilung von Rezipienten ergeben.

2. Das benutzte Semantische Differential hat sich als Instrument bewährt, um subjektive Unterschiede der emotionalen Beurteilung in der Rezeptionsanalyse unter Laborbedingungen mit Studenten anzuzeigen.

III.2.4 **Zwischenresumé der Voruntersuchungen**

Auf dem Weg zur Untersuchung von Zusammenhängen zwischen Gestaltungstechnik in Fernsehnachrichten und deren Wirkung auf die subjektive Beurteilung und Bedeutungszuweisung von Rezipienten wurde in der vorliegenden Arbeit bisher folgende Strategie entwickelt: Anhand von vier Ausschnitten vergleichbarer Nachrichtensendungen verschiedener Sender kristallisierten sich in einer Produktanalyse unterschiedliche visuelle Gestaltungstechniken heraus bezüglich der Schnittlänge in Filmberichten und der Einstellungsgröße, mit der der Sprecher aufgenommen wurde. In einer Rezeptionsanalyse ergaben sich signifikante Unterschiede in der Rezeptionswirkung hinsichtlich der Beurteilung von "Seriösität", "Verständlichkeit" und "Zuneigung". Somit fällt der Hauptuntersuchung die Aufgabe zu, die genannten visuellen Gestaltungsmittel zu isolieren und mit einer genügend großen Versuchspersonen-Anzahl in einem Labor-Experiment auf ihre Wirkung zu untersuchen.

III.3 DRITTE PHASE: Hauptuntersuchung

Fernsehnachrichtensendungen geben vor, die Rezipienten mit Informationen zu versorgen. Gestalter dieser Sendungen scheinen sich ernsthaft darum zu bemühen, die Informationen so aufzubereiten und so zu präsentieren, daß sie den Zuschauer erreichen. In der vorliegenden Untersuchung sollten visuelle Gestaltungstechniken auf ihre Wirkung beim Zuschauer untersucht werden. Aufgrund der in den Voruntersuchungen gewonnenen Erkenntnisse wird die folgende Hauptuntersuchung entwickelt.

III.3.1 Fragestellung

In der Voruntersuchung wurden vier verschiedene Sendungsausschnitte auf ihre produktspezifischen Merkmale untersucht. Die im Bereich der Bildgestaltung hervorstechendsten unterschiedlichen Merkmale waren:

1. Die Einstellungslänge in Filmberichten.

2. Die Einstellungsgröße, mit der der Studio-Präsentator aufgenommen wurde.

Von allen untersuchten Produkt-Spezifika wiesen diese beiden Merkmale eindeutige Unterschiede in den vier Sendungen auf der Ebene der Produkt-Analyse auf.

Auf der Ebene der Rezeptionsanalyse zeigten sich parallel dazu bestimmte signifikante Unterschiede in der Beurteilung der Rezipienten bezüglich der Faktoren "Zuneigung", "Seriösität" und "Verständlichkeit".

Die Frage, ob die genannten Gestaltungsfaktoren Einstellungs-Länge und -Größe Ursache für die unterschiedliche Beurteilung durch die Rezipienten waren, kann anhand der vorhandenen Daten nicht geklärt werden. Wenn die Rezipienten die Sendungsausschnitte unterschiedlich beurteilen, so deutet das zwar auf einen Zusammenhang hin, aber Aussagen über Ursache-Wirkungs-Zusammenhänge können nicht erfolgen.

Schließlich kann man Zuschauer nicht befragen, warum sie einen bestimmten Eindruck haben, oder wieso sie zu einer bestimmten Beurteilung kommen. Solche Aussagen würden allenfalls die Vermutungen der Zuschauer über ihre eigenen Motive wiedergeben, aber wenig Erkenntnis über den Prozeß der Eindrucksbildung. Es muß daher ein Versuchskonzept entwickelt werden, das Schlüsse über mögliche Ursachen zuläßt.

Bei der Rezeption von Film und Fernsehen werden vor allem Emotionen und das Unbewußte angesprochen. Je schlechter ein audiovisuelles Kommunikat ist, umso mehr an Gestaltungstechniken dringen in das Bewußtsein des Zuschauers. Bei einem gut gestalteten Kommunikat wird der Zuschauer nicht verbalisieren können, daß z.B. in HITCHCOCK's berühmter Dusch-Mord-Szene aus seinem Film "Psycho" ca. 70 rasant montierte Einstellungen verwendet wurden, um einen überzeugenden Gruseleffekt zu erreichen, ohne ein einziges Mal zu zeigen, wie das Messer den Körper verletzt. Daher ist es wenig sinnvoll, Zuschauer Wahrnehmungen verbalisieren zu lassen. Vielmehr geht es darum, Meßinstrumente zu entwickeln, die die "Gestalt", also das Gesamte, was da beim Zuschauer ankommt, und dessen "Bedeutungs-Zuweisung" anzeigen und gegebenenfalls Schlüsse über seine Wirkung zulassen. Unzweifelhaft hängt dies entscheidend von den individuellen Erfahrungen des Rezipienten ab. Aber es kann der Versuch gemacht werden, zu beobachten, was an inter-individuellen Effekten durch eine Rezeptions-Analyse auszumachen ist.

Es wird daher folgender Ansatz entwickelt: Wenn es gelänge, eine Nachrichtensendung zu konstruieren, die die beiden Merkmale "Einstellungslänge in Filmberichten" und "Einstellungsgröße des Präsentators" konsequent isoliert, also zu unabhängigen Variablen eines Labor-Experiments macht, während alle anderen Merkmale der Sendung gleich bleiben, so könnten unterschiedliche Beurteilungseffekte seitens der Rezipienten auf die Variation der Gestaltungskriterien zurückgeführt werden (vgl. BENESCH, H., 1968).

III.3.2 Methode

Es wurde daher eine Laborsendung produziert, die Studio-Moderation und Fimberichte beinhaltete, die genannten Merkmale variierte und damit die paradigmatische (Einstellungsgröße) und die syntagmatische Dimension (Schnitt/Montage) der visuellen Gestaltungstechnik untersuchen konnte.

Für die Rezeptionsanalyse wurde als Instrument das gleiche Semantische Differential aus 13 Items von Adjektiv-Paaren mit einer 5-Punkte-Skala verwendet, das sich in der Voruntersuchung bewährt hatte.

III.3.2.1 Produktion der Laborsendung

Bei der Herstellung der Laborsendung war ein wichtiges Ziel, eine Sendung zu produzieren, die einerseits in ihrer Erscheinungsform eine "typische" Fernsehnachrichten-Sendung professioneller Machart sein sollte, andererseits aber keine wiedererkennbaren Merkmale - also "die Handschrift" der Nachrichten eines bestimmten Senders trägt. Bei der Konstruktion dieses "mittleren" Produkts erwiesen sich die Erfahrungen aus den Voruntersuchungen als sehr hilfreich.

Als Materialbasis wurde dabei wieder auf die vier zuvor untersuchten Sendungsmitschnitte des Fallbeispiels zurückgegriffen. Die Themenselektion wurde dadurch bestimmt, welche Inhalte in jeder dieser vier Sendungen vertreten waren. Abgesehen vom obligatorischen "Wetterbericht" waren dies folgende vier Themen, deren Rangfolge sich ebenfalls aus der Auswertung der Sendungs-Mitschnitte ergab:

1. "Bergung der Unglücksfähre vor Zeebrugge"
2. "Staatsbesuch des israelischen Präsidenten in Bonn"
3. "Beamten-Besoldung"
4. "Montan-Mitbestimmung"

Auch die visuelle Präsentationsform wurde aus den Mitschnitten abgeleitet: Die ersten beiden Themen sollten neben der Studio-Anmoderation mit Filmberichten dargeboten werden, während die letzten beiden als Sprecher-Meldungen konzipiert wurden.

Um eine möglichst große Ausgewogenheit in der Textgestaltung zu erreichen, wurden die vier Studio-Sprechertexte reihum jeweils aus allen vier Sendungen entnommen, wobei die Studio-Sprecher-Texte natürlich neu aufgenommen werden mußten. Die Texte der beiden Filmberichte wurden im Original-Ton übernommen, wobei die Gruppierungen der öffentlich-rechtlichen und der privaten Sender gleichgewichtig vertreten waren. So ergab sich folgende Zusammenstellung:

1. Sprecher-Text: "Bergung der Unglücksfähre", ARD-Text
2. Film-Text: "Bergung der Unglücksfähre", ZDF-Original-Ton
3. Sprecher-Text: "Staatsbesuch", RTL-plus-Text

4. Film-Text: "Staatsbesuch", SAT-1-Original-Ton
5. Sprecher-Text: "Beamten-Besoldung", ZDF-Text
6. Sprecher-Text: "Montan-Mitbestimmung", SAT-1-Text

Zur Variation der Schnitt-Gestaltung in den beiden Film-Berichten wurde zunächst der Original-Ton des ZDF-Films über die "Unglücksfähre" und des SAT-1-Films über den "Staatsbesuch" jeweils auf zwei Video-Bänder überspielt. Dann wurden aus dem gesamten Bildmaterial der vier Sendungen zu den beiden Themen Film-Einstellungen zusammengestellt, wobei darauf geachtet wurde, daß an keiner Stelle die üblichen Schrift-Einblendungen den Urheber verrieten und daß genügend lange Einstellungen zur Verfügung standen. Teilweise mußten bestimmte Einstellungen durch die Slow-Motion-Technik zusätzlich "gestreckt" werden, weil die Material-Länge im Original für eine lang-geschnittene Version nicht ausgereicht hätte. Hierbei wurde darauf geachtet, daß diese Einstellungen nicht als typische "Zeitlupen-Bilder" auffielen. Aus diesem Material wurden auf die beiden identischen Ton-Versionen unterschiedliche "Bild-Teppiche" geschnitten. In der Bild-Auswahl waren sie identisch, sie wurden aber durch die von WEMBER analysierte "Zerschnipselungs-Technik" (WEMBER, B., 1976, S. 18; vgl. Kapitel "Probleme der Bedeutungsdimensionen filmischer Gestaltungsmittel") in eine schnelle Schnittfolge mit entsprechend kurzen Einstellungslängen gebracht. Dabei mußte darauf geachtet werden, daß durch diese Technik nicht ein unterschiedlicher Bild-Text-Zusammenhang entstand, da dies die Vergleichbarkeit der Versionen beeinträchtigt hätte. Daher wurden bestimmte Passagen identisch "bebildert" (vgl. Bild/Ton-Protokoll im "Anhang").

Der Filmbericht "Unglücksfähre" war 2 Minuten und 13 Sekunden lang und hatte in der lang-geschnittenen Version 11 Einstellungen mit einer durchschnittlichen Einstellungslänge von 12,1 Sekunden; in der kurz-geschnittenen Version gab es 27 Einstellungen von durchschnittlich 4,9 Sekunden Länge.

Der Filmbericht "Staatsbesuch" war 1 Minute und 20 Sekunden lang; die lang-geschnittene Version hatte mit 7 Einstellungen eine durchschnittliche Einstellungslänge von 11,4 Sekunden und in der kurz-geschnittenen Version 18 Einstellungen mit einer durchschnittlichen Länge von 4,4 Sekunden.

Damit waren beide Filmberichte in der Laborsendung insgesamt 3 Minuten und 33 Sekunden lang und hatten in der lang-geschnittenen Sendungs-Version eine durchschnittliche Einstellungslänge von 11,8 Sekunden und in der kurz-geschnittenen durchschnittlich 4,7 Sekunden Länge.

Diese Längen-Festlegungen scheinen für gängige Fernsehnachrichten sehr realistisch zu sein: Verglichen mit den in der Voruntersuchung ermittelten Einstellungslängen liegen sie nicht im Extrembereich. Dort hatten die durchschnittlichen Längen in Sekunden variiert zwischen 3,4 (RTL-plus), 7,0 (SAT-1), 8,6 (ZDF) und 13,5 (ARD).

Die Studio-Sprecher-Blöcke wurden mit einem professionellen Sprecher mit zwei Studio-Kameras gleicher Bauart auf zwei synchron verkoppelte MAZ-Rekorder gleichzeitig aufgenommen. Die beiden Kameras befanden sich unmittelbar nebeneinander ca. 8 Meter vom Sprechertisch entfernt. Der Sprecher wurde angewiesen, bei seinen "Blicken in die Kamera" auf einen Punkt zwischen den beiden Objektiven zu blicken. Bedingt durch den relativ großen Kamera-Abstand enstand keine Verzerrung des Blick- und Aufnahme-Winkels; in beiden Kamerabildern schien der Sprecher gleichermaßen "in die Kamera "zu blicken. Während eine Kamera den Sprecher "nah" - vergleichbar der SAT-1-Einstellung - aufnahm, zeigte die andere Kamera den Sprecher "halb-nah" - in der gleichen Größe wie die ARD-Tagesschau.

Der Studio-Aufnahme wurden nachträglich mit einem Bildmischer jeweils identische illustrierende Fotos hinzugefügt:

Schiffskräne auf See, Präsident HERZOG begrüßt Bundeskanzler KOHL, Geldscheine und Münzen, Stahlarbeiter am Hochofen. Die Bild-Unterschriften stammten wieder aus den Sendungen der Voruntersuchung. Die Größe der Fotos und der Schrift war identisch, die beiden Versionen variierten nur in der Sprecher-Größe (vgl. Bild-Tafeln des Bild/Ton-Protokolls im "Anhang").

Die Material-Mitschnitte waren in 3/4-Zoll-u-matic-Technik erfolgt, die Studio-Aufnahmen und Bearbeitungen wurden auf 1-Zoll-B-Standard realisiert, so daß eine professionelle Fernsehqualität erreicht wurde. Durch eine computergesteuerte elektronische Schnittbearbeitung wurden vier Versionen hergestellt:

Version-**A**: **nahe** Einstellungsgröße des Präsentators
mit Filmberichten **langer** Einstellungslänge
Version-**B**: **nahe** Einstellungsgröße des Präsentators
mit Filmberichten **kurzer** Einstellungslänge
Version-**C**: **weite** Einstellungsgröße des Präsentators
mit Filmberichten **langer** Einstellungslänge
Version-**D**: **weite** Einstellungsgröße des Präsentators
mit Filmberichten **kurzer** Einstellungslänge

Anstelle eines Vorspanns, der einen fiktiven Urheber hätte nennen müssen, wurde vor jede Version ein Schrift-Titel gesetzt "Mitschnitt vom 7. April 1987", das Datum des Sendungs-Mitschnitts, das damit gleichermaßen einen "Fernseh-Mitschnitt" signalisierte und die Sendung als nicht mehr aktuell kennzeichnete.

Die vier Labor-Versionen wurden für die Versuchsdurchführung auf vier VHS-Cassetten kopiert.

III.3.2.2 Konstruktion des Fragebogens

Zur Erfassung der Beurteilungen wurden wesentliche Teile aus dem Fragebogen der Voruntersuchung übernommen: die Fragen zum Geschlecht (Frage 1), zum Alter (Frage 2), zum Gesamteindruck der Sendung unter Verwendung des bewährten Differentials mit 13 Items (Frage 3), zu den vorhandenen Fernseh-Empfangsmöglichkeiten (Frage 9) und zur Häufigkeit der Rezeption von Fernsehnachrichten (Frage 10). Zusätzlich zur Beurteilung des Gesamt-Eindrucks wurde versucht, den Eindruck in Abhängigkeit vom Nachrichten-Sprecher (Frage 4) und den Film-Berichten (Frage 5 und 6) einzeln zu erfassen. Auch hierzu wurde jeweils das gleiche Differential benutzt.

Unter der Annahme, daß die Beurteilung der Sendungsversion neben der visuellen Gestaltung auch von anderen Variablen beeinflußt wird, sollten neben möglichen Beeinflussungen z.B. durch Geschlecht (Frage 1), Alter (Frage 2) und Fernseh-Gewohnheit (Frage 9 und 10) auch zwei weitere Variablen untersucht werden: Der Stand der Vorkenntnis zu den dargebotenen Nachrichten-Filmen und die persönliche Einstellung zur aktuellen Entwicklung der "Fernsehlandschaft" mit den sich zur Zeit etablierenden Privat-Anbietern.

Da ein Wissens-Vortest die Spontaneität der Versuchspersonen bei der Rezeption und emotionalen Beurteilung der Sendung gestört hätte, wurde im Fragebogen erst hinter der Beurteilung des Eindrucks nach Vorwissen über das Fähren-Unglück (Frage 7) und den Staatsbesuch (Frage 8) gefragt. Bei der Frage nach der Meinung zur Fernsehlandschaft wird differenziert zwischen der Meinung zur allgemeinen Entwicklung (Frage 11) und der Beurteilung "speziell bezogen auf Fernseh-Nachrichten".

Abschließend wurde der Versuchsperson die Möglichkeit gegeben, Anmerkungen aufzuschreiben (Frage 13 und 14). Diese Angaben sollten zusätzliche Hinweise zur Interpretation liefern.

Im Layout wurde der Fragebogen so angelegt, daß die Fragen-Komplexe zur Beurteilung des Eindrucks jeweils auf eigenen Seiten stehen, um Beeinflussungen durch vorher gegebene Antworten zu vermeiden. Der Fragebogen umfaßt damit insgesamt 14 Fragen auf fünf Seiten (siehe "Anhang", Fragebogen-2).

III.3.2.3 **Versuchsdurchführung**

Da die Voruntersuchung, in der unter anderem das verwendete Instrument des Semantischen Differentials erprobt wurde, an Studenten durchgeführt worden war, sollte auch die Hauptuntersuchung mit einer vergleichbar homogenen und möglichst großen Stichprobe durchgeführt werden. Um etwaige Unterschiede der Versuchsgruppen zu minimieren, wurde die Untersuchung in Gruppen-Versuchen von jeweils 15 bis 30 Teilnehmern mit Studenten der Geisteswissenschaften durchgeführt. Die Rekrutierung der Versuchspersonen erfolgte über eine Bitte um Unterstützung bei Lehrenden (geisteswissenschaftlicher Seminare) an der Universität-GH-Essen im Winter-Semester 1987/88. Es fanden sich 12 Seminar-Gruppen, die bereit waren, an dem ca. 25 Minuten dauernden Versuch teilzunehmen. Die jeweils präsentierte Sendungs-Version wurde durch Los ermittelt, wobei darauf geachtet wurde, daß insgesamt die Verteilung der Gruppierung auf die vier Sendungsversionen in etwa gleich groß war.

Alle 12 Versuchsläufe wurden vom selben Versuchsleiter durchgeführt. Zu Beginn jeder Versuchsdurchführung wurde in standardisierter Formulierung (siehe "Anhang", "Versuchsleiter-Text zur Hauptuntersuchung") auf die Freiwilligkeit der Teilnahme am Versuch hingewiesen. Studenten, die in einem anderen Seminar den Versuch miterlebt hatten, wurden darauf hingewiesen, am Versuch nicht teilzunehmen. Fragen nach dem Sinn und Zweck des Versuchs wurden zurückgestellt und nach der Versuchsdurchführung beantwortet. Ohne weitere Erläuterung wurde das Videoband mit der jeweiligen Sendungs-Version vorgeführt. Für sämtliche Versuche, die in einem Zeitraum von 8 Tagen stattfanden, wurde dieselbe Video-Wiedergabe-Einheit benutzt - bestehend aus einem VHS-Rekorder und einem Farbmonitor von ca. 70 cm Bildschirm-Diagonale, der in einer Höhe von ca. 1,50 Meter (Bildschirm-Oberkante) auf einem Rollwagen montiert war. Die Bild- und Ton-Regler des Gerätes wurden vor Beginn der Versuchsreihe eingestellt und nicht mehr verändert, so daß alle Versuchspersonen die Präsentation in gleicher Lautstärke und gleicher Bildqualität erlebten. Es wurde darauf geachtet, daß alle Personen den Bildschirm aus akzeptabler Entfernung sehen konnten und starke Unterschiede im Betrachtungsabstand vermieden wurden.

Unmittelbar nach dem Ende der Video-Wiedergabe wurden die Versuchspersonen aufgefordert, den Fragebogen auszufüllen. Vor dem Austeilen der Bögen wurde darum gebeten, keine Frage und keine Zeile auszulassen, die Fragen in der vorgegebenen Reihenfolge zu beantworten und nicht zurückzublättern.

Um weitere zusätzliche Informationen zur Interpretation zu erhalten, fanden, nachdem die Bögen eingesammelt waren, je nach Interessenslage Gruppendiskussionen statt, in deren Verlauf allerdings die Fragestellung des Versuchs und die Herkunft der Sendung nicht erläutert wurden, um zu vermeiden, daß durch Mundpropaganda spätere Versuchsgruppen vorinformiert werden könnten.

III.3.3 Ergebnisse

Nach der Durchführung der Hauptuntersuchung lagen 302 Fragebögen vor, von denen 18 nicht vollständig ausgefüllt waren.

Diese Bögen wurden vor der Auswertung aussortiert. Unter den verbleibenden 284 waren einige Vpn, die entweder überhaupt kein Fernsehgerät hatten oder über Kabelanschluß eine Vielzahl von Sendern empfangen konnten. Aus Gründen der Homogenität der Stichprobe wurden diese 28 Vpn ebenfalls von der Analyse ausgenommen. Untersucht wurden also 256 Vpn, die öffentlich-rechtliche Programme empfangen konnten.

Die statistische Auswertung dieser 256 Fragebögen erfolgte varianzanalytisch mittels des Programms "ANOVA" - Analysis of Variance (SPSSX, 1986). Die Voraussetzungen zur varianzanalytischen Berechnung waren erfüllt, da es in der vorliegenden Untersuchung nur um Aussagen über unterschiedliche Bewertungen emotionaler Eindrücke geht. Wenn keine Aussagen über die Größe von Bewertungsunterschieden gemacht werden, kann auf die Forderung nach Intervallskalenniveau verzichtet werden (SUPPES und ZINNES, 1963, in GLASER, W.R., 1978, S. 109), da die Große des Abstands zwischen den Maßzahlen des Semantischen Differentials nicht interpretiert wird. Nach BOX (vgl. GLASER, W.R., 1978, S. 111) kann auf die Überprüfung der Normalverteilung und der Varianzhomogenität dann verzichtet werden, wenn die Maßzahlen eine Untergrenze von 20 pro Gruppe nicht unterschreiten, und die einzelnen Gruppen etwa gleich groß sind. In diesem Fall ist die Anfälligkeit gegen nicht normalverteilte Maßpopulation und heterogene Varianzen gering. In der vorliegenden Untersuchung sind diese Kriterien mit Gruppengrößen von 59 (Gruppe A), 61 (Gruppe B), 64 (Gruppe C) und 72 (Gruppe D) bei einer Gesamt-Anzahl von 256 Vpn erfüllt.

Als Signifikanzniveaus wurden die Werte $p<.01$ und $p<.05$ festgelegt. Werte $p<.10$ werden als Tendenz interpretiert. Entsprechend der Fragestellung dieser Arbeit werden die Ergebnisse in folgender Reihenfolge dargestellt:

1. Darstellung der signifikanten Ergebnisse der Befragung

zum Gesamteindruck (Frage 3).

2. Ergebnis-Darstellung der Einflüsse von Vorkenntnis (Frage 7 und 8), Fernsehnachrichten-Sehhäufigkeit (Frage 10), Meinung zur Entwicklung der "Fernsehlandschaft" (Frage 11 und 12) und Geschlecht auf die Beurteilung zum Gesamteindruck.

3. Kurz-Darstellung der Ergebnisse zu den Frage-Komplexen "Vorkenntnis" (Frage 7 und 8), "Fernsehnachrichten-Sehhäufigkeit" (Frage 10) und "Meinung zur Entwicklung der 'Fernsehlandschaft'" (Frage 11 und 12).

Die Frage zur Altersangabe (Frage 2) wurde nicht ausgewertet, da sich fast alle Vpn in derselben Altersgruppe (20-29) befanden.

Ebenfalls von der Auswertung ausgenommen wurden die Fragenkomplexe, die sich auf die Beurteilung speziell zum Nachrichten-Sprecher (Frage 4) sowie zu den Film-Berichten "Bergung der Unglücksfähre" (Frage 5) und "Staatsbesuch" (Frage 6) bezogen. Dies geschieht aus folgenden Gründen:

Zum Ende des Fragebogens war den Befragten die Gelegenheit gegeben worden, Anmerkungen zu machen. Es zeigte sich dabei ein deutlicher Trend, der auch in mehreren Versuchsgruppen zu spontaner Diskussion und Kritik im Anschluß an die Versuchsdurchführung geführt hatte: Die weitere Differenzierung des Eindrucks bezogen auf den Nachrichten-Sprecher und die beiden Film-Berichte wurde von vielen Versuchspersonen als Überforderung empfunden. Als Grund wurde überwiegend genannt, das Frageschema sei unpassend (z.B. zur "Sympathie gegenüber einem Katastrophen-Film-Bericht" oder zur "Relevanz des Sprechers"). Bei diesen zusätzlichen Beantwortungsdurchgängen sei man daher "unkonzentriert" und "unmotiviert" an diese Beurteilungs-Komplexe herangegangen.

Diese Angaben werden durch die Ergebnisse dieser Fragen-Komplexe bestätigt: Es ergaben sich hier nur zum Sprecher-Eindruck bei drei Items signifikante Ergebnisse: Den Sprecher beurteilten die Zuschauer zum Faktor "Größe" bei der weiten Einstellungsgröße als "verbindlicher" (F=2,688, df 1/252, p<.10), "glaubwürdiger" (F=3,371, df 1/252, p<.10) und "interessanter" (F=4,566, df 1/252, p<.05) (siehe "Anhang", Abb. A-24 - A-26). Zu beiden Film-Berichten ergaben sich keine signifikanten Effekte.

Als Konsequenz aus diesen Rückmeldungen wurden die Auswertungen dieser Fragen-Komplexe in die vorliegende Arbeit nicht einbezogen. Dieser Befund unterstützt den Untersuchungsansatz, den Eindruck einer Fernsehsendung von Zuschauern nicht bezogen auf Einzel-Beurteilungen bestimmter spezieller Phänomene erfragen zu wollen, sondern vom Gesamteindruck auszugehen.

III.3.3.1 **Ergebnisse zum Gesamteindruck**

Im folgenden werden die signifikanten Ergebnisse zum Faktor "Größe" und "Schnitt" dargestellt. Die Berechnungen für die Varianzanalyse befinden sich im "Anhang" (vgl. Abb. A-14a - A-17b).

Ergebnisse zum Faktor "Größe"

Der Vergleich der Mittelwerte für Item-8 ("relevant/wichtig / irrelevant") zeigt einen höheren Wert für die Version mit dem weit-aufgenommenen Sprecher (3,57) als für die nah-aufgenommene Version (3,22). Die Varianzanalyse ergibt einen signifikanten Effekt für den Faktor "Größe" mit einem F-Wert von 7,795 (df 1/252) p<.01: Die Sendungsversion mit "weitem Sprecher" wird als "relevanter/wichtiger" beurteilt.

Die Mittelwerte für Item-6 ("einfach / kompliziert") zeigen: In den lang-geschnittenen Versionen wird die Sendung mit dem "nahen Sprecher" "einfacher" (4,03) gegenüber dem weit-aufgenommenen (3.61) beurteilt. Die Varianzanalyse weist hier eine signifikante Wechselwirkung der Faktoren "Größe" und "Schnitt" aus mit einem F-Wert von 5,195 (df 1/252) p<.05: Vpn, die den nah-aufgenommenen Sprecher gesehen haben, beurteilen die Sendung in der langsam geschnittenen Version "einfacher" als in der schnell geschnittenen. Demgegenüber beurteilen Vpn, die den "weiten" Sprecher gesehen haben, die schnell geschnittene "einfacher" als die langsam geschnittene Version.

Ergebnisse zum Faktor "Schnitt"

Der Vergleich der Mittelwerte für Item-3 ("anregend / ermüdend") zeigt einen höheren Wert für die kurz-geschnittene Version (2,85) im Vergleich zur lang-geschnittenen Version (2,63). Die Varianzanalyse zeigt einen signifikanten Effekt für den Faktor "Schnitt" mit einem F-Wert von 3,145 (df 1/252) p<.10: Die Sendungsversion mit kurzen Schnitten wird in der Tendenz als "anregender" beurteilt.

Der Vergleich der Mittelwerte für Item-6 ("einfach / kompliziert") zeigt einen höheren Wert für die lang-geschnittene (3,82) gegenüber der kurz-geschnittenen Version (3,60). Es ergibt sich ein signifikanter Effekt für den Faktor "Schnitt" mit einem F-Wert von 2,952 (df 1/252) p<.10: Die Sendungsversion mit langen Schnitten wird in der Tendenz als "einfacher" beurteilt.

Der Vergleich der Mittelwerte für Item-10 ("objektiv / tendenziös") ergibt einen höheren Wert für die kurz-geschnittene (3,25) als für die lang-geschnittene Version (2,98). Es zeigt sich ein signifikanter Effekt für den Faktor "Schnitt" mit einem F-Wert von 4,541 (df 1/252) p<.05: Die Sendungsversion mit kurzen Schnitten wird als "objektiver" beurteilt.

Die folgende Übersicht (Abb. 9) stellt die Ergebnisse zum Gesamteindruck für beide Faktoren graphisch dar. Die Darstellung bezieht sich auf die Haupteffekte.

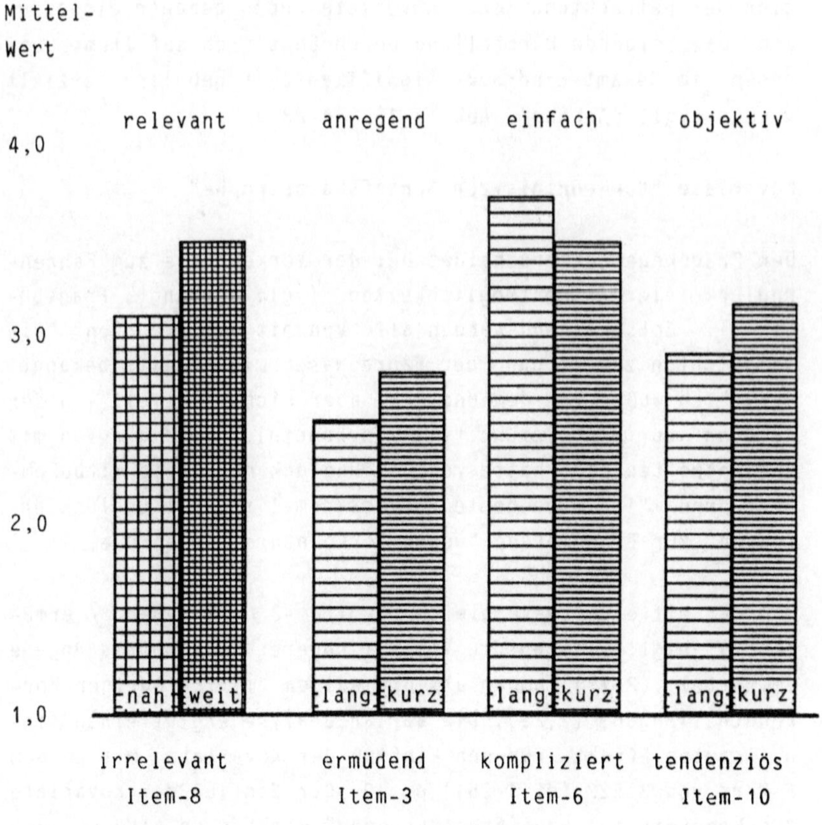

(Abb.9) graphische Darstellung der signifikanten Items zur Größe der Sprecher-Aufnahme (Item-8) und zum Schnitt der Film-Berichte (Item-3, 6 und 10) (Semantisches Differential, Skalenwerte 1-5)

III.3.3.2 Ergebnisse der Kovariaten

Da davon ausgegangen wurde, daß Vorkenntnisse, Fernsehnachrichten-Sehhäufigkeit, Meinung zur Entwicklung der "Fernsehlandschaft" und Geschlecht auf die oben dargestellten Ergebnisse einen Einfluß auf die Beurteilung der Sendung haben könnten, wurden diese Variablen als Kovariaten untersucht. Dazu wurden zu den jeweiligen Fragen alle Antworten der Vpn dichotomisiert. Auf die Kriterien zur Aufteilung wird zu Beginn der Betrachtung jeder Kovariate noch genauer eingegangen. Die folgende Darstellung beschränkt sich auf Items, bei denen im Gesamt-Eindruck signifikante Ergebnisse erzielt wurden (vgl. "Anhang", Abb. A-18 - A-23).

Kovariate "Vorkenntnis zur Schiffskatastrophe"

Der Fragebogen unterscheidet bei der Vorkenntnis zum Fährenunglück vier Antwortmöglichkeiten (vgl. "Anhang", Fragebogen-2). Entsprechend wurden alle Vpn mit den Anworten "Die Nachrichten zur Bergung der Fähre waren mir bereits bekannt" und "Ich wußte von dem Unglück, aber nicht speziell von der Bergung" zur Gruppierung "viel Vorkenntnis" und die Vpn mit den Antworten "Ich hatte von dem Unglück nur wenig mitbekommen" und "Ich habe heute zum erstenmal von dem Unglück erfahren" zur Gruppierung "wenig Vorkenntnis" zugeordnet.

Wie der Mittelwerte-Vergleich für Item-3 ("anregend / ermüdend") zeigt, liegen die Vpn mit höherer Vorkenntnis-Angabe im Mittel (2,77) höher als diejenigen mit niedriger Vorkenntnis-Angabe (2,29). Die Varianzanalyse ergibt einen signifikanten Effekt für den Einfluß der Kovariate mit einem F-Wert von 3,522 (df 1/251) $p<.10$: Der Einfluß der Kovariate "Vorkenntnis zur Schiffskatastrophe" wirkt sich also so aus, daß die Zuschauer, die mehr Vorkenntnisse angeben, die Sendung "anregender" beurteilen. Dieses Ergebnis ist jedoch nur auf dem 10%-Niveau signifikant, so daß man hier eher von einer Tendenz sprechen kann.

Für Item-6 ("einfach / kompliziert") zeigt sich kein signifikanter Einfluß dieser Kovariate auf die Beurteilung.

Der Mittelwert-Vergleich für Item-8 ("relevant/wichtig / irrelevant") ergibt einen höheren Wert für Vpn, die Vorkenntnis angaben (3,45) als für die, die wenig Vorkenntnis angaben (2,50). Die Varianzanalyse ergibt einen signifikanten Effekt für den Kovariaten-Einfluß mit einem F-Wert von 10,717 (df 1/251) $p<.01$: Zuschauer, die viel Vorkenntnisse angeben, beurteilen die Sendung als "relevanter".

Für Item-10 ("objektiv / tendenziös") zeigt sich kein signifikanter Einfluß der Kovariate auf die Beurteilung.

Kovariate "Vorkenntnis zum Staatsbesuch"

Bei der Vorkenntnis zum Staatsbesuch unterscheidet der Fragebogen ebenfalls vier Antwortmöglichkeiten. Alle Antworten wurden in vergleichbarer Weise - wie oben beschrieben - in die Gruppierung "viel Vorkenntnis" und "wenig Vorkenntnis" eingeteilt.

Der Mittelwerte-Vergleich für Item-3 ("anregend / ermüdend") ergibt einen höheren Wert für Vpn mit hoher Vorkenntnis-Angabe (2,84) gegenüber Vpn mit niedriger Angabe (2,63). Die Varianzanalyse zeigt einen signifikanten Effekt für die Kovariate mit einem F-Wert von 3,274 (df1/251) $p<.10$: In der Tendenz beurteilen Zuschauer, die Vorkenntnis zum Staatsbesuch angeben, die Sendung "anregender".

Für Item-6 ("einfach / kompliziert") ergibt sich ein höherer

Mittelwert für Vpn mit hohen Angaben zur Vorkenntnis (3,92) als für diejenigen mit niedriger Angabe (3,32). Die Varianzanalyse zeigt einen signifikanten Effekt für den Einfluß der Kovariaten mit einem F-Wert von 17,378 (df 1/251) p<.01: Zuschauer, die höhere Vorkenntnisse angeben, beurteilen die Sendung als "einfacher".

Für Item-8 ("relevant/wichtig / irrelevant") ist der Mittelwert höher für Vpn mit hohen (3,56) als für Vpn mit niedrigen Angaben zur Vorkenntnis (3,21). Hier ergibt die Varianzanalyse einen signifikanten Effekt für den Kovariaten-Einfluß mit einem F-Wert von 6,823 (df 1/251) p<.01: Zuschauer, die Vorkenntnisse angeben, beurteilen die Sendung als "relevanter".

Für Item-10 ("objektiv / tendenziös") zeigt sich kein signifikanter Einfluß dieser Kovariate auf die Beurteilung.

Kovariate "Fernsehnachrichten-Sehhäufigkeit"

Wie zu Beginn der Auswertung erläutert, wurden nur die Vpn berücksichtigt, die die öffentlich-rechtlichen Programme empfangen können. Die Dichotomisierung wurde folgendermaßen vorgenommen: Den Bezeichnungen "nie", "selten", "2-3mal pro Woche" und "täglich" wurden in dieser Reihenfolge die Punkte 0 - 3 zugeordnet, so daß in der Summierung der Angaben zu beiden Sendungen eine Vpn maximal 6 Punkte erreichen konnte, wenn sie angab, täglich sowohl die "Tagesschau" als auch täglich "heute" zu sehen. Als hoch wurde die Rezeptionsgewohnheit eingestuft, wenn eine Vpn drei oder mehr Punkte erreichte, weil sie damit entweder angibt, eine der beiden Sendungen "täglich" und die andere "nie" zu sehen oder eine "selten" und die andere "2-3mal pro Woche".

Nur bei einem der vier untersuchten Items ergab sich ein signifikanter Kovariaten-Einfluß: Zu Item-8 ("relevant/wichtig / irrelevant") zeigt sich ein höherer Mittelwert für die Vpn, die angeben, oft Fernsehnachrichten zu sehen (3,50) gegenüber denjenigen mit niedrigen Angaben (2,91). Die Varianzanalyse ergibt einen signifikanten Effekt für den Kovariaten-Einfluß mit einem F-Wert von 11,225 (df 1/251) p<.01: Zuschauer, die angeben, häufig Fernsehnachrichten zu sehen, beurteilen die Sendung als "relevanter".

Kovariate "allgemeine Beurteilung der Entwicklung der 'Fernsehlandschaft'"

Bei der allgemeinen Beurteilung der Entwicklung der "Fernsehlandschaft" unterscheidet der Fragebogen vier Antwortmöglichkeiten, nach denen alle Antworten nach oben beschriebener Methode in die beiden Gruppierungen "positive Beurteilung" und "negative Beurteilung" eingeteilt werden.

Von den vier untersuchten Items ergibt sich auch hier nur bei einem ein signifikanter Kovariaten-Einfluß: Der Mittelwert für Item-8 ("relevant/wichtig / irrelevant") ist bei Vpn mit positiver Beurteilung höher (3,38) als bei negativer Beurteilung (3,24). Die Varianzanalyse ergibt einen signifikanten Effekt für den Kovariaten-Einfluß mit einem F-Wert von 6,521 (df 1/251) p<.01: Somit beurteilen Zuschauer mit einer allgemein positiven Bewertung der Entwicklung der "Fernsehlandschaft" die Sendung als "relevanter".

Kovariate "Beurteilung der Entwicklung der Fernsehlandschaft speziell bezogen auf Fernseh-Nachrichten-Sendungen"

Auch bei der Beurteilung der Entwicklung der "Fernsehlandschaft" speziell bezogen auf Fernseh-Nachrichten-Sendungen unterscheidet der Fragebogen vier Antwortmöglichkeiten, nach denen alle Antworten in die beiden Gruppierungen "positive Beurteilung" und "negative Beurteilung" eingeteilt werden.

Von den vier untersuchten Items ergibt sich auch hier nur bei einem ein signifikanter Kovariaten-Einfluß: Auch hier zeigt sich für Item-8 ("relevant/wichtig / irrelevant") ein höherer Mittelwert für Vpn mit positiver Beurteilung (3,52) als für diejenigen mit negativer Bewertung (3,23). Die Varianzanalyse ergibt einen signifikanten Effekt für den Kovariaten-Einfluß mit einem F-Wert von 5,232 (df 1/251) $p<.05$: Zuschauer mit einer - auf Fernsehnachrichten bezogen - positiven Bewertung der Entwicklung der "Fernsehlandschaft" beurteilen die Sendung als "relevanter".

Kovariate "Geschlecht"

Bei zwei der vier Items mit signifikanten Ergebnissen zum Gesamteindruck zeigten sich signifikante Einfüsse des Geschlechts:

Der Mittelwert für Item-6 ("einfach / kompliziert") liegt für männliche Zuschauer höher (3,85) als für weibliche (3,62). Die Varianzanalyse zeigt für den Kovariaten-Einfluß einen signifikanten Effekt mit einem F-Wert von 3,103 (df 1/251) $p<.10$: Männliche Zuschauer beurteilen in der Tendenz die Sendung als "einfacher".

Zu Item-8 ("relevant/wichtig / irrelevant") ergibt sich ein höherer Mittelwert für weibliche Zuschauer (3,53) als für männliche (3,16). Die Varianzanalyse zeigt einen signifikanten Effekt für den Kovariaten-Einfluß mit einem F-Wert von 7,206 (df 1/251) $p<.01$: Somit beurteilen weibliche Zuschauer die Sendung als "relevanter".

Zusammenfassend läßt sich also sagen, daß die untersuchten Variablen durchaus Einfluß auf die Beurteilung der Sendung hatten. Lediglich die Beurteilung zur "Objektivität" (Item-10) blieb von allen untersuchten Kovariaten unbeeinflußt.

III.3.3 Ergebnisse zur Charakterisierung der Versuchsgruppe

Aus den Fragen, die zur Untersuchung der Kovariaten konzipiert worden waren (Fragen 7-13), lassen sich einige Informationen über Eigenschaften der Versuchsgruppe entnehmen, die hier kurz zusammengefaßt werden.

Wie im Methoden-Teil beschrieben, handelt es sich um 89 männliche (= 34,8 %) und 167 weibliche (= 65,2 %) fast ausschließlich studentische Versuchspersonen aus sozialwissenschaftlichen Studiengängen. 242 Vpn (= 94,5 %) geben an, bereits vor der Versuchsdurchführung von der Bergung der Unglücksfähre gewußt zu haben, während den Staatsbesuch des israelischen Präsidenten nach eigenen Angaben nur 144 Vpn (= 56,2 %) kannten. 213 Vpn (= 83,2 %) geben an, die Nachrichtensendungen im Fernsehen häufig anzusehen. Die Veränderung der "Fernsehlandschaft" mit den neu hinzugekommenen Privat-Anbietern beurteilen 136 Vpn (= 53,1 %) im allgemeinen negativ, während speziell bezogen auf Fernseh-Nachrichten-Sendungen nur noch 107 Vpn (= 41,8 %) diese Entwicklng negativ bewerten.

III.3.4 Interpretation

Die vorliegende Arbeit untersucht, ob die subjektive emotionale Beurteilung einer Nachrichten-Sendung durch Rezipienten in Zusammenhang mit den visuellen Gestaltungsformen steht. Variiert wurden die Ausschnitt-Größe des Nachrichten-Sprechers (Faktor "Größe") und die Schnittfrequenz der Filmberichte (Faktor "Schnitt"). Die durchgeführte Untersuchung erzielte - wie oben dargestellt - varianzanalytisch ermittelte signifikante Befunde.

III.3.4.1 Interpretation zum Gesamteindruck

Die Einflüsse der Faktoren "Größe" und "Schnitt" werden im folgenden einzeln diskutiert.

Einflüsse des Faktors "Größe"

Zum Faktor Einstellungs-"Größe" des Nachrichten-Sprechers liegen zur Beurteilung des Gesamteindrucks zwei signifikante Ergebnisse vor, die im folgenden interpretiert werden: Die Sendungsversion mit dem distanziert aufgenommenen Sprecher wird als "relevanter/wichtiger" (im Gegensatz zu "irrelevant") beurteilt und bei den Versionen mit lang-geschnittenen Einstellungen wird die Sendung mit dem nah-aufgnommenen Sprecher als "einfach" (im Gegensatz zu "kompliziert") beurteilt.

Für die Interpretation der in der Ergebnisdarstellung beschriebenen Wechselwirkung ergeben sich keine Anhaltspunkte. Das Ergebnis weist darauf hin, daß ein Zusammenhang zwischen Schnitt-Frequenz und Sprecher-Größe besteht, der sich auf die Sendungsbeurteilung als mehr oder weniger "einfach" auswirkt. Welche Faktoren dafür verantwortlich sind, kann hier nicht geklärt werden.

Bezogen auf die Einstellungsgröße könnte der Befund der einfacheren Beurteilung bei der nahen Sprecher-Aufnahme darauf hindeuten, daß es den Versuchspersonen leichter fällt, sich einer Person zuzuwenden, die sie mit weniger Distanz erleben. (Der Nähe-Eindruck entsteht im Verhältnis der Proportion von Sprecher und Bildschirm-Rand.) Diese Annahme wird bestätigt in einer Untersuchung audiovisueller Gestaltungsmittel in sozialkundlichen Filmen. Dort zeigte sich bei geringer Kamera-Distanz ein positiver Effekt auf die Einstellung der Zuschauer gegenüber den im Bild gezeigten Gastarbeitern. Die Kamera-Distanz "spielt eine Rolle bei der Vermittlung von Einstellungen und Images: relativ geringe Kameradistanz erzielt positivere Wirkungen" (SCHULZ, W.; LESSEN,

R. van; SCHLEDE, C.; WALDMANN, N., 1976).

In einer Untersuchung zur Wirkung des Bildausschnitts hatte BAGGALEY von identischen Interview-Redeausschnitten jeweils eine Groß- und eine Nah-Aufnahme parallel aufgezeichnet. Seine Ergebnisse in der Zuschauer-Befragung zeigten eine höhere Zuweisung von Gespanntheit und Nervosität des Sprechers bei der Groß-Aufnahme (BAGGALEY, J., 1980, S. 71). BAGGALEY interpretiert die Großaufnahme mit ihrer Konzentration auf die Mimik als mehr "fernsehspezifische" Einstellungsgröße und die etwas weitere Aufnahme, die mehr von der Gestik des Agierenden zeigt, als eher dem Theater entsprechende Form. Dieser Aspekt scheint jedoch in der vorliegenden Untersuchung weniger bedeutsam, da der Nachrichten-Sprecher der Laborsendung in seiner Mimik wohl kaum mit Interviewten verglichen werden kann. Vielmehr scheint die Bedeutung von quasi "vermittelter räumlicher Distanz" eine Rolle zu spielen.

Nach TUCHMAN vermittelt eine nahe Kamera-Einstellung eine "close personal distance" (TUCHMAN, G.,1978, S. 116). Auf diesem Hintergrund kann das vorliegende Ergebnis interpretiert werden, wenn man davon ausgehen kann, "daß von Fernsehakteuren emotionale Eindrücke veranlaßt werden" (STURM, H., 1978, S. 164).

Im Rahmen einer vergleichenden Untersuchung von deutschen und amerikanischen Fernsehnachrichten unterstreicht OOMEN die Funktion des durch "größere Nähe" eines "Brustportraits" vermittelten "persönlichen Verhältnisses" zum Sprecher: "Der Sprecher wird visuell präsentiert, als ob er einem so nahe stünde, daß man potentiell mit ihm interagieren und ein Gespräch in kleinerem Kreise mit ihm führen könnte" (OOMEN, U., 1983, S. 7).

Quasi den Umkehrschluß scheint das zweite Ergebnis zu bestätigen: die "relevantere/wichtigere" Bewertung der größeren Distanz. Interessant ist in diesem Zusammenhang, daß die hier in der Laborsendung gewählte Einstellungsgröße (mit Hilfe eines Trickmischers vor Beginn der Sprecher-Aufnahme) exakt der Bildgestaltung der "Tagesschau" angepaßt wurde, die in einschlägigen Nachrichten-Vergleichs-Untersuchungen traditionell als Sendung von vergleichbar größter Wichtigkeit abschneidet (vgl. Kapitel "Fernsehnachrichten in der Bundesrepublik Deutschland").

TUCHMAN (1973, S. 18) weist darauf hin, daß Groß-Aufnahmen in Fernseh-Nachrichten als unvereinbar mit "hard, objective news" gelten. Bezogen auf die Einstellungs-Größe scheint die journalistische Vorstellung von "visueller Objektivität" der Art der Raumaufteilung zu entsprechen, "wie sie in geschäftlichen Unterhaltungen üblich und für Menschen, die in einer distanzierten persönlichen Beziehung stehen, typisch ist" (KEPPLER, A., 1985, S. 140). Diese Interpretation wird auch von einem empirischen Ergebnis unterstützt, demzufolge die Einstellungsgröße signifikante Einflüsse auf die Beurteilung der Eigenschaften eines offiziellen Redners hatte: Die halbnahe Einstellung erzielte durchweg bessere Beurteilungen als die Nahaufnahme (KEPPLINGER, H.M., 1987, S. 146).

Auch OOMEN kommt zu dem Schluß, daß die Informationspräsentation der "Tagesschau" ihre "Autorität" aus "der Schriftlichkeit des anonym formulierten Textes" gewinnt sowie aus der "Distanz", die dadurch unterstrichen wird, "daß der Sprecher nicht in der Mitte, sondern gewöhnlich in der unteren rechten Ecke des Bildschirms zu sehen ist, und zwar in kleinerem Format" (OOMEN, U., 1983, S. 8 und 13).

Einflüsse des Faktors "Schnitt"

Zum Faktor "Schnitt"-Länge in Filmberichten liegen in der Beurteilung des Gesamteindrucks drei signifikante Ergebnisse vor: Die Sendungsversion mit den lang-geschnittenen Filmberichten wird als "einfacher" (im Gegensatz zu "kompliziert") beurteilt, die kurz-geschnittene Version wird als "anregender" (im Gegensatz zu "ermüdend") und als "objektiver" (im Gegensatz zu "tendenziös") beurteilt.

Das letztgenannte Ergebnis scheint - zumindest aus der Sicht des Produktions-Praktikers - unerwartet, da man annehmen könnte, daß die kurz-geschnittenen, also offensichtlich "durch Schnitt-Technik manipulierten" Aufnahmen von Zuschauern eher als "Eingriff in die Authentizität des Materials" beurteilt würden. Dennoch - das in dieser Untersuchung ermittelte signifikante Ergebnis (auf einem Signifikanz-Niveau von 5%) spricht für das Gegenteil: Die vielen, schnell aufeinander folgenden Einstellungen werden "objektiver" beurteilt als die längeren, ruhiger montierten Einstellungen. Da dieser Befund den herkömmlichen Erwartungen entgegensteht, wird diesem Aspekt in der Interpretation besondere Aufmerksamkeit gewidmet.

Von Interesse ist hierzu der Befund einer Untersuchung der Gestaltungsmittel in sozialkundlichen Filmen zur Schnitt-Gestaltung: Die Einstellungslänge "beeinflußt das Urteil über die Darbietungseigenschaften einer Kommunikation" (SCHULZ, W.; LESSEN , R. van; SCHLEDE, C.; WALDMANN, N., 1976, S. 127).

Es fällt auf, daß die ersten beiden oben genannten Untersuchungsergebnisse wie eine plausible Diagnose der eigenen Wahrnehmung erscheinen können: Ein langsam geschnittener Film wird als "einfacher", ein schnell geschnittener als "anregender" empfunden. Dieses Ergebnis deckt sich mit einer Vielzahl von Befunden aus psycho-physiologischen Untersuchungen, die ergaben, daß eine hohe Schnittfrequenz - gleich welchen Inhalts - meßbare physiologische Veränderungen beim Betrachter auslösen. Dadurch entsteht ein Spannungszustand, der nicht in Zusammenhang mit dem Inhalt stehen muß, und der "die normale Informationsaufnahme sogar behindern kann"

(KRAMAREK, J.; POCKRAND, R.; KERSTAN, P., 1986, S. 11). Diese Schnelligkeit im Bereich der medienspezifischen Angebotsweisen "kann zur Folge haben, daß der Zuschauer mit gespannter Aufmerksamkeit, im Bemühen zu folgen, nicht mehr in der Lage ist, eigene Vorstellungen zu bilden" (STURM, H.; GREWE-PARTSCH, M., 1977 , S. 178).

Eine Parallele dazu sieht STURM in dem "Zeigarnik-Effekt", dem von BLUMA ZEIGARNIK 1927 entdeckten Effekt, daß eine unerledigte Aufgabe einen Spannungszustand hinterläßt. STURM vergleicht diesen Effekt mit der Wirkung der durch Schnitt und Montage unterbrochenen medienspezifischen Gestaltungsmuster, wobei durch "formale medienspezifische Äußerungen eine Fülle von Spannungszuständen eingebracht wird" (STURM, H., 1977 , S. 106). Sie interpretiert ihre Befunde vor allem bei Kindern als "eine medienspezifische, jeweils kurzzeitige Reiz-Reaktionsabhängigkeit ... es gibt Umblenden, Überblenden, Wechsel der Perspektiven, Montagen und Schnitte der verschiedensten Art; es gibt nicht die fortschreitende Kontinuität von Bild und Ton" (STURM, H., 1975, S. 41).

Hierbei geht sie davon aus, "daß zu rasant-wechselvolle Darbietungen die innere Verbalisierung behindern: z.B. unmotivierte Kamerawechsel, Schnitte und Schwenks ... in solchen Fällen reagiert der Zuschauer mit hoher physiologischer Erregung" (STURM, 1984, S. 62).

Wie bereits in früheren Untersuchungen festgestellt, betrifft dieses Problem aber vor allem Kinder, da sie die Montage verschiedener Einstellungen nicht als Einheit, sondern als getrennte Bilder aufnehmen (KEILHACKER, M.; RUTHENFRANZ, J.; TRÜGER, W.; VOGG, G., 1967, S. 110). Die sogenannte "visual literacy" des Erwachsenen - also der "visuellen Alphabetismus" im Sinne der Fähigkeiten, codierte "Bildbotschaften" zu decodieren - scheint hier nicht vergleichbar betroffen zu sein (vgl. JÖRG, S., 1979, S. 209).

Als gesichert kann allerdings als Wirkung der erhöhten Schnitt-Frequenz eine höhere physiologische Erregung betrachtet werden. Zu klären bleibt, wie damit die Beurteilung von "Objektivität" zusammenhängt.

BAGGALEY berichtet von einer Reihe von Experimenten, in denen er Einflüsse der "cutaway"-Schnitt-Technik untersuchte, indem verschiedenartige Zwischenschnitte - sogenannte "cutaways" in Programme eingeschnitten wurden (BAGGALEY, J., 1980, S. 38 ff). Die hierbei gefundenen Effekte belegen jedoch weniger Einflüsse des Schnitts als Gestaltungs-Technik generell, sondern vielmehr den Einfluß bestimmter "bedeutungsinduzierender" Zwischenschnitte, die sich den klassischen "KULESCHOW-Effekt" (vgl. Kapitel "Visuelle Wahrnehmung und Gestaltung") zunutzemachen.

Ein möglicher Erklärungs-Ansatz könnte sich auf eine Theorie der visuellen Informationsverarbeitung stützen, die auf der Dualen-Kode-Theorie beruht (vgl. PAIVIO, A.; CSAPO, K., 1973), nach der der Mensch über zwei getrennte Kodierungssysteme verfügt, die verantwortlich für Organisation, Speicherung und Abruf von Information sind: dem imaginalen und dem verbalen Kodierungssystem, wobei imaginal nicht nur visuelle Vorstellungen sind, sondern auch auditive oder andere Vorstellungen sein können, entscheidend ist die Konkretheit der entsprechenden Information. "Es wird angenommen, daß bei Bildern die Auslösung eines verbalen Kodes, d.h. die Benennung, eher eintritt" (HABERMANN, P., 1985, S.15). Dieser Aspekt der "Benennung" könnte hier eine ganz wesentliche Rolle spielen, denn in der menschlichen Wahrnehmung werden ständig Wahrnehmungs-Erfahrungen "in Begriffe" zusammengefaßt zur Ordnung und Abspeicherung (vgl. ROHRACHER, H., 1971, S. 103) und "Grundgefühle" differenzieren sich durch "Benennung und Kategorisierung" (STURM, H., 1987, S. 39).

Ein anderer Aspekt, der von TANNENBAUM eingebracht wurde,

scheint diese Argumentation zu unterstützen: "Ein Reiz, von einer Kommunikation ausgelöst, setzt auf einer ersten Stufe eine ganze Reihe von physiologischen Reaktionen - hier Erregung genannt - in Bewegung, auf einer zweiten Stufe versucht eine aus dem kognitiven stammende Aktivität diese Erregung zu etikettieren" (TANNENBAUM, P.H., 1978, S. 193).

Dieses Ergebnis kann im Zusammenhang mit Untersuchungen interpretiert werden, die GAVRIEL SALOMON im Bereich des Lernens durch Fernsehen vor allem mit Kindern durchgeführt hat (vgl. SALOMON, G. 1974 und 1979; SALOMON, G.; COHEN, A.A., 1978). In einer Untersuchung zur Qualität der Verarbeitung eines Sendeangebots, in der die Wirkung von verschiedenen Filmversionen, mit gleichen Inhalten aber verschiedenen Darstellungsformen untersucht wurden, stellte er fest, daß die Version mit häufigeren Schnitten höhere geistige Anstrengungen beim Zuschauer erfordert als nicht unterbrochene Film-Einstellungen (vgl. JÖRG, S., 1979, S. 217; SALOMON, G., 1979a).

Für die vorliegende Untersuchung kann davon ausgegangen werden, daß die beiden Filmversionen, die sich nur dadurch unterschieden, daß das in beiden Versionen identische Bildmaterial in einer Version so "verschnitten" wurde, daß daraus mehrere kürzere Schnitte wurden, eine höhere Erregung und ein "intensiveres Erleben" bewirkten: "In kontrollierten Experimenten wurde nachgewiesen, daß die körperliche Reaktionen auf Fernsehsendungen - Herzschlag, Atemfrequenz, elektrischer Hautwiderstand - heftiger ausfallen, wenn ein und dasselbe Bildmaterial so zusammengefügt wird, daß es viele Schnitte, also scheinbar hohen Neuigkeits- oder Überraschungswert hat" (JÖRG, S., 1987, S. 30). SABINE JÖRG weist in diesem Zusammenhang auf die Provozierung von "Orientierungsreflexen" durch schnelle Schnitte hin. Die Bedeutung des "Orientierungs-Reflexes", der für die Erregung von Aufmerksamkeit des Zuschauers und die Hinwendung zur Reiz-Quelle verantwortlich ist, wurde im Theorie-Teil erläutert (vgl. Kapitel "Visuelle Wahrnehmung und Gestaltung").

Wenn also unterstellt werden kann, daß die hohe Schnittfrequenz eine erhöhte Erregung bewirkt, die vom Zuschauer "etikettiert werden will", und wenn gleichermaßen erhöhte geistige Anstrengung und ein intensiveres Erleben angenommen werden können, bleibt jedoch - bezogen auf die vorliegende Untersuchung - immer noch die Frage, warum der Zuschauer seine Wahrnehmung auch mit dem Begriff "Objektivität" etikettiert. Als Hinweis mag die Untersuchung der Meinung von Nachrichtenredakteuren dienen, nach deren Ansicht Objektivität durch die Darstellung verschiedener "Standpunkte" signalisiert werde (TUCHMAN, G., 1974). Könnte also eine scheinbare Vielzahl "visueller Standpunkte" den Eindruck von Objektivität suggerieren?

Eine mögliche Erklärung könnte darin liegen, daß das intensivere Erleben der vielen schnellen Bild-Einstellungen also die scheinbar größere Menge an "Bild-Material" als ein "mehr an Information" interpretiert wird, was indirekt den Schluß auf "Objektivität durch eine erhöhte Anzahl von Standpunkten und Perspektiven" bewirken könnte. Damit könnte die große Menge an Einstellungen als "Zeichen" eine "Semiose" beim Zuschauer bewirken und als "Indiz für Objektivität" im filmsemiotischen Sinne funktionieren.

Hierzu scheint ein wesentlicher Erklärungsansatz in den Dimensionen der "Zeichen- und Bedeutungs-Bildung" zu liegen. Wie im Theorie-Teil dieser Arbeit ausführlicher dargestellt (vgl. Kapitel "Mediale Kommunikation und Gestaltungsform"), spielt die Zuweisung von Bedeutung durch den Zuschauer eine ganz zentrale Rolle im medialen Kommunikationsprozeß, denn diese Zuweisung geschieht aufgrund von "bedeutungstragenden Codes" und "Zeichen", bzw. den Assoziationen und individuellen Bedeutungen, die der Rezipient ihnen zuweist. D.h. die subjektive Wahrnehmung und Interpretation von "Realität" wird beeinflußt durch Beziehungssysteme von Denotationen und vor allem Konnotationen (vgl. SCHULZ, W., 1974). Diese Argumentation bezieht sich auf eine "Theorie der Kommunikation, die analytisch mehrere Aspekte eines Verständigungsvorgangs unterscheidet, u.a.

1. den Vorgang der Informationsvermittlung, für den die Denotation einer Mitteilung ausschlaggebend ist und dessen Ergebnis als Lernleistung definiert wird, sowie

2. den Vorgang der Bedeutungsvermittlung, wobei 'Bedeutung' als Konnotation verstanden wird und das Ergebnis der Mitteilung mit Begriffen wie Anmutung oder Wirkungsqualität zu umschreiben ist." (SCHULZ, W., 1975, S. 58)

Die Bedeutung dieses Aspekts wird in verschiedenen einschlägigen Untersuchungen bestätigt. Anhand der Untersuchung von Sport- und Nachrichten-Bildberichterstattungen weist BUSCOMBE auf die subtile psychologische Art hin, wie visuelle Präsentation Zuschauer "gefangennimmt". Visuelle Medien präsentieren dem Zuschauer nicht einfach "unverdaute" Realität in ihrer Gesamtheit, sondern "organisieren" Bilder in eine Art "Sprache", die der Zuschauer "liest" (BUSCOMBE, E., 1975, S. 3).

VAUGHAN hält sogar die "kreative Beteiligung" des Zuschauers bei der "Auslegung" bzw. "Bedeutungszuweisung" eines Fernseh-Programms für genauso wichtig wie die Kreativität des Programm-Machers (VAUGHAN, D., 1976, S. 10). Auch HERTA STURM scheint diesen Ansatz zu bestätigen, wenn sie sagt: "Der Mensch nimmt nicht nur selektiv wahr, er tut auch stets noch etwas hinzu: er sucht nach einem Sinn, mag dieser auch noch so falsch sein" (zitiert nach LINZ, G.; ABICH, H., 1987, S. 203).

Zum Zeichencharakter in Zusammenhang mit "Objektivität" bemerkt HARRY PROSS: "Die Gegenständlichkeit der Zeichen verbindet Objektvorstellungen und die Objektivierung der Vorstellungen miteinander, und sie ermöglicht Aussagen zur 'Objektivität' aufgrund der Objektivität, die Zeichen dank der materiellen Beschaffenheit ihrer Träger (Signale) besitzen" (PROSS, H., 1982, S. 45). Die vielen Film-Einstellungen könten also als Signale einen Semiose-Prozeß beim Zuschauer in Gang gesetzt haben.

Auf dem Hintergrund seines semiotischen Ansatzes beschreibt IVAN BYSTRINA den Begriff der Objektivität in bezug auf Nachrichten. Als "Dimensionen der Semiose" differenziert er:

die syntaktische Dimension - die Beziehungen der Zeichen (der Bestandteile einer Nachricht) zueinander

die semantische Dimension - die Relationen zwischen Zeichen und Bezeichnetem, zwischen der Nachricht und dem, worüber man berichtet und

die pragmatische Dimension - die Produktion und Rezeption von Zeichen, die sowohl zwischen den einzelnen Zeichenbenutzern und der Nachricht wie auch in den Relationen der Zeichenbenutzer zueinander (vermittels der Nachricht) verlaufen. (BYSTRINA, I., 1982, S. 57/58).

"Offenkundig steckt die Objektivität irgendwo anders als im semantischen Bereich. Ihr Ort liegt in der Pragmatik der Zeichenprozesse ... aber auch innerhalb der pragmatischen Dimension betrifft die Objektivität als eine wichtige Eigenschaft menschlicher Zeichenhandlungen die Produktion von Aussagen und Texten ... im Bereich der Nachrichtenrezeption können wir von einer Objektivität bzw. Nichtobjektivität nur dann sinnvoll sprechen, wenn die Rezipienten ihre Einstellungen und Intentionen durch Zeichengebung, durch bestimmte Aussagen kundtun, wenn eine Kommunikation zustandekommt, wenn also das Stadium eines reinen Empfangs in dasjenige der

Zeichenproduktion umschlägt" (BYSTRINA, I., 1982, S. 60).

In diesem Sinne der Zeichen-Bildung durch den Rezipienten im kommunikativen Prozeß könnten also die vielen, schnell aufeinander folgenden Schnitte eines Filmberichts in der "Zeichengebung" als "indices" für Objektivität funktioniert haben - bzw. diese "Bedeutung" vom Rezipienten zugewiesen bekommen haben.

Eine direkte Parallele zu dem Befund der Objektivitätszuweisung an das Gestaltungsmittel der schnellen Schnitt-Technik findet sich bei WEMBER: In seiner im Theorie-Teil dieser Arbeit ausführlicher beschriebenen Untersuchung der Gestaltungstechniken von Film-Berichten und Nachrichten-Filmen (vgl. Kapitel "Probleme der Bedeutungsdimensionen filmischer Gestaltungsmittel") hatte er festgestellt, daß in Filmen Einstellungen, die im Original-Rohmaterial lang waren, "auseinandergeschnipselt" worden waren und so eine erhöhte Schnitt-Frequenz resultierte. (Nach derselben Technik des "Auseinanderschnipselns" wurden die unterschiedlichen Film-Versionen der Laborsendung hergestellt, vgl. Kapitel "Produktion der Laborsendung".) Daraufhin von WEMBER befragt, begründeten die Autoren dieser Filme diese Gestaltungsform mit dem Aspekt der Objektivität: "weil ein Ereignis mit seinen vielen verschiedenen Gesichtspunkten und Aspekten in kürzester Zeit gezeigt werden soll" (WEMBER, B., 1976, S. 17).

Somit könnte - bei der notwendigen Einschränkung der Ergebnisse auf die oben beschriebenen Laborbedingungen - das Haupt-Ergebnis der vorliegenden Arbeit als eine empirische Bestätigung des produktanalytisch geführten "Indizienbeweises" von WEMBER interpretiert werden - bezogen auf den Aspekt der Bedeutungszuweisung von "Objektivität" in Zusammenhang mit dem Gestaltungsmittel "Schnitt-Technik": Die vielen schnell hintereinander folgenden Einstellungen könnten beim

Zuschauer "verschiedene Gesichtspunkte und Aspekte" eines Ereignisses assoziieren und damit seine Beurteilung der "Objektivität" begründen. Dies stünde damit in Zusammenhang zu WEMBERs These von gestaltungstechnischen "Schadstoffen" in Informationsfilmen, die das eigentliche Ziel der Information des Zuschauers ins Gegenteil verkehren und damit eine "Verseuchung der Denkwelt" bewirken könnten (WEMBER, B., 1976, S.11).

III.3.4.2 Interpretation der Kovariaten

Mit der Hypothese, daß bestimmte Variablen die Beurteilung der Rezipienten beeinflussen könnten, wurde der Einfluß der Angaben zu Vorwissen zu beiden Themen der Filmberichte, Fernsehnachrichten-Sehgewohnheit, Einstellung zur Entwicklung der "Fernsehlandschaft" "allgemein" und "speziell bezogen auf Fernsehnachrichten" sowie auf das Geschlecht als Kovariaten untersucht.

Ein signifikanter Einfluß einer der genannten Variablen als Kovariate wäre also als Einschränkung der Bedeutung des Ergebnisses zu verstehen: Nicht nur die variierte Gestaltungsform der Laborsendung wäre für das Ergebnis verantwortlich, sondern auch der Einfluß einer Variable, die zur Gestaltungsform in keinem direkten Zusammenhang steht.

Wie die Ergebnis-Darstellung zeigt, wirkten sich alle sechs als mögliche Einflüsse untersuchten Variablen signifikant auf die "Relevanz"-Beurteilung aus. Zwei Variablen (angegebene Vorkenntnis zur Schiffskatastrophe und zum Staatsbesuch) beeinflußten das Empfinden der "Anregung" und ebenfalls zwei Variablen (die Angabe zum Staatsbesuch-Vorwissen und das Geschlecht) beeinflußten die Beurteilung zur "Einfachheit". Diese Ergebnisse werden so interpretiert, daß damit für diese drei Bereiche die Einflüsse der beiden Gestaltungsdimensionen "Größe" und "Schnitt" vom Einfluß der Kovariaten beeinträchtigt werden.

Keine der untersuchten Kovariaten beeinflußte das Ergebnis der "Objektivitäts"-Zuweisung. Mit dieser Kovariaten-Untersuchung können natürlich nicht sämtliche theoretisch denkbaren Einflüsse ausgeschlossen werden. Da allerdings die sechs hier untersuchten Einflußmöglichkeiten ausgeschlossen werden können, wird das Ergebnis der höheren Objektivitäts-Zuweisung auf den Einfluß der schnelleren Schnitt-Folge damit gefestigt. Es wird daher als das Haupt-Ergebnis der vorliegenden Untersuchung anerkannt.

III.3.5 **Zusammenfassende Beurteilung der Ergebnisse**

Generell muß für die Beurteilung der Ergebnisse berücksichtigt werden, daß die Befunde mit der Einschränkung der Gültigkeit aufgrund der beschriebenen Labor-Bedingungen gesehen werden müssen.

Dennoch lassen sich gerade im Rahmen dieser strikten Einschränkungen der Labor-Situation, bei der für die vier Versuchsgruppen eine relativ große Homogenität realisiert werden konnte, Aussagen über die "Wirkungen" der beiden unabhängigen Variablen "Größe" und "Schnitt" machen. "Bei Laborexperimenten ist die interne Validität in hohem Maße gewährleistet, jedoch können die Ergebnisse nicht verallgemeinert werden" (BERGLER, R.; SIX, U., 1979, S. 116). Zur Verdeutlichung werden hier noch einmal einige charakteristische Merkmale der Versuchsgruppe zusammengefaßt:

Die Versuchspersonen sind Studierende aus geisteswissenschaftlichen Studiengängen, ca. zwei Drittel sind Frauen. Über 80% geben an, relativ regelmäßig die Fernsehnachrichten zu verfolgen; dem entsprechen die relativ hohen Angaben zu

Vorwissen über eine Schiffskatastrophe (ca. 95%) und einen Staatsbesuch (ca. 56%), beide Ereignisse lagen zum Untersuchungszeitpunkt 7 Monate zurück. Unerwartet ausgewogen stellt sich die Stichprobe in bezug auf die Meinung zur aktuellen Entwicklung der "Fernsehlandschaft" mit dem Aufkommen privater Veranstalter dar: Befürworter und Gegner halten sich in etwa die Waage, während "speziell bezogen auf Fernseh-Nachrichten-Sendungen" sogar fast 60% die Entwicklung positiv beurteilen. Alle in die Untersuchung einbezogenen Versuchspersonen gehören zu den Fernsehzuschauern mit "normalen" Empfangsmöglichkeiten der öffentlich-rechtlichen Programme.

Mit der Einschränkung der externen Validität aufgrund der hier charakterisierten Stichprobe hat die vorliegende Untersuchung als wesentliches Ergebnis erbracht: In dem beschriebenen Laborexperiment bewirkte das Gestaltungsmittel "schneller Schnitt" in Filmberichten einer Nachrichtensendung eine erhöhte Zuweisung von Objektivität durch die Rezipienten. Diese "Zerschnipselung" von Film-Einstellungen schafft die Illusion der Objektivität. Dieses Ergebnis kann als empirischer Beleg eines wesentlichen Aspektes des seinerzeit von BERNWARD WEMBER produktanalytisch geführten "Indizienbeweises" zur Desorientierung des Zuschauers durch die Technik des schnellen Schnitts gewertet werden (vgl. WEMBER, B., 1976). Da die vorliegende Untersuchung einen erhöhten Objektivitätseindruck dieser Schnitt-Technik auf Zuschauer nachweist, könnte sie damit einen wesentlichen Anhaltspunkt für die manipulative Wirkung der Schnitt-Gestaltungstechnik auf Zuschauer liefern.

Direkt vergleichbare Ergebnisse und Untersuchungsansätze sind bisher nicht bekannt - zumindest nach dem hier vorliegenden Stand des Überblicks über veröffentlichte einschlägige Untersuchungen und nach einer Reihe von Fachgesprächen mit einschlägig wissenschaftlich tätigen Kolleginnen und

Kollegen. Lediglich GERTRUDE J. ROBINSON schreibt in einem kürzlich erschienenen Beitrag zu visuellen Präsentationsformen von Fernsehnachrichten, daß man kaum etwas darüber weiß, wie Objektivität in Fernsehnachrichten visuell dargestellt wird; Untersuchungen würden darauf hindeuten, daß z.B. Neutralität durch einen unpersönlichen Nachrichten-Studioraum visuell suggeriert wird, und Objektivität vermittelt wird "durch das nahtlose Aneinandersetzen von Kommentaren aus dem Studio mit Filmen von außerhalb" (ROBINSON, G.J., 1987, S. 64). Diese syntagmatische Dimension der fernseh-spezifischen Bildverknüpfung hat auch die vorliegende Arbeit untersucht - bezogen auf die Montage-Technik der Filmberichte.

Die Schlußfolgerung der vorliegenden Untersuchung lautet: Die gefundenen Ergebnisse deuten darauf hin, daß Objektivität durch die Suggestion einer Vielzahl visueller Standpunkte vermittelt werden kann, gestaltungstechnisch realisiert wird dies durch eine schnelle Schnittfolge des Bildmaterials von Filmberichten.

Das vorliegende Ergebnis kann zwar nicht als "abgesichert" betrachtet werden, aber es liefert eine interessante Perspektive, die in weiteren Untersuchungsreihen auf ihre Validität überprüft werden müßte und der in der spezifischen Ergründung der Schnitt-Gestaltungstechnik weiter nachzugehen wäre.

IV BEDEUTUNG UND KONSEQUENZEN FÜR DIE MEDIENPÄDAGOGIK

Die vorliegende Arbeit hat sich in ihrem praktischen Untersuchungsansatz auf einen speziellen Aspekt der Wirkung visueller Gestaltungstechnik bezogen. Die vorliegenden Ergebnisse - mit der Einschränkung der weiteren Validierung - liefern jedoch interessante Hinweise, die abschließend in einen medienpädagogischen Zusammenhang gestellt werden.

Die Ergebnisse der Arbeit weisen darauf hin, daß ausgerechnet eins der film-spezifischen Manipulations-Mittel der Gestaltungstechnik "die Montage" in manipulativer Anwendung in Film-Berichten einer Nachrichten-Sendung als "besonders objektiv" beurteilt wird. "Bilder, hat Jean-Luc Godard am Seminar in Lucarno gesagt, sind pazifistisch. Sie wehren sich nicht, wenn man sie zerstört" (zitiert aus JAEGGI, U., 1987, S. 42). Die manipulative Montage gibt sich offensichtlich auch nicht zu erkennen. Die Wirkungszusammenhänge von filmischer Gestaltungstechnik in Fernseh-Nachrichten und der menschlichen Wahrnehmung könnten so bewertet werden: Die Fernsehgestaltung "mißbraucht den Orientierungsreflex. Das Wahrnehmungsangebot im Fernsehen ist geprägt von schnellem Wechsel. Schnitte, Schwenks, Zooms konfrontieren den Zuschauer mit immer wieder andersartigen und neuen Bildern. Auf dieses Fließband der Bilder reagiert der Zuschauer mit einer fortwährenden Orientierungsreaktion, die in eine Orientierungsstarre übergeht. ... Wo das aufmerksame Sehen von visuellen Orientierungsrekorden abgelöst wird, bricht die geistige Verarbeitung zusammen. Die unentwegte Herausforderung des Orientierungsreflexes ist theoriefeindlich, die Orientierungsstarre macht orientierungslos. Kaum jemand ist in der Lage, den Wahrnehmungsstreß, dem wir ausgesetzt sind, sinnvoll zu bedenken. Daher sind wir heute stärker und 'unbedachter' an bildliche Eindrücke gebunden als je zuvor in der Geschichte. ... Die 'unbedachte' Wahrnehmung leistet der Wahrnehmungsgläubigkeit in besonderem Maße Vorschub" (JÖRG, S., 1987, S. 30).

Die Wirkungs-Mechanismen des Massenkommunikationsmediums Fernsehen haben sich zu subtilen, für den Zuschauer meist unbewußten Zusammenhängen entwickelt: "Der englische Kommunikationsforscher DENIS McQUAIL hat die Geschichte der Wirkungsforschung in drei große Phasen unterteilt: Die erste Phase (bis Ende der dreißiger Jahre) ging von der Annahme überaus starker Medienwirkungen, die zweite (bis Ende der sechziger Jahre) von der Annahme schwacher Medienwirkungen und die dritte (noch andauernde) von der Annahme subtiler und eher indirekter Wirkungen aus " (DONSBACH, W., 1987, S. 32).

Während die ersten Zuschauer - zeitgenössischen Berichten zufolge - beim Anblick eines auf sie zufahrenden Zuges auf der Leinwand noch erschreckt aufsprangen (vgl. Kapitel "Historische Entwicklung der Fernsehnachrichten"), scheinen heutige Fernseh-Konsumenten oft wie gebannt vom Bildschirm angezogen zu werden. Die Wirkungen vollziehen sich auf subtileren meist konnotativ und symbolisch vermittelten Kanälen.

"Massenkommunikation als symbolisch vermittelte Interaktion ist so gesehen eine kulturelle oder massenkulturelle Ausdrucksform im Lebensprozeß. Rahmenbedingungen und Grundelemente jeder Massenkommunikation sind demnach der Symbolgehalt des Kommunikats, die sozial erworbene Subjektivität kommunizierender Individuen und die soziokulturelle Struktur ihrer Lebensform" (MÜLLER-DOOHM, S., 1987, S. 197).

Um nicht mißverstanden zu werden: Es kann nicht um das Beklagen von möglichen negativen Wirkungen des Fernsehens oder gar um eine Verteufelung von Massenmedien gehen. Sie bilden einen wesentlichen Bestandteil unserer heutigen Kommunikationsgesellschaft und bergen wie jedes Medium neben Grenzen und Risiken auch phantastische Möglichkeiten und Chancen. Wissen, Information und damit Macht in den Händen - bzw.

Köpfen - einiger weniger hat im Laufe der menschlichen Geschichte fast immer verheerende Folgen gehabt. Die breite Verfügbarkeit von Wissen und die Zugänglichkeit von Information ist eine der wesentlichen Voraussetzungen für eine funktionierende Demokratie. Massenmedien erfüllen dabei eine wichtige Funktion, dies gilt für Nachrichten, Berichte und Dokumentationen ganz besonders. Allerdings gehört zum Umgang mit Medien auch eine adäquate Kompetenz. Daß einem Analphabeten auch die lehrreichsten Bücher nutzlos bleiben, ist unumstritten; daß aber Chancen und Gefahren für einen Fernsehzuschauer auch etwas mit kommunikativer Kompetenz zu tun haben könnten, wird erst in Fachkreisen allmählich akzeptiert.

"In der bisher relativ kurzen Geschichte der Medienpädagogik lassen sich im Überblick verschiedene grundsätzliche Ansätze skizzieren:

1. Der Ansatz der 'Bewahrung' geht von traditionellen bürgerlichen Qualitätsvorstellungen und Bildungsnormen aus, wobei Fernsehen, Massenpresse, Trivialliteratur und Unterhaltungsmusik als minderwertig kritisiert werden; Jugendliche sollen vor ihren schädlichen Einflüssen bewahrt werden.

2. Der Ansatz der 'Immunisierung' geht aufgrund seiner 'Manipulations-Kritik' davon aus, daß Zuschauer durch Aufklärung über Techniken und Verfahren der medialen Manipulation gegenüber den spezifischen Möglichkeiten der audiovisuellen Medien mit ihren Authentizität suggerierenden Gestaltungsmitteln immun gemacht werden sollen.

3. Der Ansatz der 'Ideologie- und Gesellschaftskritik' geht von der Frage aus , wer mit welchen Interessen beeinflußt, und in welchen gesellschaftlichen Produktions- und Verteilungs-Zusammenhängen und Abhängigkeiten die Medien stehen.

4. Der Ansatz der 'Kommunikationslehre' geht über die tradi-

tionelle Medienerziehung zum 'mündigen Rezipienten' hinaus; auf dem Hintergrund der gesellschaftlichen Zusammenhänge und Kommunikationsprozesse wird als Ziel die Vermittlung einer 'kommunikativen Kompetenz' formuliert.

Betrachtet man die Zielvorstellungen der oben umrissenen vier Ansätze, so könnte man aus jedem Bereich sinnvolle Forderungen ableiten. Wer wollte nicht die Jugendlichen vor schädlichem Einfluß bewahren - einmal unterstellt, daß es auch aus moderner Sicht solche Medien-Produkte tatsächlich gibt; wem sollte nicht daran gelegen sein, über Manipulations-Techniken aufzuklären, gesellschaftliche Interessen und Abhängigkeiten bewußt zu machen und kommunikative Kompetenz zur aktiven Teilnahme an unserer Kommunikationsgesellschaft zu fördern?" (GRAEBE, H., 1988, S. 12; vgl. BAACKE, D. 1979; ISSING, L.J., 1987).

In der Medienpädagogik scheint es nicht an theoretischen Ansätzen zu mangeln (vgl. ISSING, L.J., 1987); die Beziehung von Kindern und Jugendlichen zu Medien sind wissenschaftlich untersucht worden (vgl. AUGST, G.; Völzing, P.-L., 1980; BERGLER, R.; SIX, U., 1979; STURM, H.; BROWN, J.R., 1979; STURM, H.; GREWE-PARTSCH, M.; SAXER, U.; BONFADELLI, H.; HÄTTENSCHWILER, W.; AMMAN, G.; DOELKER, C., 1979; GROEBEL, J., 1986; SPANHEL, D., 1987), Konzepte der pädagogischen Medienanalyse (WEMBER, B., 1972 und 1976), der rezeptiven medienpädagogischen Arbeit (SCHORB, B.; THEUNERT, H., 1979; SCHORB, B., 1982), der medienaktiven Arbeit mit Kindern (ERLINGER, H.D.; JOCHENS, B., 1979; BARTHELMES, J.; HERZBERG, I.; NISSEN, U., 1983a/b und 1984) und Jugendlichen (vgl. FUNKE, J., 1970 ; SAUTER, R., 1980; JUGENDFILMCLUB KÖLN, 1985; INSTITUT JUGEND FILM FERNSEHEN, 1987) sind vorgelegt worden. Es ist notwendig, daß in der Ausbildung von Pädagogen auch die praktische Auseinandersetzung mit Medien im Rahmen der Medienpädagik einen angemessenen Stellenwert einnimmt (vgl. BERING, L., 1983; GRAEBE, H. 1988). Der Einsatz von geeigneten Medienmaterialien erleichtert die Auseinandersetzung, die z.B. speziell zu Fernsehnachrichten durchaus existieren (vgl. BRÄUTIGAM, V., 1982; WDF, 1986).

Es geht um Konzepte, die einem "allmählichen Verschwinden der Wirklichkeit" entgegenwirken (vgl. HENTIG, H. von, 1984) und selbstbestimmte Teilnahme an der Kommunikationsgesellschaft fördern. "Medienpädagogik ist 'Erziehung zu einer sinnvollen Mediennutzung, d.h. zu einer der jeweiligen Situation der betroffenen Individuen entsprechenden Mediennutzung'" (STURM, H., 1986, S. 41). In diesem Rahmen muß der aktiven, produktiven Medienarbeit ein besonderer Stellenwert eingeräumt werden. Wer in seiner Schulzeit einmal an der Herstellung einer Schülerzeitung mitgearbeitet hat, wird in der Regel Presse-Erzeugnisse "mit anderen Augen" betrachten. Wer einmal das Gestaltungs-Mittel der Film-Montage z.B. in einer selbsterstellten Reportage eingesetzt hat, ist ein kompetenterer Fernsehnachrichten-Zuschauer (vgl. GRAEBE, H.; RUFF, A.; UMBACH, K., 1983, S. 30). "Die oft beklagte Hilflosigkeit der pädagogischen Praxis scheint uns nicht in einem Mangel an medienpädagogischen Theorien begründet, sondern deutet vielmehr die vielschichtige Problematik an, praktische Ansätze im pädagogischen Alltag zu realisieren. Das Engagement in der pädagogischen Praxis für emanzipatorische Ziele in der Kommunikationserziehung erfordert neben der Kenntnis der theoretischen Grundsätze vor allem eine medienpraktische Kompetenz" (GRAEBE, H., 1988, S. 13).

Typischerweise wird medienpädagogische Arbeit fast automatisch auf Kinder und Jugendliche projiziert. Lesen und Schreiben wird zwar auch in der Regel in jungen Jahren erlernt, aber der aktive Umgang mit diesen Kulturtechniken prägt das ganze Leben. Unabhängig davon, ob nun die Prognosen sich erfüllen werden, nach denen wir zur Zeit einen Kultur-Bruch von der Wort- und Buch-Kultur zu einer Bild- und Ton-Kultur erleben (vgl. POSTMAN, N., 1983 und 1985), Fernseh-Sendungen und insbesondere Fernsehnachrichten haben einen wichtigen Stellenwert in unserem Alltag. Je mehr der einzelne über Hintergründe, Zustandekommen, Produktionsmechanismen und Wirkungen weiß (vgl. WINTERHOFF-SPURK, P., 1986), um so größer sind seine Voraussetzungen zu kompetenter und selbstbestimmter Anteilnahme an medialer Kommunikation - und dies gilt gleichermaßen für die Produzenten- wie für die Rezipienten-Rolle.

Wenn WALTER BENJAMIN prophezeit "nicht der Schrift-, sondern der Fotografieunkundige, wird der Analphabet der Zukunft sein" (BENJAMIN, W., 1966, S. 246), so darf die Vermittlung von kommunikativer Kompetenz hier nicht mißverstanden werden als bloße Bekämpfung eines sogenannten "visuellen Analphabetismus" (vgl. KÜBLER, H.D., 1983).

"Wer die Sprache des Films nicht beherrscht, der ist sich der ideologischen Implikate des Films nicht bewußt; er kann Ideologie nicht erkennen, sondern muß annehmen, daß das, was der Film sagt, ihm von der Wirklichkeit gesagt wird: er meint, durch ein Fenster zu schauen, und sieht in ein Schaufenster (FAROCKI, H.; BITOMSKY, H., zitiert nach KNILLI, F.; REISS, E., 1971, S. 30). Für den Rezipienten geht es hierbei nicht in erster Linie um die fachliche Kompetenz im Sinne der "visuellen Kommunikation" (vgl. MÖLLER, H.R., 1971), die filmische Gestaltungsform in ihre Einzelteile "sezieren" und in ihrer "Regelhaftigkeit" verstehen und "benutzen" lernt (vgl. BENTELE, G., 1978, S. 377 und 1979, S. 25). Wenn aber die Ergebnisse der vorliegenden Untersuchung WEMBERs These von einer "Verseuchung" der Nachrichten-Filmgestaltung durch "Schadstoffe" unterstützen, muß daraus eine Konsequenz erwachsen: auf seiten der Produzenten, die sich ihrer eigentlichen Zielsetzung der Information verpflichten - und auf seiten der Rezipienten, deren Beurteilung und Bedeutungszuweisung prägend sein kann; denn eine sich verselbständigende

Form der Gestaltung "zerstört auf die Dauer die Wahrnehmung der Zuschauer" (WEMBER, B., 1976/1983 S. 171).

Aufgrund ihrer These von der "fehlenden Halbsekunde", die besagt, daß rasante medienspezifische Gestaltungsformen wie z.B. schnelle Schnitte und rasche Standortwechsel eine "zuschauerunfreundliche" Mediendramaturgie darstellen, die die zur Informationsverarbeitung erforderliche innere Verbalisierung und Benennung erschwert, fordert HERTA STURM eine "zuschauerfreundliche Mediendramaturgie ... mit dem kenntnisreichen Bedenken der Wahrnehmungskapazitäten und Wahrnehmungsstrategien der Zuschauer" (STURM, H., 1984, S. 65; vgl. STURM, H.; VITOUCH, P.; GREWE-PARTSCH, M., 1986).

Bis auf wenige Ausnahmen sind solche Forderungen von Medienpraktikern bisher selten unterstützt worden (vgl. WEMBER, B., 1983).

Daher muß für die Rezipienten die Notwendigkeit einer Form der kommunikativen Kompetenz unterstrichen werden, die "Information und Gestaltung" gleichermaßen als mediale Äußerung anderer Individuen begreift, welche aufgrund der ihnen eigenen Bedingungen und Intentionen zustandekommt.

Es bleibt die Hoffnung, daß am Bespiel "Fernsehnachrichten" die vorliegende Arbeit dazu einen bescheidenen Beitrag erbringen konnte.

V ZUSAMMENFASSUNG

Die Arbeit befaßt sich mit Form und Wirkung visueller Gestaltungstechnik von Fernsehnachrichten-Sendungen.

Nach dem theoretischen Überblick zur Fernsehnachrichten-Praxis und -Forschung sowie zur medialen Kommunikation und Gestaltung werden in einer Voruntersuchung die Anfangsphasen der Nachrichten vier verschiedener Sender produkt- und rezeptionsanalytisch untersucht. Auf der Produkt-Seite kristallisieren sich unterschiedliche Gestaltungsformen vor allem hinsichtlich der Einstellungs-Größe und -Länge heraus, die Rezeptionsanalyse ergibt signifikante Wirkungs-Unterschiede in der Zuschauer-Beurteilung hinsichtlich "Zuneigung", "Seriösität" und "Verständlichkeit".

Auf dem Hintergrund der Erkenntnisse der Voruntersuchung wird in der Hauptuntersuchung eine Laborsendung produziert, die in vier Versionen die "Einstellungs-Größe" (Bildausschnitt) und "Einstellungs-Länge" (Schnitt) variiert. Die Rezeptionsanalyse ergibt nach einer standardisierten Befragung mittels eines in der Voruntersuchung entwickelten Semantischen Differentials an 256 Versuchspersonen unter Laborbedingungen varianzanalytisch eine signifikant höhere Zuweisung von "Objektivität" an die Sendungs-Version mit kurzen Schnitten. Dieses Ergebnis wird im Sinne der "Zeichenbildung" und "Bedeutungszuweisung" interpretiert: Die vielen, schnell aufeinander folgenden Einstellungen scheinen als "Indiz für verschiedene Standorte und Aspekte" - für "Objektivität" - funktioniert zu haben.

Als Konsequenz für die Medienpädagogik wird die Notwendigkeit einer "kommunikativen Kompetenz" begründet im Rahmen des Erlernens von rezeptivem und produktivem Umgang mit einer "audiovisuellen Kulturtechnik".

IV LITERATUR-VERZEICHNIS

ABEND, M.: Die Tagesschau. Zielvorstellungen und Produktionsbedingungen. Rundfunk und Fernsehen, 22. Jg., 2/1974

ABEND, M.: Ein kleiner Schritt auf einem langen Weg. In: Publizistik 4/1977, S. 419-436

ABEND, M.: "Hast Du sie zittern sehen?" Das Objektivitätsproblem in der Nachrichten-Praxis. In: BENTELE, G.; RUOFF, R. (Hrsg.): Wie objektiv sind unsere Medien? Frankfurt a.M. 1982

ADORNO, T.W.: Prolog zum Fernsehen. Fernsehen als Ideologie. In: Neun kritische Modelle. Frankfurt a.M. 1963

ALBRECHT, G.: Nationalsozialistische Filmpolitik. Eine soziologische Untersuchung über die Spielfilme des Dritten Reichs. Stuttgart 1969

ALBRECHT, H.: Sprachbarrieren vor dem Bildschirm. Schichtspezifische Hindernisse des Fernsehens am Beispiel der Tagesschau. In: Rundfunk und Fernsehen. 20, 1972, S. 287-305

ALTHEIDE, D.: Creating Reality. Beverly Hills 1976

APPELDORN, W. van: Die optische Revolution. Die Zukunft der visuellen Medien - Diagnose und Prognose. Reinbeck 1972

APPELDORN, W. van: Handbuch der Film- und Fernsehproduktion. Psychologie - Gestaltung - Technik. München 1984

ARGYLE, M.: Social Interaction. London 1969

ARGYLE, M.: Bodily Communication. London 1975

ARGYLE, M.; HENDERSON, M.; FURNHAN, A.,: The rules of social relationship, British Journal of Social Psychology, 24, 1985, 125-139

ARMBRUSTER, B.; BAACKE, D.; KÜBLER, H.-D.; STOFFERS, M.: Neue Medien und Jugendhilfe. Analysen - Leitlinien - Maßnahmen. Neuwied 1985

ARNHEIM, R.: Film als Kunst. Frankfurt a.M. 1979

ARNOLD, B.-P.: Nachrichtenwert und Nachrichtenauswahl. Anmerkungen aus der Sicht der Praxis. In: Media Perspektiven 1/1982

AUFERMANN, J.: Journalistische Objektivität und Programmausgewogenheit. In: BENTELE, G.; RUOFF, R. (Hrsg.): Wie objektiv sind unsere Medien? Frankfurt a.M. 1982

AUGST, G; FENNER, M.L.; KAUL, E.: Kinder vor dem Bildschirm. MuK 2, Gesamthochschule Siegen 1979

AUGST, G., SIMON, H.; WEGNER, I. (Hrsg.): Die Verständlichkeit von Fernsehtexten. MuK., Veröffentlichungen des Forschungsschwerpunkts Massenmedien und Kommunikation. Universität-GH Siegen 1982

AUGST, G., SIMON, H.; WEGNER, I.: Wissenschaft im Fernsehen - verständlich? Produktion und Rezeption der Wissenschaftssendung "Fortschritt der Technik - Rückschritt der Menschen?" unter dem Blickwinkel der Verständlichkeit. Frankfurt a.M. 1985

AUGST, G.; VÖLZING, P.-L.: Kind und Fernsehen. Theoretische und empirische Untersuchungen zum Kinderfernsehen. Opladen 1980

AUSUBEL, D.P.: The Use of Advance Organizers in the Learning and Retention of Meaningful Verbal Material. Journal of Educational Psychology 51, 5/1960 267-272

AYLWARD, T.J.: A study of the effect of production technique on a televised lecture. Dissertation Abstracts, Vol. 21, 1960

BAACKE, D.: Kommunikation und Kompetenz. Grundlagen einer Didaktik der Kommunikation und ihrer Medien. München 1973

BAACKE, D.: Produktanalysen und Rezipienten, oder: Kritische Modelle der Medien-Analyse, bis heute für sich geblieben. In: PROKOP, D. (Hrsg.): Massenkommunikationsforschung. 3. Produktanalysen, Frankfurt a.M. 1977

BAACKE, D.: "Medienpädagogik" unter den Konstitutionsbedingungen sozialwissenschaftlicher und medientheoretischer Annahmen. In: WODRASCHKE, G. (Hrsg.): Medienpädagogik und Kommunikationslehre. Schriftenreihe der deutschen Gesellschaft für Publizistik und Kommunikationswissenschaft, 4, München 1979

BAGGALEY, J.: Psychology of the TV image. Westmead, Farnborough 1980

BAGGALEY, J.P.; DUCK, S.W.: Communication effectiveness in the educational media. In: BAGGERLEY, J.P.; JAMIESON, G.H.; MARCHANT, H. (eds.): Aspects of Educational Technology, Vol. 8, Bath, Pitman, 1975

BALAZS, B.: Der Film. Werden und Wesen einer neuen Kunst. Wien 1972

BALLSTAEDT, S.-P.: Eine Inhaltsanalyse zum Filmjournalismus bei "heute" und "Tagesschau". In: Publizistik. 22, 1977, S.443-449

BALLSTAEDT, S.-P.: Grenzen und Möglichkeiten des Filmjournalismus in der aktuellen Berichterstattung. In: Rundfunk und Fernsehen 25, 1977a, 213-229

BALLSTAEDT, S.-P.: Nachrichtensprache und Verstehen. In: KREUZER, H. (Hrsg.): Fernsehforschung - Fernsehkritik. Göttingen 1980

BALLSTAEDT, S.-P.; ESCHE, A.: Nachrichtensprache und der Zusammenhang von Text und Bild. In: Rundfunk und Fernsehen 24, 1976, 109-113

BALLSTAEDT, S.-P.; HINKELBEIN, S.: Alltagsfern, oberflächlich und unverständlich. In: Psychologie heute, 9, 1976

BALLSTAEDT, S.P.; MANDL, H.; SCHNOTZ, W.; TERGAN, S.O.: Texte verstehen, Texte gestalten. München 1981

BARTHELMES, J.; HERZBERG, I.; NISSEN, U.: Kind und Fernsehen. Materialien zur medienpädagogischen Aus- und Fortbildung von Erziehern, Band 1, Deutsches Jugendinstitut (Hrsg.), München 1983a

BARTHELMES, J.; HERZBERG, I.; NISSEN, U.: Pädagogische Arbeit mit Filmen und Fernsehsendungen. Materialien zur medienpädagogischen Aus- und Fortbildung von Erziehern, Band 3, Deutsches Jugendinstitut (Hrsg.), München 1983b

BARTHELMES, J.; HERZBERG, I.; NISSEN, U.: Wie wird Fernsehen gemacht? Materialien zur medienpädagogischen Aus- und Fortbildung von Erziehern, Band 2, Deutsches Jugendinstitut (Hrsg.), München 1984

BAUER, W.; BAUR, E.; KUNGEL, B.: Vier Wochen ohne Fernsehen. Berlin 1976

BAUSCH, H.: Bemerkungen zu den Gutachten zur Fernsehforschung. In: HANS-BREDOW-INSTITUT an der Universität Hamburg (Hrsg.): Fernsehforschung in der Bundesrepublik Deutschland. Rundfunk und Fernsehen, Sonderheft 1972

BELSON, W.A.: The Impact of TV-Methods and Findings in Program Research. London 1967

BENESCH, H.: Experimentelle Psychologie des Fernsehens. München 1968

BENJAMIN, W.: Kleine Geschichte der Fotografie. In: BENJAMIN, W.; Angelus Novus. Frankfurt a.M. 1966

BENSE, M.: Semiotik. Allgemeine Theorie der Zeichen. Baden-Baden 1967

BENSE, M.: Einführung in die informationstheoretische Ästhetik. Hamburg 1969

BENSE, M.: Semiotische Prozesse und Systeme in Wissenschaftstheorie und Design, Ästhetik und Mathematik. Baden-Baden 1975

BENSE, M.: Semiotik. In: BRAUN, E.; RADEMACHER, H.: Wissenschaftstheoretisches Lexikon. Graz 1978

BENTELE, G.: Aufgaben der Filmsemiotik. In: Publizistik. 23. Jg, 4, 1978

BENTELE, G.: Bemerkungen zur Filmsemiotik und semiotischer Filmanalyse. In: Medien und Erziehung. 23. Jg., 1, 1979

BENTELE, G.: Objektivität in den Massenmedien - Versuch eieiner historischen und systematischen Begriffsklärung. In: BENTELE, G.; RUOFF, R. (Hrsg.): Wie objektiv sind unsere Medien? Frankfurt a.M. 1982

BENTELE, G.: Die Entwicklung ikonischer Formen. In: REIMERS, K.F. (Hrsg.): Zeichenentwicklung - Bedeutungswandel - Handlungsmuster. Zur Semiotik und Ästhetik sozialer Kommunikation. Kommunikation audiovisuell, Beiträge aus der Hochschule für Fernsehen und Film München, Band 5, München 1983

BERELSON, B.: Content Analysis in Communication Research. New York 1952

BERELSON, B.; LAZARSFELD, P.: The Analysis of Communication Content. Chicago 1948

BERGER, P.; LUCKMANN, T.: Die gesellschaftliche Konstruktion der Wirklichkeit. Frankfurt a.M. 1970

BERGHAUS, M.: Inhaltsanalyse von Fernsehsendungen. In: Rundfunk und Fernsehen, 1974, 3-4, S. 330- 356

BERGLER, R.: Einführung. In: BERGLER, R. (Hrsg.): Das Eindrucksdifferential. Theorie und Technik. Bern 1975

BERGLER, R.; SIX, U. : Psychologie des Fernsehens. Wirkungsmodelle und Wirkungseffekte unter besonderer Berücksichtigung der Wirkung auf Kinder und Jugendliche. Bern 1979

BERING, L.: Filmemachen in sozialpädagogischer Berufsausbildung. Frankfurt a.M. 1983

BERNSTEIN, B.: Soziale Stuktur, Sozialisation und Sprachverhalten. Amsterdamm 1970

BERNSTEIN, B.: Studien zur sprachlichen Sozialisation. Frankfurt a.M. 1981

BERRY, C.; GUNTER, B.; CLIFFORD, B.: Nachrichtenpräsentation im Fernsehen: Faktoren, die die Erinnerungsleistung der Zuschauer beeinflussen. In: Media Perspektiven, 10, 1980

BESSLER, H.: Hörer- und Zuschauerforschung. Rundfunk in Deutschland, Bd. 5 .Hrsg.: BAUSCH, H., München 1980

BESSLER, H.; FRANK, B.: Fernsehnachrichten im Spiegel kontinuierlicher Zuschauerforschung. In: Publizistik, 4, 1977

BINKOWSKI, J.: Mit den Massenmedien leben. Möglichkeiten und Grenzen der Manipulation. Schweinfurt 1970

BIRDWHISTELL, R.L.: Kinesik. In: SCHERER, K.R.; WALLBOTT, H. (Hrsg.): Nonverbale Kommunikation. Weinheim 1979

BLUMLER, J.G.; KATZ, E. (Eds.): The Uses of Mass Communication, Beverly Hills, London 1974

BONFADELLI, H.: Zur "increasing knowledge gap" Hypothese. In: Buch und Lesen, Bertelsmann Texte 7, Gütersloh 1978

BONFADELLI, H.: Neue Fragestellungen in der Wirkungsforschung: Zur Hypothesese der wachsenden Wissenskluft. In: Rundfunk und Fernsehen. 28, 1980, 173-193

BOORSTIN, D.J.: From News-Gathering to News Making. A Flood of Pseudo Events. In: SCHRAMM, W.; ROBERTS, L. (eds.): The Process and Effects of Mass Communication. London 1971

BOSSHART, L.: Untersuchungen zur Verstehbarkeit von Radio- und Fernsehsendungen. In: Rundfunk und Fernsehen. 24, 1976, 197-209

BRÄUTIGAM, V.: Die Tagesschauer. Ein Tagesschau-Redakteur berichtet. Hamburg 1982

BRECHT, B.: Radiotheorie 1927-1932. In: BRECHT, B.: Gesammelte Werke, Bd. 18, Frankfurt a.M. 1967

BREDERECK-LUH, B.; HARTING, N.: Die Sache mit der Nachricht. Praxis Schulfernsehen 124, Nov. 1986

BRENTANO, B.: Fernsehnachrichten im Video-Test. Untersuchungen zur audio-visuellen Vermittlungslehre. Diss., FU Berlin 1984

BROWN, R.: Warum Kinder das Fernsehen und andere Medien nutzen. In: Media Perspektiven. 3, 1977

BUNDESMINISTERIUM FÜR DAS POST- UND FERNMELDEWESEN: Telekommunikationsbericht, Bericht der KtK, Bonn 1976

BURKART, R.; VOGT, U.: Richten nach Nachrichten? Eine Rezeptionsanalyse von TV-Nachrichten. Wien 1983

BURRICHTER, C.: Fernsehen und Demokratie. Zur Theorie und Realität der politischen Information des Fernsehers. Bielefeld 1970

BUSCOMBE, E. (ed.): Football on Television. British Film Institute TV Monograph 4, London 1975

BUSELMEIER, K.: Zur Diskussion über Fernsehwirkung. In: BUSELMEIER, M. (Hrsg.): Das glückliche Bewußtsein. Darmstadt 1974

BUSS, M.; DARKOW, M.: Der Weg zur GfK-Fernsehforschung. In: Media Perspektiven. 2, 1984

BUSSE, M.; WÖRDEMANN, F.: Wer die Show hat, hat die Macht. Politik und Fernsehen. Teil 2: Bundesrepublik Deutschland. Stern-TV/ZDF (Fernsehsendung) 1982

BYSTRINA, I.: Objektivität und Parteilichkeit. In: BENTELE, G.; RUOFF, R. (Hrsg.): Wie objektiv sind unsere Medien? Frankfurt a.M. 1982

CHANEY, D.: Process of Mass Communication. Macmillan, London 1972

CHARLTON, M.; NEUMANN, K.: Strukturanalytische Rezeptionsforschung. In: medium 3/1987, S. 36

COBIN, M.T.; McINTYRE, C.J.: The Development and Application of a New Method to Test the Relative Effectiveness of Specifical Visual Production Techniques for Instructional Television. University of Illinois, Urbana 1961

COHEN, AKIBA A.; WIEGAND, R.T.; HARRISON, R.P.: The effects of Emotion. Arousing Events of Children's Learning from TV News. In: Journalism Quaterly, 53/1976, 204-210

DAHLGREN, P.: Die Bedeutung von Fernsehnachrichten. Eine ethnographische Perspektive. In: Rundfunk und Fernsehen 31, 1983, S. 307-318

DAHLMÜLLER, G.; HUND, W.D.;KOMMER, H.: Kritik des Fernsehens. Darmstadt 1973

DARSCHIN, W.: Fernsehgewohnheiten und Fernsehverhalten. Teleskopie - Ergebnisse zum Zuschauerverhalten im Jahre 1980. In: Media Perspektiven, 4, 1981

DARSCHIN, W.; FRANK, B: Tendenzen im Zuschauerverhalten. Ergebnisse der GfK-Fernsehforschung für das Jahr 1985. Media Perspektiven 4, 1986

DARSCHIN, W.; FRANK, B.: Tendenzen im Zuschauerverhalten. Fernsehgewohnheiten und Fernsehreichweiten im Jahre 1986. In: Media Perspektiven 4, 1987

DAVEY, K.: Report of the special senate committee on mass media. Vol. 1, The uncertain mirror. Ottawa 1970

DEHM, U.; KLINGLER, W.: Programmvielfalt versus Programmnutzung. Ergebnisse einer Tagebuchuntersuchung im Kabelpilotprojekt Ludwigshafen-Vorderpfalz. In: Media Perspektiven 6, 1985

DIMMICK, J.W.; McCAIN, TH.A.: Use of the Mass Media: Patterns in the Life Cycle. In: American Behavioral Scientist. Vol. 23, 1979 Sept./Oct., No.1

DOETZ, J.: Pläne und Erfahrungen mit SAT 1. In: KAISER, W. (Hrsg.): Kabel, Satellit, Broadcast / Telematica 86. Kongreßband Teil 3. München 1986

DONSBACH, W.: Abkehr von globalen Fragen. Zum Stand der Medienwirkungsforschung. W&M. Weiterbildung und Medien. 6, 1987

DRESCHER, S.: Wirkung des Fernsehens als Quelle aktueller Information. In: Publizistik. 14, 1969, 173-184

DREW, D.G.; GRIMES, T.: Audio-Visual Redundancy and TV News Recall. In: Communication Research. Sage Publications Inc., Vol. 14, No. 4/1987, 452-461

DRÖGE, F.W.: Einige Voraussetzungen für die Wirksamkeit politischer Meinungsbildung durch das Fernsehen. In: LONGOLIUS, G. (Hrsg.): Fernsehen in Deutschland I, Mainz 1967

DRÖGE, F.: Wissen ohne Bewußtsein. Frankfurt a.M. 1972

DRÖGE, F.: Zur Kritik der publizistischen Wirkungsforschung. In: DRÖGE, F.; WEISSENBORN, R.; HAFT, H.: Wirkungen der Massenkommunikation. Frankfurt a.M. 1973

DRÖGE, F.: Medien und gesellschaftliches Bewußtsein. In: BAACKE, D. (Hrsg.): Kritische Medientheorien. München 1974

DRÖGE, F.; GÖBBEL, N.: Gutachten zur Fernsehforschung in der Bundesrepublik. Kommunikationsforschung - Von der Ideologiekritik zur Einheit von Theorie und Praxis. In: HANS-BREDOW-INSTITUT an der Universität Hamburg (Hrsg.): Fernsehforschung in der Bundesrepublik Deutschland. Rundfunk und Fernsehen, Sonderheft 1972

DRÖGE, F.; WEISSENBORN, R.; HAFT, H.: Wirkungen der Massenkommunikation. Frankfurt a.M. 1973

ECO, U.: Einführung in die Semiotik. München 1972

EGE, K.: Dünne Ausbeute. Was das US-Publikum von den Fernsehnachrichten begreift. In: medium 3, 1987

ENIGMA. Institut für Markt- und Sozialforschung J. IGNACZAK KG: Nachrichtensendungen im Hörfunk. Qualitative Leitstudie. Wiesbaden November 1974

ENZENSBERGER, H.M.: Scherbenwelt. Die Anatomie einer Wochenschau. In: ENZENSBERGER, H.M.: Einzelheiten. Frankfurt a.M. 1962

ERLINGER, H.D.; JOCHENS, B.: Filmarbeit mit Kindern. Auch ein Beitrag zur Mediendidaktik. MuK Band 5, Veröffentlichungen des Forschungsschwerpunkts Massenmedien und Kommunikation an der Gesamthochschule Siegen 1979

FABIAN, R.: Nachrichten werden gemacht. In: HÖGY, T.; WEISS, H. (Hrsg.): Wirkungen der Massenmedien, Frankfurt a.M. 1974

FAROCKI, H.: Über die Arbeit mit Bildern im Fernsehen. In: HOVEN, H. (Hrsg.): Guten Abend: Hier ist das deutsche Fernsehen. Zur Sprache der Bilder. Darmstadt 1986

FAULSTICH, W.: Einführung in die Filmanalyse. Literaturwissenschaft im Grundstudium 1, Tübingen 1980

FENK, A.: "Ein Bild sagt mehr als tausend Worte ... ?" Lernleistungsunterschiede bei optischer, akustischer und optisch-akustischer Präsentation von Lehrmaterial. In: AV-Forschung, Bd. 23, 1980

FINDAHL, O.; HÖIJER, B.: Effects of additional verbal information on retention of a radio news program. In: Journalism Quaterly, 52, 1975, 493-498

FINDAHL, O.; HÖIJER, B.: Nachrichten-Sendungen - wie werden sie verstanden? Ergebnisse aus einem langfristigen Untersuchungsprojekt. In: Fernsehen und Bildung. 13. Jg, Heft 1-2, 1979

FRANK, B.: Einschalt- und Sehverhalten 1985. In: ZDF Jahrbuch 85. Mainz 1986

FRANK, B.; KLINGLER, W.: Der zweite "Fernsehmarkt". Ergebnisse der SWF/ZDF-Kabelpilotforschungen Ludwigshafen/Vorderpfalz 1984 bis 1986. In: Media Perspektiven. 12, 1986

FRANK, B.; KLINGLER, W.: Die veränderte Fernsehlandschaft. Zwei Jahre ARD/ZDF-Begleitforschung zu den Kabelpilotprojekten. Schriftenreihe Media Perspektiven Nr. 7, Frankfurt a.M. 1987

FRANK, H.G.: Kybernetik und Philosophie. Materialien und Grundriß zu einer Philosophie der Kybernetik. Berlin 1966

FRISCHKNECHT, J.: McDonaldisierung des Äthers. In: Film und Fernsehen. Hrsg: Verband der Film- und Fernsehschaffenden der DDR. Berlin, 9, 1987

FUCHS, A.: Das Eindrucksdifferential als Instrument zur Erfassung emotionaler Bedeutungsprozesse. In: BERGLER, R. (Hrsg.): Das Eindrucksdifferential. Theorie und Technik. Bern 1975

FÜHLAU, I.; WOHLERS, H.: Tagesschauerliches aus Hamburg. Vom Gebrauchswert der Studie des Hans-Bredow-Instituts zu "Nachrichtensendungen im Fernsehen". In: Publizistik, 22, 1977, 397-402

FUNKE, J.: Fernsehen im Unterricht. Zur Didaktik und Methodik der visuellen Erziehung. Stuttgart 1970

FURU, T.: The Function of Television for Children and Adolescents. Tokyo 1971

FWU, Institut für Film und Bild in Wissenschaft und Unterricht. Beiheft zu "Die Welt und das Fernsehen". Grünwald 1974

GALTUNG, J.; RUGE, H.M.: The Structure of Foreign News. The Presentation of the Congo, Cuba and Cyprus Crisis in Four Norwegian Newspapers. In: Journal of Peace Research, Vol. 2, 1965, S. 64- 91

Gebr. GRIMM, J. u. W.: Deutsches Wörterbuch, Bd. VII, Leipzig 1889

GEYER, M.: Nachrichten und gesellschaftliche Interessen - Überlegungen zu einer öffentlich-rechtlichen Misere. In: SCHMIDT, H.; PAETZOLDT, U. (Hrsg.): Solidarität gegen Abhängigkeit - auf dem Weg zur Mediengewerkschaft. Neuwied-Darmstadt 1973

GIESE, H.-J.: Die Film-Wochenschau im Dienste der Politik. Dresden 1940

GLASER, W.R.: Varianzanalyse. Stuttgart 1978

GLASGOW UNIVERSITY MEDIA GROUP: Bad news. London 1976

GLASGOW UNIVERSITY MEDIA GROUP: More bad news. London 1980

GLOTZ, P.; LANGENBUCHER, W.R.: Rundfunkforschung in der Bundesrepublik Deutschland. Eine Expertise. In: HANS-BREDOW-INSTITUT an der Universität Hamburg (Hrsg.): Fernsehforschung in der Bundesrepublik Deutschland. Rundfunk und Fernsehen, Sonderheft 1972

GOFFMAN, E.: Rahmen-Analyse. Ein Versuch über die Organisation von Alltagserfahrungen. Frankfurt a.M. 1977

GRAEBE, H.; RUFF, A.; UMBACH, K.: Videoproduktion aus medienpädagogischer Sicht. Workshop-Dokumentation. (Univ.-Bibliothek) Essen 1983

GRAEBE, H.: Medienpädagogik, kreativ. In: W & M, Weiterbildung und Medien. 1, 1988

GRANEY, M.J.: Communication Uses and the Social Activity Constant. In: Communication Research Vo. 2 1975, 347-366

GREULICH, H.: Manipulation im Fernsehen. In: BAACKE, D. (Hrsg.): Mediendidaktische Modelle: Fernsehen. München 1973

GRITCHLEY, J.: From: The Times, December 27th, 1969. In: BERRY, R. (ed.): Communication through the Mass Media. London 1971

GROEBEL, J.: Medien und Gewalt. In: SCHULZ, W.: Medienwirkungsforschung in der Bundesrepublik Deutschland. Deutsche Forschungsgemeinschaft/ Kommission für Medienwirkungsforschung, Teil 1, Weinheim 1986

GROEBEN, N.: Die Verständlichkeit von Unterrichtstexten. Dimensionen und Kriterien rezeptiver Lernstadien. Münster 1978

GROHALL, K.-H.; JOHANN, K.P.; SCHUSTER, A.: Politik im Fernsehen. Eine Untersuchung des Sozialwissenschaftlichen Forschungsinstituts der Konrad-Adenauer-Stiftung im Jahr 1971, Ms.Alfter, 1972

GROHALL, K.-H.; SCHUSTER, A.: Bemerkungen über den Inhalt von Fernsehnachrichtensendungen in der BRD. In: STRASSNER, E.: Nachrichten. Entwicklungen - Analysen - Erfahrungen. München 1975

GROOMBRIDGE, B.: Television and the People. Harmondsworth 1972

HABERMANN, P.: Informationsverarbeitung beim Fernsehen. In: AV-Forschung, Bd. 26, 1985

HABERMAS, J.: Technik und Wissenschaft als Ideologie. Frankfurt a.M. 1968

HAEBERLIN, U.: Empirische Analyse und Handlungsforschung. Zeitschrift für Pädagogik 21, 1975, 5, S. 653-676

HAGEMANN, W. : Die Zeitung als Organismus. Ein Leitfaden. Heidelberg 1950

HALL, S.: Encoding and decoding the television message. Occasional stencialed paper. University of Birmingham 1973

HANS-BREDOW-INSTITUT: Fernsehen im Leben der Erwachsenen. Hamburg 1968

HANS-BREDOW-INSTITUT an der Universität Hamburg (Hrsg.): Fernsehforschung in der Bundesrepublik Deutschland. Rundfunk und Fernsehen, Sonderheft 1972

HAPPRECHT, K.: Wer die Show hat, hat die Macht. Politik und Fernsehen. Teil 1: Amerika. Stern-TV/ZDF (Fernsehsendung) 1982

HASELOFF, O.W.: Gutachten zur Fernsehforschung der Rundfunkanstalten der ARD und des ZDF. In: HANS-BREDOW-INSTITUT an der Universität Hamburg (Hrsg.): Fernsehforschung in der Bundesrepublik Deutschland. Rundfunk und Fernsehen, Sonderheft 1972

HEINRICH-HERTZ-INSTITUT für Nachrichtentechnik (Hrsg.): Wissenschaftliche Begleituntersuchung zur Bildschirmtext-Erprobung in Berlin. Anlageband 2. Berlin 1983

HENNEN, M.; PRIGGE, W.: Autorität und Herrschaft. Darmstadt 1977

HENTIG, H. von: Das allmähliche Verschwinden der Wirklichkeit. Ein Pädagoge ermutigt zum Nachdenken über die Neuen Medien. München 1984

HEUN, M.: Die Subjektivität der öffentlich-rechtlichen Nachrichten. In: STRASSNER, E. (Hrsg.): Nachrichten. Entwicklungen - Analysen - Erfahrungen. München 1975

HICKETHIER, K.: Zur Tradition schulischer Beschäftigung mit Massenmedien. Ein Abriß der Geschichte deutscher Medienpädagogik. In: SCHWARZ, R. (Hrsg.): Didaktik der Massenkommunikation I. Stuttgart 1974

HICKETHIER, K.: Politische Information durch Nachrichtensendungen in öffentlich-rechtlichen Medien. In: SCHWARZ, R. (Hrsg.): Didaktik der Massenkommunikation 2, Stuttgart 1976

HICKETHIER, K.: Kinowahrnehmungen - Kinorezeption - Film im Kopf. Feststellungen bei einem Durchgang durch theoretische Ansätze. In: Ästhetik und Kommunikation. Beiträge zur politischen Erziehung. 11. Jg. Heft 42 "Kino im Kopf", 1980, S. 75-90

HICKETHIER, K.; LÜTZEN, W.D.: Die Massenmedien als Aufgabenfeld der Kunstpädagogik. In: SCHWARZ, R. (Hrsg.): Didaktik der Massenkommunikation I. Stuttgart 1974

HÖGY, T.; WEISS, H. (Hrsg.): Wirkungen der Massenmedien, Frankfurt a.M. 1974

HOEPPEL, R.: Psychologie des Filmerlebens. Hrsg.: Bundesarbeitsgemeinschaft für Jugendfilmarbeit und Medienerziehung e.V., Frankfurt a.M. 1986

HOFFMANN-RIEM, W.: Die verschenkte Programmvielfalt. Unzulänglichkeiten der Sicherung von Programmvielfalt im privatwirtschaftlichen Rundfunk. In: GREWE-PARTSCH, M.; GROEBEL, J.: Mensch und Medien. Zum Stand von Wissenschaft und Praxis in nationaler und internationaler Perspektive. München 1987

HOLZER, H.: Verkabelt und verkauft? Streitpunkt Kabelfernsehen. Frankfurt a.M. 1981

HOVLAND, C.I; JANIS, I.L.; KELLEY, H.H.: Communication and Persuasion, New Haven, Yale University Press, London 1953

HOVLAND, C.I; WEISS, W.: The Influence of Source Credibility on Communication Effectiveness. In: Public Opinion Quarterly, 1952, Vol. 15, 635-650

HUEMER, P.: Club 2. In: HEYGSTER, A.-L.; MASEBERG, E. (Hrsg.): Das Fernsehen - Programm für alle - Forum für jeden? Fernseh-Kritik Bd. XIV. Mainz 1982

HÜTHER, J.: Sozialisation durch Massenmedien. Opladen 1975

HUND, W.D.: Ware Nachricht und Informationsfetisch. Darmstadt 1976

HUNT,A.: The Language of Television. Uses an Abuses. London 1981

HUNZIKER, P.: Fernsehen und interpersonale Kommunikation in der Familie. In: Publizistik 2,1976, S. 180f.

HUNZIKER, P.; LÜSCHER, K.; FAUSER, R.: Fernsehen im Alltag der Familie. In: Rundfunk und Fernsehen 23,1975, S. 284f.

HUTH, L.; JÜNGST, W.; KRZEMINSKI, M.; SALZMANN, R.: Nachrichten sehen - Nachrichten verstehen - Nachrichten verwenden. Zu einem neueren Ansatz der Rezeptionsanalyse. In: Publizistik 22,1977, S. 403-418

HUTH, S.: Verstehen und Behalten von Nachrichtensendungen. Eine ausgewählte Darstellung empirischer Befunde. In: Fernsehen und Bildung. 13, 1979, 115-165

INSTITUT JUGEND FILM FERNSEHEN (Hrsg.): In eigener Regie: Aktive Medienarbeit mit Jugendlichen. Leverkusen 1987

IRLE, M.: Gutachten zur Fernsehforschung. In: HANS-BREDOW-INSTITUT an der Universität Hamburg (Hrsg.): Fernsehforschung in der Bundesrepublik Deutschland. Rundfunk und Fernsehen, Sonderheft 1972

ISSING, L.J. (Hrsg.): Medienpädagogik im Informationszeitalter. Weinheim 1987

IVENS, J.: Die Kamera und ich. Reinbek 1974

JAEGGI, U.: Ein scharf eingestelltes Bild. In: Film und Fernsehen. Hrsg: Verband der Film- und Fernsehschaffenden der DDR. Berlin, 9, 1987

JÖRG, S.: Was Bilder dem Kind erzählen.Das narrative Element im Fernsehen. "Erzählende Formen im Fernsehen". In: Fernsehen und Bildung. 13. Jg. Heft 3,1979

JÖRG, S.: Die Welt frei Haus. Fernsehwirkung III: Die Macht der Bilder. In: W & M. Weiterbildung und Medien. 6, 1987

JOSSE, H.: Quotentanz. Publikumsverhalten und Programmentwicklung bei SAT 1. In: Medium 3, 1987

JUGENDFILMCLUB KÖLN e.V.: Herausforderung Video. Köln 1985

KATZ, E.: Das Verstehen von Nachrichten. In: Publizistik, Nr. 4, 1977, S. 359-370

KATZ, E.; ADONI, H.; PARNESS, P.: Remembering the News: What the Picture Adds to Recall. In: Journalism Quaterly, Vol. 54,1977, 231-239

KATZ, E.; LAZARSFELD, P.F.: Personal Influence. The Part played by People in the Flow of Mass Communication. Glencoe (Ill.) 1954

KEILHACKER, M; RUTHENFRANZ, J.; TRÖGER, W.; VOGG, G.: Filmische Darstellungsformen im Erleben des Kindes. Untersuchungen über psycho-physiologische Begleiterscheinungen und Auswirkungen des Filmerlebens. München 1967

KELMAN, H.C.; HOVLAND, C.I.: Reinstatement of the Communicator in Delayed Measurement of Opinion Change. In: J. abnorm. soc. Psychol., 1953, Vol. 48, 327-335

KEPPLER, A.: Präsentation und Information. Zur politischen Berichterstattung im Fernsehen. Tübingen 1985

KEPPLINGER, H.M.: Darstellungseffekte. Experimentelle Untersuchungen zur Wirkung von Pressefotos und Fernsehfilmen. München 1987

KIEFER, M.-L.: Massenkommunikation 1964 bis 1985. Trendanalyse zur Mediennutzung und Medienbewertung. In: Media Perspektiven. 3, 1987

KLAFKI, W.: Handlungsforschung im Schulfeld. Zeitschrift für Pädagogik 19, 1973, 4, S. 487-516

KLAUS, G.; LIEBSCHER, H. (Hrsg.): Wörterbuch der Kybernetik. Bd. 1-2, Frankfurt a.M. 1979

KLEEMANN, M.: Bericht zur Halbzeit des Kabelpilotprojekts Dortmund. In: Rundfunk und Fernsehen, 35. Jg. 2, 1987, S. 229-237

KLOEPFER, R.: Die zunehmende Orientierung des europäischen Fernsehens an der Ästhetik des Werbespots. In: Kodikas/ Code. Ars Semeiotica. Vol. 9, Nr.3/4 1986

KNILLI, F.: Kritik der Augenzeugenideologie. In: Fernsehen und Film. 3, 1971, S.13

KNILLI, F.; REISS, E.: Einführung in die Film- und Fernsehanalyse. Ein ABC für Zuschauer. Steinbach 1971

KNILLI, F.; RÖHRER, W.: Plädoyer für einen kulturvergleichenden Medienunterricht. In: SCHWARZ, R. (Hrsg.): Didaktik der Massenkommunikation I. Stuttgart 1974

KÖNIG, O.: Urmotiv Auge. München 1975

KOHLI, M.: Fernsehen und Alltagswelt. In: Rundfunk und Fernsehen, 1977, 25, 1-2, 70-85

KOSZYK, K.; PRUYS, K.H.: Wörterbuch zur Publizistik. München 1969

KRAMAREK, J.; POCKRAND, R.; KERSTAN, P.: DuMont's Handbuch für praktische Filmgestaltung. Köln 1986

KRAMPEN, M.: Semiotische Ästhetik. In: REIMERS, K.F. (Hrsg.): Zeichenentwicklung - Bedeutungswandel - Handlungsmuster. Zur Semiotik und Ästhetik sozialer Kommunikation. Kommunikation audiovisuell, Beiträge aus der Hochschule für Fernsehen und Film München, Band 5, München 1983

KRIPPENDORFF, K.: Content Analysis. Beverly Hills 1980

KRÜGER, U.M.: "Soft news" - kommerzielle Alternative zum Nachrichtenangebot öffentlich-rechtlicher Rundfunkanstalten. SAT 1, RTL plus, ARD und ZDF im Vergleich. In: Media Perspektiven 6,1985

KRÜGER, U.M.: Zwischen Anpassung und funktioneller Differenzierung. Ein Programmvergleich von SAT 1, RTL plus, Sky Channel, 3SAT, EINS PLUS, ARD und ZDF. In: Media Perspektiven 8, 1986

KUCHENBUCH, T.: Filmanalyse. Theorien, Modelle, Kritik. Köln 1978

KÜBLER, H.D.: Wider den "Visuellen Analphabetismus". MuK. Universität-GH-Siegen 1983

LANG, K.; LANG, G.E.: The Unique Perspective of Television and Its Effect: A Pilot Study. In: American Sociological Review. Vol. 18, 1, 1953

LANGER, I.; SCHULZ VON THUN, F.; TAUSCH, R.: Verständlichkeit in Schule, Verwaltung, Politik und Wissenschaft. München 1974

LaROSCHE, W. von: Einführung in den praktischen Journalismus. München 1984

LASSWELL, H.D.: Propaganda-Technique in the World War. New York 1927

LASSWELL, H.D.: World Politics and Personal Insecurity. New York 1934

LASSWELL, H.D.: The World Attention Survey. In: Public Oppinion Quaterly 5, 1941

LASSWELL, H.D.: The Structure and Function of Communication in Society. In: BRYSON, L. (Ed.): The Communication of Ideas. Institute for Religious and Social Studies. New York 1948

LASSWELL, H.D.; LERNER, D.; DE SOLA POOL, I.: The Comparative Study of Symbols. Stanford 1952

LAZARSFELD, P.F.; BERELSON, B.; GAUDET, H.: The People's Choice. New York/London 1944

LAZARSFELD, P.F.; MERTON, R.K.: Mass Communication, Popular Taste and Organised Social Action. In: BRYSON, L. (ed.): The Communication of Ideas. New York 1948

LEHR, W.; BERG, K.: Rundfunk und Presse in Deutschland. Rechtsgrundlagen der Massenmedien. Mainz 1976

LETTAU, R.: Nachrichtensendungen im Fernsehen. Rundfunk und Fernsehen 20. Jg. 2, 1972

LINDE, E.: Zwischenbilanz - Kabelpilotprojekt Dortmund. In: KAISER, W. (Hrsg.): Kabel, Satellit, Broadcast / Telematica 86. Kongreßband Teil 3. München 1986

LINK, J.: Literaturwissenschaftliche Grundbegriffe. München 1974

LINZ G.; ABICH, H.: Ein Ereignis, vier Augen, zwei Geschichten. In: GREWE-PARTSCH, M.; GROEBEL, J.: Mensch und Medien. Zum Stand von Wissenschaft und Praxis in nationaler und internationaler Perspektive. München 1987

LOJEWSKI, G. von: Journalisten, Menschen wie du und ich. In: STRASSNER, E. (Hrsg.): Nachrichten. Entwicklungen - Analysen - Erfahrungen. München 1975

LOYSON-SIEMERING, A.: Vom Zeitungshaus zum Medienunternehmen. In: KAISER, W. (Hrsg.): Kabel, Satellit, Broadcast / Telematica 86. Kongreßband Teil 3. München 1986

LUCKMANN, T.: Soziologie der Sprache. In: KÖNIG, R. (Hrsg.): Handbuch der empirischen Sozialforschung. Bd. 13. Stuttgart 1979

MAGNUS, U.: Die Nachricht im Hörfunk - eine Leitstudie des Westdeutschen Rundfunks. Media Perspektiven 9, 1975

MALETZKE, G.: Psychologie der Massenkommunikation. Theorie und Systematik. Hamburg 1963

MALETZKE, G.: Medienwirkungsforschung. Tübingen 1981

MALETZKE, G.: Aspekte der Medienzukunft: Wertewandel, Nutzungstrends, Veränderungen im Angebot. In: GREWE-PARTSCH, M.; GROEBEL, J.: Mensch und Medien. Zum Stand von Wissenschaft und Praxis in nationaler und internationaler Perspektive. München 1987

MALETZKE, G.: Kulturverfall durch Fernsehen? Berlin 1988

MANDER, J.: Schafft das Fernsehen ab! Eine Streitschrift gegen das Leben aus zweiter Hand. Reinbeck 1979

MANDL, H. (Hrsg.): Zur Psychologie der Textverarbeitung. München 1981

MANGOLD, W.: Gruppendiskussion. In: KÖNIG, R. (Hrsg.): Handbuch der empirischen Sozialforschung Bd. 2. Stuttgart 1973

MARCHAL, P.: Dokumentarfilmarbeit und Aufbau einer Medienarbeit "von unten". MuK 34, Veröffentlichungen des Forschungsschwerpunkts Massenmedien und Kommunikation an der Universität-Gesamthochschule-Siegen, Siegen 1985

MARLOCK, G.: Gesellschaftliche Wirklichkeit und Erfahrung. In: BUSELMEIER, M. (Hrsg.): Das glückliche Bewußtsein. Darmstadt 1974

MARQUART, A.: Wahrheit mit beschränkter Haftung. Vom Umgang mit Massenmedien. Weinheim 1976

McLUHAN, M.: Understanding Media. New York 1964

McQUAIL , D.: Soziologie der Massenkommunikation. Berlin 1973

McQUAIL, D.: Kommunikationsmodelle und Ferneseheinfluß. In: STURM, H.; BROWN, J.R. (Hrsg.): Wie Kinder mit dem Fernsehen umgehen. Nutzen und Wirkung eines Mediums. Stuttgart 1979

McQUAIL, D.: Kommerz und Kommunikationstheorie. In: Media Perspektiven 10, 1986

MEAD, G.H.: Mind, Self and Society. University of Chicago 1934

MENNINGEN, W.: Fernsehen - Unterhaltungsindustrie oder Bildungsinstitut. Mainz 1971

MERDIAN, F.: Die Wahrnehmung von Personen auf dem Bildschirm. In: Fernsehen und Bildung. "Wahrnehmung - Entwicklung - Kommunikation". 11. Jg. 1977, Heft 1-2, 1977

MERRILL, J.C.; LÖWENSTEIN, R.L.: Media, Messages and Men. New York 1971

MERTEN, K.: Nachrichtenrezeption als komplexer Kommunikationsbegriff. In: Publizistik 4,1977, S. 450-463

MERTEN, K.: Kommunikation. Eine Begriffs- und Prozeßanalyse. Opladen, 1977a

MERTEN, K.: Wirkungen der Massenkommunikation. Ein theoretisch-methodischer Problemaufriß. In: Publizistik. 27, 1982, 26-48

MERTEN, K.: Inhaltsanalyse. Einführung in Theorie, Methoden und Praxis. Opladen 1983

MERTEN, K.: Vom Nutzen des "Uses and Gratifications Approach". Anmerkungen zu PALMGREEN. In: Rundfunk und Fernsehen, 32,1984, S. 66-72

MERTEN, K.: Methoden der Wirkungsforschung. In: SCHULZ, W. (Hrsg.): Medienwirkungsforschung in der Bundesrepublik Deutschland. Deutsche Forschungsgemeinschaft. Teil 1, Weinheim 1986

METZ, C.: Semiologie des Films. München 1972

MEYER-EPPLER, W.: Grundlagen und Anwendungen der Informationstheorie. Berlin 1969

MÖLLER, H.R.: Kunstunterricht und visuelle Kommunikation. Sieben Arbeitsthesen zur Konzeption eines neuen Unterrichtsfaches. In: EHMER, H.K. (Hrsg.): Visuelle Kommunikation. Beiträge zur Kritik der Bewußtseinsindustrie. Köln 1971

MOHN, E.: Kabel"pilot"projekt Ludwigshafen. Programmliche Vielfalt im außenpluralen Anbietermodell. In: Media Perspektiven 2, 1985

MOHN, E.: Bescheidener Ertrag. Zur Begleitforschung in München und Ludwigshafen/Vorderpfalz. In: Media Perspektiven 10, 1986

MOLES, A.A.: Rituale der Massenkommunikation im Alltag. In: PROSS, H.; RATH, C.-D. (Hrsg.): Rituale der Medienkommunikation. Berlin, Marburg 1983

MOLLENHAUER, K.: Diskussionsbeitrag zur Frage pädagogischer Handlungsforschung. Beiträge zur Bildungstechnologie 1, 1972, 3, S. 12-16

MONACO, J.: Film verstehen. Kunst, Technik, Sprache, Geschichte und Theorie des Films. Reinbeck 1980

MORRIS, C.: Foundations of the Theory of Signs. Chicago University Press 1938

MORRIS, C.: Signs, Language and Behaviour. New York 1946

MORRIS, C.: Grundlagen der Zeichentheorie. München 1972

MÜHLFENZL, R.: Medienpolitik aktiv gestalten am Beispiel Bayerns. In: KAISER, W. (Hrsg.): Kabel, Satellit, Broadcast / Telematica 86. Kongreßband Teil 3. München 1986

MÜLLER-DOOHM, S.: Medienwirkungen im Zivilisationsprozeß. In: Medien und Erziehung. 31. Jg. 4, 1987

MÜNSTERBERG, H.: The film. A Psychological Study, The Silent Photoplay in 1916. Dover Publications, XV, New York 1970

MURCH, G.M.; WOODWORTH, G.L.: Wahrnehmung. Stuttgart 1978

NEES, G.: Anima Reanimata. In: Semiosis 46/47, Internationale Zeitschrift für Semiotik und Ästhetik. 12. Jg., 2-3 /1987

NEGT, O.; KLUGE, A.: Wertabstraktion und Gebrauchswert in den Zerfallsformen der bürgerlichen Öffentlichkeit. In: BAACKE, D. (Hrsg.): Kritische Medientheorien. München 1974

NESTMANN, F.: Die Wirkung fernsehkritischer und fernsehkundlicher Sendungen auf die Einstellungen der Rezipienten zum Medium Fernsehen. Diss. Bielefeld 1979

NEUMANN, W.: Patterns of Recall among Television News Viewers. In: Public Oppinion Quaterly 40, 1976, S. 115-123

NIELSEN, A.C. Company: '85 Nielsen Report on Television. Northbrook 1985

NOBLE, G.: Children in front of the small screen. London 1975

NOELLE-NEUMANN, E.: Kumulation, Konsonanz und Öffentlichkeitseffekt. Ein neuer Ansatz zur Analyse der Wirkung der Massenmedien. In: Publizistik. 18, 1973, 26-55

NOELLE-NEUMANN, E.: Öffentlichkeit als Bedrohung. Beiträge zur empirischen Kommunikationsforschung. Freiburg 1977

NOELLE-NEUMANN, E.: Unruhe im Meinungsklima. Methodologische Anwendungen der Theorie der Schweigespirale. In: Publizistik. 23, 1978, 19-31

NOELLE-NEUMANN, E.: Massenmedien und sozialer Wandel - Methodenkombination in der Wirkungsforschung. In: Zeitschrift für Soziologie. 8, 1979, 164-182

NOELLE-NEUMANN, E.: Wahlentscheidung in der Fernsehdemokratie. Freiburg 1980a

NOELLE-NEUMANN, E.: Die Schweigespirale. Öffentliche Meinung - unsere soziale Haut. München 1980b

NOELLE-NEUMANN, E.; KEPPLINGER, H.M.: Communication in the community. An international study on the role of the mass media in seven communities. Report on the study in the Federal Republic of Germany. In: UNESCO (Hrsg.): Reports and Papers on Mass Communication. Paris 1980

NOELLE-NEUMANN, E.; REUMANN, K.: Nachrichtenwesen. In: NOELLE-NEUMANN, E.; SCHULZ, W. (Hrsg.): Publizistik. Fischer Lexikon Bd. 9, Frankfurt a.M. 1971

NORDENSTRENG, K. u.a.: Grundsätze der Nachrichtenvermittlung. In: MALETZKE, G. (Hrsg.): Einführung in die Massenkommunikationsforschung. Berlin 1972, S. 109-123

NOVAK, M.: Television Shapes the Soul. In: CATER, D.; ADLER, R. (eds.): Television as a Social Force. New Approaches to TV Criticism. London, Palo Alto 1975

OSTGAARD, E.: Factors Influencing the Flow of News. In: Journal of Peace Research, Vol. 2, 1965, S. 39-63

OOMEN, U.: Informieren: Funktionen von Sprache und Bild in amerikanischen und deutschen Fernsehnachrichten. Linguistic Agency University of Trier, Series B, Paper No. 85, Trier 1983

ORWELL, G.: Neunzehnhundertvierundachzig. Zürich 1950

PACZENSKY, G. von: Lügt die Tagesschau? In: Deutsches Panorama, Hamburg, 1/1966, H.1-2, S. 8. und H.3, S. 21f.

PAECH, J.: Struktur der Film- und Fernsehsprache. Einführung in die Texte. In: PAECH, J. (Hrsg.): Film- und Fernsehsprache. 1. Texte zur Entwicklung, Struktur und Analyse der Film- und Fernsehsprache. Frankfurt a.M. 1975

PAETZOLD, U.: Wie "objektiv" können Nachrichten sein? In: Gewerkschaftliche Monatshefte, 25 Jg. 8, 1973

PAIVIO, A.; CSAPO, K.: Picture Superiority in Free Recall: Imagery of Dual Coding. Cognitive Psychology 5, 1973

PALMGREEN, P.: Der "Uses and Gratifications Approach". Theoretische Perspektiven und praktische Relevanz. In: Rundfunk und Fernsehen, 32, 1984, S. 51-61

PASOLINI, P.P.: Die Sprache des Films. In: KNILLI, F. (Hrsg.): Semiotik des Films. München 1971

PEIRCE, C.S.: Collected Papers. Ed. by HARTSHORNE, C.; WEISS, P.. Cambridge/Mass. 1931

PFEIFFER, K.H.: Der manipulierte Zuschauer, Freiburg 1975

PÖTTKER, H.: Das Publikum und seine Rezeptionsweisen. In: medium 3, 1987

PÖTTKER, H.: Gutgläubigkeit. Zum Objektivitätsimage des Mediums Fernsehen. In: medium 3, 1987a

POSTMAN, N.: Das Verschwinden der Kindheit. Frankfurt a.M. 1983

POSTMAN, N.: Wir amüsieren uns zu Tode. Frankfurt a.M. 1985

PROBST, I.; Hasler, P.: Film und Fernsehen. Zürich 1973

PROKOP, D.: Medien-Wirkungen. Frankfurt a.M. 1981

PROSS, H.: Vorwort. In: BAUER, W.; BAUR, E.; KUNGEL, B. (Hrsg.): Vier Wochen ohne Fernsehen. Eine Studie zum Fernsehkonsum. Berlin 1976

PROSS, H.: Über politischen Ritualismus. In: Merkur - Deutsche Zeitschrift für europäisches Denken, 9, 1980

PROSS, H.: Die Objektivität der Berichterstattung in Presse und Rundfunk. In: BENTELE, G.; RUOFF, R. (Hrsg.): Wie objektiv sind unsere Medien? Frankfurt a.M. 1982

PUDOWKIN, W.I.: Filmtechnik. Filmmanuskript und Filmregie. Zürich 1961

REICHE, H.J.: Dienst ohne Pause. Die Tagesschau des Deutschen Fernsehens. ARD-Jahrbuch, Hamburg 1969

REIMANN, H.: Kommunikations-Systeme. Umrisse einer Soziologie der Vermittlungs- und Mitteilungsprozesse. Tübingen 1968

REISS, E.: Klassenprimus FWU. Drei ideologiekritische Analysen medienkundlicher Filme. In: SCHWARZ, R. (Hrsg.): Didaktik der Massenkommunikation I. Stuttgart 1974

RENCKSTORF, K.: Neue Perspektiven in der Massenkommunikationsforschung. Beiträge zur Begründung eines alternativen Forschungsansatzes. Berlin 1977

RENCKSTORF, K.: Nachrichtensendungen im Fernsehen (1). Zur Wirkung von Darstellungsformen in Fernsehnachrichten. Berlin 1980

RENCKSTORF, K.; ROHLAND, L.: Nachrichtensendungen im Fernsehen (2). Absichten, Interessen und Muster der Medienzuwendung - Konturen des "aktiven" Publikums. Berlin 1980

RENNINGS, J. VAN: Die gefilmte Zeitung. Werden, Struktur, Wirkung, Wesen und Aspekte der Filmwochenschau. Diss. München 1956

ROBINSON, G.J.: Visuelle Präsentationsformen von Fernsehnachrichten. Ein Vergleich zwischen frankophonen und anglophonen Programmen in Kanada. In: GREWE-PARTSCH, M.; GROEBEL, J.: Mensch und Medien. Zum Stand von Wissenschaft und Praxis in nationaler und internationaler Perspektive. München 1987

RÖPER, H.: Konzentration publizistischer Macht. Wer steht hinter den "neuen" Programmen? In: W & M. Weiterbildung und Medien. 4, 1987

ROGGE, J.U.: Zur Kritik der Wirkungsforschung. Hrsg.: DICHANZ, H.; KOLB, G.; Köln 1979

ROGGE, J.U.: Family Life. Fernseh-Wirkungen IV: Das Medium als Zuhause. In: W & M. Weiterbildung und Medien. 6, 1987

ROHRACHER. H.: Einführung in die Psychologie. Wien 1971

RONGE, V.: Massenmedienkonsum und seine Erforschung - eine Polemik gegen "Uses and Gratifications". In: Rundfunk und Fernsehen. 32, 1984, S. 73-82

RONNEBERGER, F.: Sozialisation durch Massenkommunikation. In: RONNEBERGER, F. (Hrsg.): Sozialisation durch Massenkommunikation. Stuttgart 1971

RONNEBERGER, F.: Kommunikationspolitik II. Kommunikationspolitik als Gesellschaftspolitik. Mainz 1980

RONNEBERGER, F.: Vorteile und Risiken der neuen Medien für die Struktur der demokratischen Gesellschaft und den Zusammenhalt der sozialen Gruppen. Universitätsverlag Konstanz 1982

RONNEBERGER, F.: Nutzung und Akzeptanz von Fernsehen und Hörfunk in München. Media Perspektiven 4, 1986

ROPER, B.W.: A ten Year View of Public Attitudes towards Television and other Mass Media. New York 1969

ROPER Organization, Inc.: Roper Reports. New York, 5, 1985

ROSE, A.: Systematische Zusammenfassung der Theorie der Symbolischen Interaktion. In: HARTMANN, H. (Hrsg.): Moderne amerikanische Soziologie. Stuttgart 1967

ROSENGREN, K. E.; WINDAHL, S.; HAKANSSON, P.; JOHNSSON-SMARAGDI, U.: Adolescent's TV Relations. In: Communication Research, 1976, 347-365

RUBIN, A.M.: An Examination of Television Viewing Motivations. In Communication Research 2 1981

RUOFF, R.: Erfahrungen mit dem Thema: Objektivität - ein Problemaufriß. In: BENTELE, G.; RUOFF, R. (Hrsg.): Wie objektiv sind unsere Medien? Frankfurt a. M. 1982

RUST, H.: Rezeptionsgewohnheiten und Medienfunktionen. Eine Bestandsaufnahme des publizistischen Alltags in der Bundesrepublik. In: medium 3, 1987

SALOMON, G.: Internaliszation of Film Schematic Operations in Interaction with Learners' Aptitutes. In: Journal of Educational Psychology, 66, 1974, 499-511

SALOMON, G.: Interaction of Media, Cognition, and Learning. San Francisco 1979

SALOMON, G.: Shape, not only content: How media symbols partake in the development of abilities. In: WARTELLA, E. (Hrsg.): Children communicating: Media and development of thought, speech, understanding. Beverly Hills: 1979a

SALOMON, G.; COHEN, A.A.: On the Meaning of Validity of Television Viewing. Journal of Human Communication Research. 4/1978, 265-270

SAS-INSTITUTE-INC.: SAS /User's Guide, Version 5, Basics, Statistics, Graphics. Cary, N.C.: SAS-Institute-Inc. 1985

SAUSSURE, F. de: Cours de linguistiqe ge'ne'rale. Lausanne/ Paris 1916 (Deutsch: Grundfragen der allgemeinen Sprachwissenschaft. Berlin 1931)

SAUTER, R.: Video und Super 8 in Jugendgruppen. Eine Anleitung zu Produktion und Einsatz. Opladen 1980

SAXER, U.: Fernsehen und Objektivität. In: PROKOP, D. (Hrsg.): Massenkommunikationsforschung III. Produktanalysen. Frankfurt a.M. 1977

SCHAAF, M.: Medienpädagogik. Begriffe - Bereiche - Bezüge. Hrsg.: Bundesarbeitsgemeinschaft für Jugendfilmarbeit und Medienerziehung, Aachen 1977

SCHÄFER, B.; FUCHS, A.: Kriterien und Techniken der Merkmalselektion bei der Konstruktion eines Eindrucksdifferentials. In: BERGLER, R. (Hrsg.): Das Eindrucksdifferential. Theorie und Technik. Bern 1975

SCHANZ, G.: Filmsprache und Filmsyntax. In: PAECH, J. (Hrsg.): Film- und Fernsehsprache 1. Texte zur Entwicklung, Struktur und Analyse der Film- und Fernsehsprache. Frankfurt a.M. 1975

SCHARF, W.: Nachrichten im Fernsehen der Bundesrepublik Deutschland und der DDR. Objektivität oder Parteilichkeit in der Berichterstattung. Frankfurt a.M. 1981

SCHATZ, H.: Tagesschau und "heute" - Politisierung des Unpolitischen? In: ZOLL, K. (Hrsg.): Manipulation der Meinungsbildung. Kritik 4, Opladen 1971

SCHLESINGER, P.: Putting "reality" together - BBC news. London 1978

SCHMIDBAUER, M.: Kabelfernsehen in der Bundesrepublik Deutschland. Die Interessen von Wirtschaft, Politik und Publikum. München 1982

SCHMIDBAUER, M.: Kabelkommerz oder Kommunikationsgesellschaft? Ein amerikanisches System im Schlaglicht. München 1984

SCHMIDBAUER, M.; LÖHR, P.: Die Kabelpilotprojekte in der Bundesrepublik Deutschland. Ein Handbuch. München 1983

SCHMIDT, C.: Dreißig Prozent Umsteiger. Erste Ergebnisse der evangelischen Begleitforschung im Kabelpilotprojekt Berlin. In: medium 3, 1987

SCHMIDTCHEN, G.: Gutachten zur Fernsehforschung in der Bundesrepublik. In: HANS-BREDOW-INSTITUT an der Universität Hamburg (Hrsg.): Fernsehforschung in der Bundesrepublik Deutschland. Rundfunk und Fernsehen, Sonderheft 1972

SCHMITT, R.: Semiotische Aspekte in der Medienforschung. In: Semiosis 43, Internationale Zeitschrift für Semiotik und Ästhetik. 11. Jg. 3, 1986

SCHNEIDER, W.: Unsere tägliche Desinformation. Hamburg 1984

SCHÖNBACH, K.: Das unterschätzte Medium. Politische Wirkungen von Presse und Fernsehen: Ein Vergleich anhand ihrer Einflüsse bei der Europawahl. München 1983

SCHÖNBACH, K.; FRÜH, W.: Der dynamisch-transaktionale Ansatz II: Konsequenzen. In: Rundfunk und Fernsehen. 32, 1984, S. 314-329

SCHORB, B.: Familie am Bildschirm. Neue Medien im Alltag. Frankfurt a.M. 1982

SCHORB, B.; THEUNERT, H.: Seminar: Einführung in die rezeptive Medienarbeit. In: medien und erziehung, 1979, 4, 210-221

SCHRAMM, W. (ed.): The Process and Effects of Mass Communication. University of Illinois Press, Urbana 1954

SCHRAMM, W.; LYLE, J.; PARKER, E.B.: Television in the Lives of our Children. Stanford 1961

SCHRAMM, W.; ROBERTS, D.F. (eds.): The Process and Effects of Mass Communication. London 1971

SCHÜTZ, A.: Der gut informierte Bürger: über die soziale Verteilung des Wissens. In: SCHÜTZ, A.: Gesammelte Aufsätze II, Studien zur soziologischen Theorie. Den Haag 1972

SCHULZ, W.: Bedeutungsvermittlung durch Massenkommunikation. Grundgedanken zu einer analytischen Theorie der Medien. In: Publizistik 19. Jg. 1974, S. 148-164

SCHULZ, W.: Wirkungsqualitäten verschiedener Medien. Experimentelle Untersuchungen über die Vermittlung von konnotativer Bedeutung durch unterschiedliche Formen medialer Darstellung. In: Rundfunk und Fernsehen. 2, 1975, 57-72

SCHULZ, W.: Die Konstruktion von Realität in den Nachrichtenmedien. München 1976

SCHULZ, W.: Ausblick am Ende des Holzweges. Eine Übersicht über die Ansätze der neuen Wirkungsforschung. In: Publizistik. 27, 1982 , 49-73

SCHULZ, W.: "Agenda-Setting" und andere Erklärungen zur Theorie der Medienwirkung. In: Rundfunk und Fernsehen, 32, 1984, S. 206-213

SCHULZ, W.: Wirkungsmodelle der Medienwirkungsforschung. In: SCHULZ, W. (Hrsg.): Medienwirkungsforschung in der Bundesrepublik Deutschland. Deutsche Forschungsgemeinschaft. Teil 1, Weinheim 1986

SCHULZ, W.: Determinanten und Folgen der Fernsehnutzung. Daten zur Vielseher-Problematik. In: GREWE-PARTSCH, M.; GROEBEL, J.: Mensch und Medien. Zum Stand von Wissenschaft und Praxis in nationaler und internationaler Perspektive. München 1987

SCHULZ, W.; LESSEN , R. van; SCHLEDE, C.; WALDMANN, N.: Die Bedeutung audiovisueller Gestaltungsmittel für die Vermittlung politischer Einstellungen. Grünwald: Institut für Film und Bild in Wissenschaft und Unterricht. AV-Forschung 15, 1976, S. 49-210

SCHULZ, W.; SCHÖNBACH, K.: Das Fernsehen im Europawahlkampf. Erste Ergebnisse aus einer international vergleichenden Multimethodenstudie. In: Rundfunk und Fernsehen. 29, 1981, 26-41

SCHUMACHER, G.: Fernsehzeiten. Fernsehwirkungen II: Ritualisierung des Alltags. In: W & M. Weiterbildung und Medien. 6, 1987

SCHWARZ, R. (Hrsg.): Didaktik der Massenkommunikation I. Manipulation durch Massenmedien - Aufklärung durch Schule?, Stuttgart 1974

SCHWARZ, R. (Hrsg.): Didaktik der Massenkommunikation II. Materialien zum Fernsehunterricht. Stuttgart 1976

SEIFERT, J.: Probleme der Parteien- und Verbandskontrolle von Rundfunk- und Fernsehanstalten. In: ZOLL, R. (Hrsg.): Manipulation der Meinungsbildung. Zum Problem hergestellter Öffentlichkeit. Opladen 1972

SHANNON, C.E.; WEAVER, W.: The mathematical theorie of communication. Urbana: Univ. of Illinois Press V, 1949

SHINGI, P.; MODY, B: The Communication Effects Gap. In: Communication Research Vol. 3, 2, 1976, S. 171-190

SILBERMANN, A.: Bildschirm und Wirklichkeit. Berlin 1966

SILBERMANN, A.; KRÜGER, U.M.: Soziologie der Massenkommunikation. Stuttgart 1973

SMITH, D.E.: The Social Construction of Documentary Reality. In: Sociological Inquiry, Vol. 44, 4/1974, p. 257f.

SPANHEL, D.: Jugendliche vor dem Bildschirm. Zur Problematik der Videofilme, Telespiele und Homecomputer. Weinheim 1987

SPSSX Handbuch der Programmversion 2.2; SCHUBÖ, W.; UEHLINGER, H.-M.; Stuttgart 1986

STEINBORN, P.: Wirkungen und Wirkungschancen. In: LONGOLIUS, C. (Hrsg.): Fernsehen in Deutschland III, Mainz 1973

STEINBUCH, K.: Die informierte Gesellschaft. Geschichte und Zukunft der Nachrichtentechnik. Stuttgart 1966

STEINBUCH, K.: Maßlos informiert. Die Enteignung unseres Denkens. München 1978

STEINER, G.A.: The People look at Television: A Study of Audiences Attitudes. New York 1963

STIPP, H.: Entwicklungen im amerikanischen Fernsehsystem: Was aus den Voraussagen wurde. Media Perspektiven 3, 1986

STOLTE, D.: Weg vom "Alles für alle". IN: HÖFER, W. (Hrsg.): Fernsehen im Glashaus. Düsseldorf 1972

STORLL, D.: Kabelfernsehen in Berlin: Interesse, Nutzung und Bewertung. Umfrageergebnisse nach einem Jahr Kabelpilotprojekt. In: Rundfunk und Fernsehen, 35. Jg. 3, 1987

STRASSNER, E.: Fernsehnachrichten. Zusammenfassender Bericht über die DFG-Projekte "Nachrichtensprache und der Zusammenhang von Text und Bild" und "Die semantische Verarbeitung und Nutzung audio-visueller Informationen der Fernsehnachrichten". In: Media Perspektiven, 6, 1981

STRASSNER, E.: Fernsehnachrichten. Eine Produktions-, Produkt- und Rezeptionsanalyse. Tübingen 1982

STURM, H.: Die kurzzeitigen Angebotsmuster des Fernsehens. In: Fernsehen und Bildung, 9. Jg. 1, 1975

STURM, H.: Fernsehdramaturgie und Zeigarnik-Effekt. Eine Variante zur Wahrnehmung - Entwicklung - Kommunikation. In: Fernsehen und Bildung. 11. Jg. 1-2, 1977

STURM, H.: Emotionale Wirkungen - das Medienspezifische von Hörfunk und Fernsehen. Ergebnisse aus zwei Untersuchungen und Weiterführungen. In: Fernsehen und Bildung. "Emotion und Information". 12. Jg. 3, 1978

STURM, H.: Wahrnehmung und Fernsehen: Die Fehlende Halbsekunde. Plädoyer für eine zuschauerfreundliche Mediendramaturgie. In: Media Perspektiven, 1, 1984

STURM, H.: Medienwirkungen auf Kinder und Jugendliche. In: SCHULZ, W. (Hrsg.): Medienwirkungsforschung in der Bundesrepublik Deutschland. Deutsche Forschungsgemeinschaft/ Kommission für Medienwirkungsforschung, Teil 1, Weinheim 1986

STURM, H.: Das "Wie der Präsentation". Methoden und Ergebnisse zu Wirkungen der formalen medienspezifischen Angebotsweisen. In: GREWE-PARTSCH, M.; GROEBEL, J.: Mensch und Medien. Zum Stand von Wissenschaft und Praxis in nationaler und internationaler Perspektive. München 1987

STURM, H.; BROWN, J.R. (Hrsg.): Wie Kinder mit dem Fernsehen umgehen. Nutzen und Wirkung eines Mediums. Stuttgart 1979

STURM, H., GREWE-PARTSCH, M.: Wirkungen des Fernsehens: Förderungen und Defizite. Ansätze einer Medienpädagogik. In: Fernsehen und Bildung. 11. Jg. 3, 1977

STURM, H.; GREWE-PARTSCH, M.; SAXER, U.; BONFADELLI, H.; HÄTTENSCHWILER, W.; AMMAN, G.; DOELKER, C.: Grundlagen einer Medienpädagogik. Zug 1979

STURM, H.; VITOUCH, P.; BAUER, H.; GREWE-PARTSCH, M.: Emotion und Erregung - Kinder als Fernsehzuschauer. Eine psychophysiologische Untersuchung. In: Fernsehen und Bildung. Internationale Zeitschrift für Medienpsychologie und Medienpraxis. 1-3, 1982

STURM, H.; VITOUCH, P.; GREWE-PARTSCH, M.: Medienvermittelte Pausen und Lerneffekte. Eine Untersuchung zu Wirkungen der formalen medienspezifischen Angebotsweisen. In: Unterrichtswissenschaft, 2, 1986

SVOBODA, M.S,; Vom Standfoto zur "Tagesschau". Fernsehinformationen 31, 1980, 59-61, 86-88, 111-113

SWANSON, D.L.: Political Communication Research and The Uses and Gratifications Model. A Critique. In: Communication Research 1, 1979, 18f.

TAN, E.: Cognitive Processes in Reception. In: HESS-LÜTTICH, E.W.B. (Hrsg.): Multimedial Communication. II Theatre Semiotics. Tübingen 1982

TANNENBAUM, P.H.: Emotionale Erregung durch kommunikative Reize. Der Stand der Forschung. In: Fernsehen und Bildung. 12. Jg. 3, 1978

TEICHERT, W.: Fernsehen als soziales Handeln, I u. II. In: Rundfunk und Fernsehen, I - 1972, 4, 421ff; II - 1973, 4, 356ff

TEICHERT, W.: Bedürfnisstruktur und Mediennutzung. In: Rundfunk und Fernsehen, 23. 1975

TEICHERT, W.: Rezipientenforschung zwischen theoretischem Anspruch und praktischer Realisierbarkeit. Media Perspektiven. 7, 1986

TEICHERT, W.: Gespräch zur Entwicklung der Medien. Schulfunk-Sendung des WDR-Köln vom 4.1.1988

TEIGELER, P.: Zum gegenwärtigen Stand der Verständlichkeitsforschung. In: Publizistik. 24, 1979, 337-343

THOMA, H.: RTL Plus, 2 1/2 Jahre danach. In: KAISER, W. (Hrsg.): Kabel, Satellit, Broadcast / Telematica 86. Kongreßband Teil 3. München 1986

TICHENOR, P.; DONOHUE, G.; OLIEN, C.: Mass Media Flow and Differential Groth in Knowledge. In: Public Opinion Quaterly,Vol. 34,1970, S. 159-170

TUCHMAN, G.: The Technology of Objectivity. Doing "Objective" TV News Film. In: Urban Life and Culture, 1, 1973

TUCHMAN, G.: Objectivity as strategic ritual. An examination of news mens' notions of objectivity. American Journal of sociology, 80,1 1974

TUCHMAN, G.: Making news. A study in the construction of reality. London 1978

TULODZIECKI, G.: Einführung in die Medienforschung. Köln 1981

UHLIG, P.; ALBRECHT, G.: Erziehung zum kritischen Zuschauer, ein Versuch. In: KNOLL, J.H.; HÜTHER, J. (Hrsg.): Medienpädagogik. München 1976

VAUGHAN, D.: Television Documentary Usage. British Film Institute TV Monograph 6, London 1976

VITOUCH, P.: Realitätsdarstellung im Fernsehen - Abbild oder Konstruktion? In: GREWE-PARTSCH, M.; GROEBEL, J.: Mensch und Medien. Zum Stand von Wissenschaft und Praxis in nationaler und internationaler Perspektive. München 1987

WAGENFÜHR, K.: Einleitung zu: Vom Standfoto zur "Tagesschau". Fernseh-Informationen 31, 1980, 59

WALTHER, E.: Allgemeine Zeichenlehre. Stuttgart 1979

WATZLAWICK, P. ; BEAVIN, J.: Einige formale Aspekte der Kommunikation. In: BADURA, B.; GLOY, K. (Hrsg.): Soziologie der Kommunikation . Stuttgart 1972

WDF, WESTDEUTSCHES SCHULFERNSEHEN: "Die Sache mit der Nachricht", Vierteilige Sendereihe. WDR Köln 1986

WEAVER, P.H.: Newspaper News and Television News. In: CATER, D.; ADLER, R. (eds.): Television as a Social Force: New Approaches to TV-Criticism. London, Palo Alto 1975

WEBER, M.: Wirtschaft und Gesellschaft. Grundriß der verstehenden Soziologie. Tübingen 1976

WELLENREUTHER, M.: Handlungsforschung als naiver Empirismus? Für ein flexibles Modell "theoriegeleiteter" Handlungsforschung. Zeitschrift für Pädagogik. 22, 1976, 3, S. 343-356

WEMBER, B.: Objektiver Dokumentarfilm? Modell einer Analyse und Materialien für den Unterricht. Berlin 1972

WEMBER, B.: Wie informiert das Fernsehen? Ein Indizienbeweis. München 1976

WEMBER, B.: Wie informiert das Fernsehen? Ein Indizienbeweis. Dritte, erweiterte Auflage. München 1976/1983

WEMBER, B.: Vergiftet oder arbeitslos? Ein Sachbilderbuch zum Streit zwischen Umweltschutz und Wirtschaftsinteressen. Frankfurt a.M. 1983

WENZEL, F.: Fernsehen und Wirklichkeit. In: IDE, H.D. (Hrsg.): Projekt Deutschunterricht. Stuttgart 1973

WERSIG, G.: Inhaltsanalyse. Einführung in ihre Systematik und Literatur. Schriftenreihe zur Publizistikwissenschaft 5, Berlin 1968

WILLIM, B.: Digitale Kreativität. Computer Grafik in der Kommunikationsgestaltung. Berlin 1986

WINN, M.: Die Droge im Wohnzimmer. Reinbeck 1979

WINTERHOFF-SPURK, P.: Fernsehen. Psychologische Befunde zur Medienwirkung. Bern 1986

WIPPERMANN, K.W.: Die Wochenschauen der Weimarer Republik. Publizistik 15, 1970, 242-251

WIPPERMANN, K.W.: Die deutschen Wochenschauen im Ersten Weltkrieg. Publizistik 16, 1971, 268-278

WITTE, E.: Zeitungen im Medienmarkt der Zukunft. Eine betriebswirtschaftliche Untersuchung. Stuttgart 1984

WÖRDEMANN, F.: Konkurrent und Sündenbock. Zur Kritik an politischen Fernsehsendungen. In: LONGOLIUS, C. (Hrsg.): Fernsehen in Deutschland I. Mainz 1967

WOLLEN, P.: Signs and Meaning in the Cinema. London 1969

ZURHAKE, M.: Filmische Realitätsaneignung. Ein Beitrag zur Filmtheorie, mit Analysen von Filmen Viking Eggelins und Hans Richters. Heidelberg 1982

VI ANHANG:

BILD / TONPROTOKOLL der Laborsendung (vier Versionen)

Version-A: Sprecher NAH, LANG-geschnittene Filmbildeinstellungen
Version-B: Sprecher NAH, KURZ-geschnittene Filmbildeinstellungen
Version-C: Sprecher HALBNAH, LANG-geschnittene Filmbildeinstellungen
Version-D: Sprecher HALBNAH, KURZ-geschnittene Filmbildeinstellungen

Um einen Eindruck der visuellen Gestaltung der Sendung zu vermitteln, enthält das Protokoll Fotos jeder Einstellung. Für die Sequenzen "Studio-Bild" sind die beiden identischen Bildteile der nah-aufgenommenen Versionen (A und B) und der weit-aufgenommenen Versionen (C und D) nebeneinander jeweils durch nur ein Bildschirm-Foto dargestellt. Vergleichbar stehen in den "Film-Bild"-Sequenzen die unterschiedlichen Schnitt-Folgen (A/C und B/D) nebeneinander. Jedes Foto repräsentiert eine Film-Einstellung. Die rechts stehende Bild-Beschreibung bezieht sich auf die lang-geschnittenen Versionen (A/C). In den kurz-geschnittenen (B/D) wurde dasselbe Einstellungs-Material verwendet, variiert wurde lediglich die Schnitt-Folge, die durch die Fotos dargestellt ist.

Abkürzungen:

G - groß	HT - halb-total	Zo - Zoom-out
N - nah	T - total	Zi - Zoom-in
HN - halb-nah	WT - weit-total	Sr - Schwenk rechts

Vor Beginn jeder Version befindet sich ein Schrift-Titel: Mitschnitt vom 7. April 1987 (weiße Schrift auf schwarzem Grund), mit dem die Video-Vorführung begann.

Einstel- lungs- Länge	Ge- samt- Zeit	Einstel- lungs- Länge	B I L D	T O N
Studio-Bild **Version A und B:**		**Studio-Bild** **Version C und D:**		
				(langsame Aufblende so daß der erste Satz kaum zu hören ist.)
31 	0:00	 31	Sprecher im Studio	SPRECHER: "Guten Abend, meine Damen
	1		(Version	und Herren.
	2		A und B NAH)	
	3		(Version	Die vor einem Monat
	4		C und D HALB-NAH)	gekenterte britische
	5		links	Autofähre Herald
	6		FOTO-INSERT:	of Free Enterprise
	7		Schiffskräne auf See	ist heute wieder
	8		UNTERSCHRIFT:	aufgerichtet worden.
	9		Bergung der	
	10		Unglücksfähre	Die Aktion eines nieder-
	11		(Foto- und Schrift-	ländischen Bergungs-
	12		Hintergrund in allen	unternehmens vor dem
	13		Versionen in Größe	belgischen Hafen
	14		und Inhalt identisch)	Zeebrügge verlief bei
	15			günstigen Wetterver-
	16			hältnissen ohne
	17			Probleme.

18	Das Schiffs- unglück hatte
19	sich am 6. März
20	nur wenige hundert Meter
21	vor der Hafeneinfahrt
22	ereignet.
23	
24	An Bord der Fähre waren
25	mehr als 500 Menschen.
26	
27	Im Rumpf des Schiffes sind
28	möglicher- weise noch
29	über hundert Tote."
30	

Film-Bild Version A und C:	Zeit	Film-Bild Version B und D:			
9 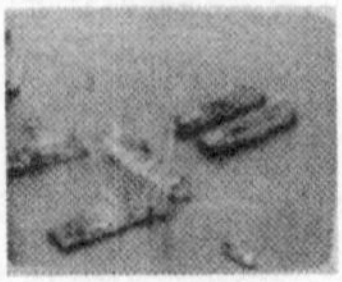	0:31	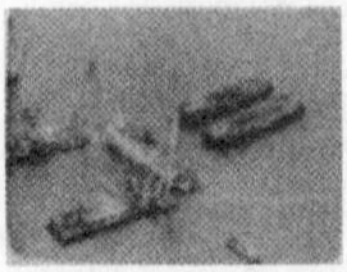	4	(WT LUFTBILD:)	REPORTER (off):
	32				
	33			Schiffskräne an der Fähre	"Vor einer Stunde in Zeebrugge.
	34				
	0:35		2		Die Herald of Free
	36				Enterprise steht wieder
	0:37	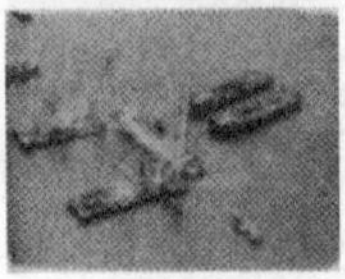	3		aufrecht, allerdings
	38				noch mit etwas
	39				Schlagseite.

24 	0:40 41 42 43 44 45		6	HN: Schiffswrack	Gehalten von den Kränen und Stahltrossen, bis sie so-zu-sagen festen Boden unter dem Kiel hat.
	0:46 47 48 49 50 51 52		7		Steht sie fest auf dem Meeresgrund, werden heute Nacht oder morgen Taucher der belgischen Marine als erstes die Leichen aus dem Wrack bergen.
	0:53 54 55 56 57 58		6		Vieviele es sein werden, weiß jetzt noch niemand zu sagen. Man schätzt, daß über einhundert Opfer noch im Schiffsrumpf
	0:59 00		2		eingeschlossen sind. Auf der
	1:01 02 03		3		Basis der belgischen Marine in Zeebrügge ist

4	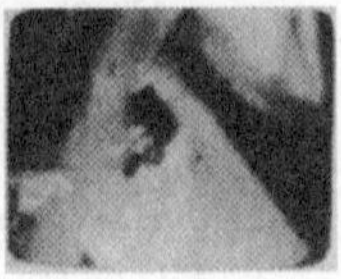	1:04 05 06 07		4	G-Zo-N: Reisepaß, Plastiksäcke und Taschen	alles für die Identi- fikation der Opfer vorbereitet. Ein schwieriges
7		1:08 09 10 11 12 13 14		7	HT: zwei Männer sitzen an Schreibtisch SR-N: Mann an Schreib- maschine	Unterfangen nach 32 Tagen. Alle Daten der Vermißten, besonde re Kennzeichen am Körper, Kleidung und so weiter sind bereits
3		1:15 16 17		3	N: Mann an Computer	im Computer eingegeben.
28		1:18 19 20 21 22 23 24		7	HT: Särge	Dennoch werden wohl auch- Angehörige die Identi- fizierung übernehmen müssen.
21		1:25 26 27		3	T: Kräne auf See	Acht Uhr heute morgen. Beginn einer der wohl schwierigsten

1:28

7

Bergungsaktıonen eınes Wrackes. Dıe Unglücksfähre aufrıchten, leerpumpen und dann ın den Hafen schleppen.

29

30

31

32

33

34

1:35

11

Rıesıge Schwımmkräne versuchen langsam, das Wrack vom Meeresboden anzuheben. Auf

36

37

38

39

40

41

42

43

44

45

10

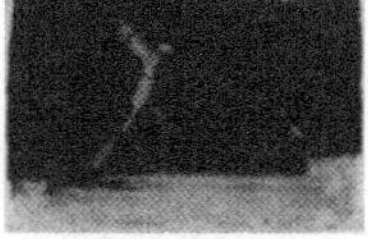

1:46

10

N: Schıffsbug, schräg

der anderen Seıte zıehen zwei Pontons mıt schweren Seılwınden.

47

48

49

Auf eıner Seıte angehoben, auf der anderen gezogen, so sollen dıe

50

51

52

						sechseinhalb
		53				tausend Tonnen
		54				der Fähre
		55				
		1:56			HN:	in Bewegung
11				8	schräg-	gesetzt
		57			liegende Fähre	werden. Dicke
		58			von vorn	Stahltrossen sind am Rumpf
		59				des Wrackes befestigt.
		00				Mit einer Kraft von je
		01				300 Tonnen
		02				
		03				
		2:04				können
			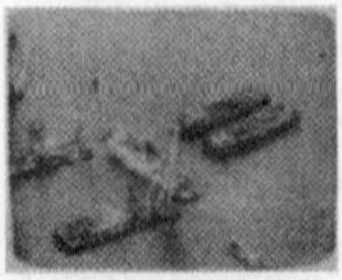	3		die beiden
		05				Pontons das Wrack ziehen.
		06				
		2:07			HT:	Diese Kräfte
20				8	Seile am	müssen
		08			Bug der schrägen	möglichst über den
		09			Fähre, von vorn	ganzen Schiffsrumpf
		10				verteilt werden, damit
		11				das Schiff nicht ausein-
		12				anderbricht. Die Kräne auf
		13				der anderen Seite heben
		14				
		2:15				das Schiff an
			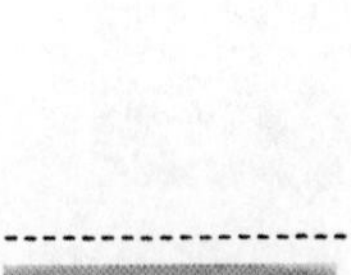	4		und sollen es
		16				gleichzeitig in der
		17				Balance halten.
		18				

2:19  4

20

21

22 

2:23 2

24

2:25  2

26

Und so richtet sich die Herald of Free Enterprise im Schnecken-tempo wieder auf -

---

17 

2:27  2

T: Schiffskräne halten Fähre

Zentimeter für Zentimeter.

28

2:29 7

30 

31

32

33

34

35

Acht Stunden dauert es insgesamt, bis das Wrack gehoben ist. Alles klappt wie voraus-berechnet. Die Fähre steht aufrecht

2:36  2

37

im Wasser. 14 Tage wird wird es noch

2:38 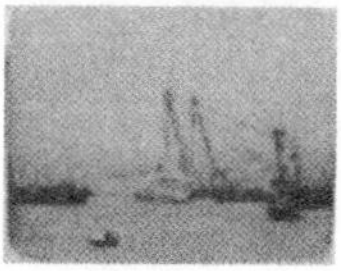 6

39

40

41

42

43

dauern, bis sie leergepumt ist und in den Hafen eingeschleppt werden kann."

Studio-Bild Version A und B:		Studio-Bild Version C und D:			
24 	2:44		24	Sprecher im Studio	SPRECHER: "Der Besuch
	45				des
				(wie oben:	israelischen
	46			Version	Staats-
				A und B	präsidenten
	47			NAH,	Chaim Herzog
				Version	wird in den
	48			C und D	israelischen
				HALB-NAH)	Zeitungen
	49				zum Teil
				links	sehr kritisch
	50			FOTO-INSERT:	kommentiert.
	51			Herzog	
				und Kohl	
	52				Unter anderem
				UNTERSCHRIFT:	schrieb die
	53				liberale
				Gespräch bei	Zeitung
	54			Staatsbesuch	Chadaschot
					kategorisch:
	55				
	56				
					'Ab jetzt
	57				ist Herzog
					lediglich
	58				eine private
					Person.
	59				
	00				Unser Volk
					hat dort in
	01				Deutschland
					nichts zu
	02				suchen.'
	03				'Dort in
					Deutschland',
	04				dort begannen
					heute am
	05				zweiten
					Tag die
	06				politischen
					Gespräche."
	07				

	Film-Bild Version A und C:		Film-Bild Version B und D:			
7		3:08		2	N: Flaggen	REPORTER (off):
		09				"Der jüdische Davidstern
		3:10		3		über Bonn.
		11				
		12				Israels Flagge neben
		3:13		2		dem Banner der Bundes-
		14				republik Deutschland.
26		3:15		10	HT-SL: Polizei-	Symbol der weitgehenden
		16			Motorrad- Eskorte	Normalisie- rung im
		17			und Wagen fahren vor,	Verhältnis zweier
		18			Herzog steigt aus,	durch die Geschichte
		19			wird von Kohl begrüßt,	tragisch verknüpfter
		20			beide gehen in's Gebäude	Völker. Israels
		21				Präsident Chaim Herzog
		22				führte am zweiten Tage
		23				seines
		24				
		3:25		2		Staatsbesuchs ausführliche
		26				politische
		3:27		5		Gespräche.
		28				Schwerpunkt war die
		29				Begegnung mit Bundeskanzler
		30				Kohl in Bonn, dessen
		31				

3:32 --------------------

2 Bemerkung von der Gnade der

33 späten Geburt

3:34 - -- in Israel

7 auf Kritik

35 gestoßen ist.

Indirekt

36 darauf

eingehend

37 meinte Kohl

heute: Die

38 Deutschen

wollten die

39

40

-------------------- 3:41 - -- G-Zo-HN: Nazi-Ver-

25 1 Blumen, brechen nie

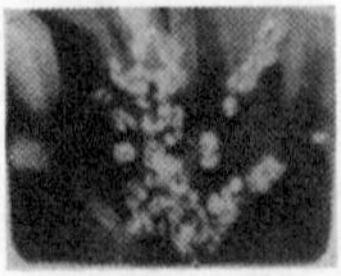

3:42 -------------------- Kohl und vergessen und

2 Herzog sich gegen

43 stellen Versuche

sich den

3:44 -- Fotografen, zur Wehr

7 schütteln sich setzen,

45 die Hand und diese zu

setzen sich verdrängen

46 oder zu

vergessen.

47 Gleichzeitig

unterstrich

48 Kohl

gegenüber

49 Herzog die

50

3:51 -- Verantwortung

1 der Deutschen

3:52 -------------------- für den

14 Fortbestand

53 des jüdischen

Staates.

54

Bereits am

55 Morgen traf

auch Außen-

56 minister

		57				Genscher mit Herzog zusammen.
		58				
		59				Er erläuterte dem Israeli die deutschen
		00				Vorschläge für eine
		01				Lösung des Nah-Ost-
		02				Problems.
		03				Genscher befürwortet
		04				eine Friedens-
		05				konferenz
4	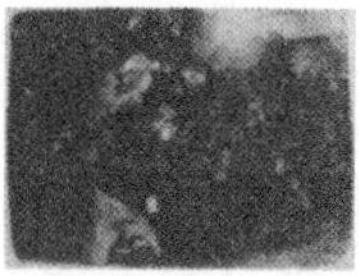	4:06 07 08 09		4	HT-SL-N: Fotografen, Kameramann	und das Selbst- bestimmungs- recht der Palästi- nenser.
7		4:10 11 12 13 14 15 16		7	HN-Zi: Herzog und Klein betreten den Raum, schütteln sich die Hand	Der neue Entwicklungs- hilfeminister Klein, der durch Äußerungen über mögliche deutsche Waf- fenlieferun- gen an arabi- sche Staaten für Aufsehen gesorgt hat,
6		4:17 18 19 20		4	T: Gebäude von außen	sprach ebenfalls mit Herzog. Der Minister machte klar, daß seine

4:21 --------------------

4

22

23

5

24

4:25 --------------------

3

26

27

HT:
Gäste,
Zuschauer

umstrittene
Bemerkung
keinen
Zusammenhang
mit dem
Staatsbesuch
habe. Klein
schilderte
die Begegnung
als angenehm
und
entspannt."

Studio-Bild
Version A und B:

Studio-Bild
Version C und D:

42

4:28

42

29
30
31
32
33
34
35
36
37
38
39
40
41
42
43

Sprecher
im Studio

(wie oben:
Version
A und B
NAH,
Version
C und D
HALB-NAH)

links
FOTO-INSERT:

Geldscheine
und Münzen

UNTERSCHRIFT:

Beamten-
Besoldung

SPRECHER:
"Rückwirkend
zum
1. Januar
sollen
Beamte und
Versorgungs-
empfänger
3,4 % höhere
Bezüge
erhalten.

Das Kabinett
stimmte der
Übernahme
des Tarif-
ergebnisses
bei den
Arbeitern und
Angestellten
im öffent-
lichen Dienst
für die
Beamten zu.

Foto	Zeit	Bild	Text
	44		Angehoben werden
	45		auch die Erschwernis-
	46		zulagen und die
	47		Sätze für Mehrarbeits-
	48		vergütung und zwar
	49		ebenfalls um 3,4 %.
	50		
	51		
	52		
	53		
 	4:54	FOTO-INSERT wechselt:	Das Bundes- kabinett hat
	55		einem Gesetz zugestimmt,
	56	Arbeiter vor Hochofen	das die Montan-
	57	UNTERSCHRIFT:	Mitbestimmung bis Ende 1988
	58	Montan- Mitbestimmung	sichert.
	59		
	00		
	01		Dieses Mit- bestimmungs-
	02		recht wäre sonst in
	03		diesem Jahr ausgelaufen.
	04		Es gilt derzeit noch
	05		in rund 30 Betrieben
	06		mit 400.000 Mitarbeitern.
	07		
	08		
	09		
	5:10	ABBLENDE SCHWARZ	

FRAGEBOGEN-2 Seite-1

HINWEISE bevor Sie ausfüllen:

Bitte füllen Sie alle Fragen in der vorgegebenen Reihenfolge aus.

Bitte füllen Sie erst jede Seite komplett aus, bevor Sie weiterblättern.

Bitte blättern Sie nicht zurück.

Der Fragebogen ist **anonym**, bitte tragen Sie nicht Ihren Namen ein.

1 Geschlecht	( ) männlich	( ) weiblich
2 Alter	( ) unter 14	( ) 40 - 49
	( ) 14 - 19	( ) 50 - 59
	( ) 20 - 29	( ) 60 - 69
	( ) 30 - 39	( ) über 69

Bitte kreuzen Sie **spontan**, ohne lange zu überlegen, die für Sie am ehesten zutreffende Möglichkeit an.

Beispiel:

							bedeutet:
gut	(X)	( )	( )	( )	( )	schlecht	= "gut"
gut	( )	(X)	( )	( )	( )	schlecht	= "eher gut"
gut	( )	( )	(X)	( )	( )	schlecht	= "unentschieden"
gut	( )	( )	( )	(X)	( )	schlecht	= "eher schlecht"
gut	( )	( )	( )	( )	(X)	schlecht	= "schlecht"

Bitte nur innerhalb der Klammer ankreuzen und keine Zeile auslassen.

3 Bitte beschreiben Sie **Ihren Gesamt-Eindruck** zu dem Sendungs-Ausschnitt.
Die Sendung fand ich ...

gut	( )	( )	( )	( )	( )	schlecht
anonym	( )	( )	( )	( )	( )	verbindlich
ermüdend	( )	( )	( )	( )	( )	anregend
glaubwürdig	( )	( )	( )	( )	( )	unglaubwürdig
interessant	( )	( )	( )	( )	( )	langweilig
kompliziert	( )	( )	( )	( )	( )	einfach
neutral	( )	( )	( )	( )	( )	parteiisch
relevant/wichtig	( )	( )	( )	( )	( )	irrelevant
sympathisch	( )	( )	( )	( )	( )	unsympathisch
tendenziös	( )	( )	( )	( )	( )	objektiv
unseriös	( )	( )	( )	( )	( )	seriös
verständlich	( )	( )	( )	( )	( )	unverständlich
wenig informativ	( )	( )	( )	( )	( )	informativ

Bitte erst weiterblättern, wenn diese Seite komplett ausgefüllt ist.

FRAGEBOGEN-2 Seite-2

4 Bitte beschreiben Sie nun Ihren Eindruck von dem **Nachrichten-Sprecher**, den Sie gesehen haben. Den Sprecher fand ich ...

gut	( )	( )	( )	( )	( )	schlecht
anonym	( )	( )	( )	( )	( )	verbindlich
ermüdend	( )	( )	( )	( )	( )	anregend
glaubwürdig	( )	( )	( )	( )	( )	unglaubwürdig
interessant	( )	( )	( )	( )	( )	langweilig
kompliziert	( )	( )	( )	( )	( )	einfach
neutral	( )	( )	( )	( )	( )	parteiisch
relevant/wichtig	( )	( )	( )	( )	( )	irrelevant
sympathisch	( )	( )	( )	( )	( )	unsympathisch
tendenziös	( )	( )	( )	( )	( )	objektiv
unseriös	( )	( )	( )	( )	( )	seriös
verständlich	( )	( )	( )	( )	( )	unverständlich
wenig informativ	( )	( )	( )	( )	( )	informativ

Bitte erst weiterblättern, wenn diese Seite komplett ausgefüllt ist.

FRAGEBOGEN-2 Seite-3

5 Bitte beschreiben Sie nun Ihren Eindruck von dem **Film-Bericht** über die **Bergung der Unglücksfähre.** Den Filmbericht fand ich ...

gut	( )	( )	( )	( )	( )	schlecht
anonym	( )	( )	( )	( )	( )	verbindlich
ermüdend	( )	( )	( )	( )	( )	anregend
glaubwürdig	( )	( )	( )	( )	( )	unglaubwürdig
interessant	( )	( )	( )	( )	( )	langweilig
kompliziert	( )	( )	( )	( )	( )	einfach
neutral	( )	( )	( )	( )	( )	parteiisch
relevant/wichtig	( )	( )	( )	( )	( )	irrelevant
sympathisch	( )	( )	( )	( )	( )	unsympathisch
tendenziös	( )	( )	( )	( )	( )	objektiv
unseriös	( )	( )	( )	( )	( )	seriös
verständlich	( )	( )	( )	( )	( )	unverständlich
wenig informativ	( )	( )	( )	( )	( )	informativ

Bitte erst weiterblättern, wenn diese Seite komplett ausgefüllt ist.

FRAGEBOGEN-2 Seite-4

6 Bitte beschreiben Sie nun Ihren Eindruck von dem **Film-Bericht** über den **Staatsbesuch des israelischen Präsidenten.** Den Filmbericht fand ich ...

gut	( )	( )	( )	( )	( )	schlecht
anonym	( )	( )	( )	( )	( )	verbindlich
ermüdend	( )	( )	( )	( )	( )	anregend
glaubwürdig	( )	( )	( )	( )	( )	unglaubwürdig
interessant	( )	( )	( )	( )	( )	langweilig
kompliziert	( )	( )	( )	( )	( )	einfach
neutral	( )	( )	( )	( )	( )	parteiisch
relevant/wichtig	( )	( )	( )	( )	( )	irrelevant
sympathisch	( )	( )	( )	( )	( )	unsympathisch
tendenziös	( )	( )	( )	( )	( )	objektiv
unseriös	( )	( )	( )	( )	( )	seriös
verständlich	( )	( )	( )	( )	( )	unverständlich
wenig informativ	( )	( )	( )	( )	( )	informativ

7 Was wußten Sie über das Fähren-Unglück ?

( ) Die Nachrichten zur Bergung der Fähre waren mir bereits bekannt.
( ) Ich wußte von dem Unglück, aber nicht speziell von der Bergung.
( ) Ich hatte von dem Unglück nur wenig mitbekommen.
( ) Ich habe heute zum erstenmal von dem Unglück erfahren.

8 Was wußten Sie über den Staatsbesuch des israelischen Präsidenten ?

( ) Die Nachrichten zu den politischen Gesprächen waren mir bekannt.
( ) Ich wußte von dem Staatsbesuch, nicht speziell über die Gespräche.
( ) Ich hatte von dem Staatsbesuch nur wenig mitbekommen.
( ) Ich habe heute zum erstenmal von dem Staatsbesuch erfahren.

Bitte erst weiterblättern,
wenn diese Seite komplett ausgefüllt ist.

FRAGEBOGEN-2 Seite-5

9 Ich habe Gelegenheit, folgende Fernsehsender zu sehen:

( ) ARD, ZDF, SAT-1, RTL-plus
( ) ARD, ZDF
( ) keinen

10 Die folgenden Nachrichten-Sendungen sehe ich ...

"Tagesschau" ARD	( ) täglich ( ) 2 - 3 mal pro Woche	( ) selten ( ) nie
"heute" ZDF	( ) täglich ( ) 2 - 3 mal pro Woche	( ) selten ( ) nie
"SAT-1 Blick"	( ) täglich ( ) 2 - 3 mal pro Woche	( ) selten ( ) nie
"7 vor 7" RTL+	( ) täglich ( ) 2 - 3 mal pro Woche	( ) selten ( ) nie

Die Anzahl der Fernseh-Programm-Anbieter in der Bundesrepublik Deutschland hat sich vergrößert. Neben den öffentlich-rechtlichen Fernseh-Anstalten ARD und ZDF gibt es private Programm-Anbieter z.B. SAT-1 und RTL-plus, die ihre Programme vor allem über Kabel-Anschluß anbieten.

11 Wie beurteilen Sie diese Entwicklung allgemein ?

( ) positiv
( ) unentschieden - eher positiv
( ) unentschieden - eher negativ
( ) negativ

12 Wie beurteilen Sie diese Entwicklung speziell bezogen auf Fernseh-Nachrichten-Sendungen ?

( ) positiv
( ) unentschieden - eher positiv
( ) unentschieden - eher negativ
( ) negativ

13 Haben Sie Anmerkungen zu den unter 3 - 6 angekreuzten Beurteilungen des Fernsehausschnitts - z.B. zur Begründung Ihrer Entscheidung ?

14 Haben Sie sonst irgendwelche Anmerkungen ?

(für längere Anmerkungen bitte Rückseite benutzen) **HERZLICHEN DANK !**

Versuchsleiter-Text zur Hauptuntersuchung (Fragebogen-2)

(Vorbereitung vor Betreten des Seminarraums:
Cassetten-Version einlegen und vorparken,
Version auf Versuchsbogen eintragen)

(im Seminarraum:
auf gleiche Lichtverhältnisse achten,
Deckenlicht ausschalten,
Monitor-Wagen so aufstellen, daß alle gut sehen können,
gegebenenfalls Sitzordnung im Raum ändern)

Begrüßung

Vorstellung (Name und Beruf)

Dank für Bereitschaft zur Mitarbeit

"Die Teilnahme an dieser Veranstaltung ist freiwillig.

Wer in einem anderen Seminar bereits daran teilgenommen hat, nimmt bitte jetzt nicht mehr daran teil."

(falls Fragen kommen:
"Ihre Fragen möchte ich nachher beantworten, damit wir uns jetzt erst unvoreingenommen eine Fernsehsendung ansehen können.")

"Ich möchte Ihnen jetzt eine Sendung zeigen."

(Wiedergabe der Cassette)

"Ich teile jetzt Fragebögen aus, die Sie bitte jetzt noch nicht ansehen. Bitte legen Sie den Bogen mit der Vorderseite nach unten vor sich hin.

(Fragebögen austeilen)

"Ich werde jetzt jede Frage einzeln vorlesen, so daß wir alle im gleichen Tempo den Bogen ausfüllen. Bitte versuchen Sie, sich diesem Rhythmus anzupassen.

Bitte lassen Sie keine der Fragen aus,
füllen Sie die Fragen in der vorgegebenen Reihenfolge aus
und blättern Sie bitte nicht zurück.

Bitte jetzt den Bogen umdrehen."

(den Fragebogen langsam vorlesen, so daß alle mitkommen)

(Fragebögen einsammeln)

(falls Fragen:
nicht über Untersuchungsziel oder Sendung informieren!)

PROTOKOLLE der Sendungs-Ausschnitte der Voruntersuchung

BILD/TON-PROTOKOLL des Zwei-Minuten-Ausschnitts von
SAT-1 "Blick" vom Di.7.4.1987
Beginn: zehn Sekunden vor Sendungs-Start

BILD	Einstel- lungs- länge	Ge- samt- Zeit:	**TON:**
TRICK-BLENDE: Blick durch den Spalt einer Jalousie-Graphik: T: Studio mit Kameras	10"	-0:10	Musik, Stimmen-Gemurmel
------------------------------			
VORSPANN: vor dunkel-grauem Jalousie-Hintergrund baut sich die Schrift "SAT 1 Blick" auf	6"	0:00	Musik-Fanfare
ÜBERBLENDUNG------------------		(Begrüßung)-----------	(Sprechertext)
HN: Sprecher-Paar am Steh- pult, im Hintergrund zwei Mitarbeiter am Tisch	10"	0:07	SPRECHER (on): "Guten Abend, liebe Zuschauer. Die SAT-1-Nachrichten."
		(Themen-Übersicht)	
		0:11	SPRECHERIN (on): "Im Millionen-Skandal bei VW gibt es eine Verhaftung."
		0:14	SPRECHER (on): "Aber vorweg, drei wesentliche Themen dieser Sendung:
WIPE-------------------------			
G-Zo-HN: Herzog und Kohl sitzen nebeneinander	6"		(off) Chaim Herzog's historischer Besuch - der zweite Tag."
WIPE-------------------------			
LUFTAUFNAHME: WT-Zi-T: Schiffswrack und Kräne im Wasser	5"	0:23	SPRECHERIN (on): "Schlußakt der Katastrophe von Zeebrügge - die Fähre wird aufgerichtet."
WIPE-------------------------			
HN: zwei junge Männer sitzen im Freien an Cafe-Tisch	6"	0:29	SPRECHER (off): "Neue Umfrage - was macht uns'rer Jugend Spaß?

WIPE--------------------------(VW-Devisen-Skandal)

N: Sprecher im Hintergrund leerer Stuhl	7"	Bei den Ermittlungen über den Devisen-Skandal bei VW bewegt sich was: Der frühere Chef-Devisenhändler Burghard
WIPE-------------------------		
SW-FOTO: HN: B Junger sitzt auf Couch	12"	Junger ist wegen des dringenden Verdachts der Untreue verhaftet worden. VW hatte Junger schon am 12. März fristlos gefeuert - zwei Tage nachdem der Konzernvorstand bekanntgegeben hatte, daß VW

T-Zi-N: VW-Werk mit Schornsteinen VW-Emblem am Gedäude	6"	durch Betügereien um 480 Millionen Mark geprellt wurde. Schon damals gab es den Verdacht, daß

N: Sprecher SCHRIFT-STANZE: Karl-Ulrich Kuhlo	59" (6")	VW nicht nur von fre... äh firmenfremden Tätern beim getürkten Handel mit Dollarbeständen hereingelegt wurde, sondern auch von eigenen Leuten. Zur Erinnerung - das 480-Millionen-Ding wurde bei VW entdeckt, als ein Devisen-Termin-Geschäft mit der ungarischen Nationalbank platzte. Die Wolfsburger wollten 308 Millionen Dollar, die sie 1985 bei einem Kurs von 3 Mark und 3 gekauft hatten, im Februar '87 zum selben Dollarkurs an die Ungarn zurückverkaufen. Doch der Vertrag war gefälscht und der Dollarkurs von 3 auf eine Mark 80 gerutscht. Knapp 400 Millionen Mark Verlust allein aus diesem Fall. Auch Junger's Freund, der Frankfurter Devisenhändler Joachim Schmidt, wird verdächtigt, an dem Schwindel beteiligt gewesen zu sein. Schmidt ist spurlos verschwunden. Im SAT-1-Interview begründet
	1:50	Oberstaatsanwalt ...

(langsame BILD/TON-ABBLENDE 10 Sek. lang)

BILD/TONPROTOKOLL des Zwei-Minuten-Ausschnitts von
RTL+ "7 vor 7" vom Di.7.4.1987
Beginn: zehn Sekunden vor Sendungs-Start

	BILD	Einstellungslänge	Gesamtzeit:	**TON:**
	weiße "Fernseh-Uhr" auf blauem Grund unten rechts: goldene Schrift: RTL plus	10"	-0:10	ruhige Musik
	VORSPANN: von allen vier Seiten "schweben" verschiedene Bilder zum elektronisch- blauen Horizont weg. Davor entsteht die graue elektronische SCHRIFT: 7 vor 7 mit der UNTERZEILE: Die Bilder des Tages	21"	0:00	"quirlige" Musik
IN'S BILD SCHWEBT:	(Themen-Übersicht)			(Sprechertext)
WT Zi T:	LUFTAUFNAHME: Schiffswrack und Kräne im Wasser SCHRIFT-STANZE: Bergung	3"	0:21	SPRECHER (off): "Die Bilder des Tages: Bergung - Millimeterarbeit am Schiffskoloß.
N:	Frau spricht SCHRIFT-STANZE: Irmgard Reichardt	4"		Irmgard Reichardt, eine Bäuerin wird Minister.
N:	Mann klebt Schild auf Glastür	3"		Vorbild - die Gesundheitsapostel der UNO geben das Rauchen auf.
G:	Rauchverbot-Schild	2"		
BILD KLAPPT WEG				
N:	Nick Jakob lächelt	1"		Heute im Studio Nick Jakob und
N:	Petra von Oyen lächelt	1"		Petra von Oyen.

------------------------------(Begrüßung)

HN: Präsentator sitzt am Sprecherpult, legt ein Blatt zur Seite, wendet sich zur Seite	5"	0:37	SPRECHER (on): Guten Abend um sieben vor sieben.
			(Schiffsbergung)
			Ganz Europa schaut heut' nach Zeebrügge, Nick Jakob-s.

HN: Präsentator spricht Nick Jakob an	15"		Mehrmals hatte sich ja die Bergung der gekenterten England-Fähre Herald of Free Enterprise verzögert wegen zu schwerer See. Heute nun konnten die Bergungsarbeiten einen Monat und einen Tag nach der Katastrophe endgültig beginnen."
Nick Jakob antwortet auf sein Script blickend		0:54	N.JAKOB: "Es waren faszinierende Bilder, Hans, von einer technischen Meisterleistung.

HN: Nick Jakob blickt in Kamera links oben erscheint Standbild-INSERT: T: Schiffswrack SCHRIFT-STANZE: Nick Jakob	16"		Ein 132 Meter langer Schiffsriese hebt sich langsam Millimeter für Millimeter aus dem Meer. Es regnet ganz ganz leicht heute in Zeebrügge, doch die See ist ruhig. Wochenlang haben sich die Spezialisten der niederländischen Bergefirma Smitt und Tak auf den heutigen Tag vorbereitet."

INSERT WIRD BILDFÜLLEND------------------------------(Filmbericht)

T: Sonnenaufgang SCHRIFT-STANZE: 8.00	4"	1:13	REPORTER (off): "Nur die schlechte Sicht macht den Fachleuten zu schaffen. Um 20 nach 8 mit 20 Minuten
ÜBERBLENDUNG------------------			
T: Kräne in Nebel	6"		Verspätung beginnt der Kampf der gigantischen Schiffskräne.
ÜBERBLENDUNG------------------			
T: Schiffswrack	2"		Wir zeigen Ihnen im Zeitraffer wie die Fähre aus dem Sand des Meeresbodens gezogen wird. Ganz langsam mit

ÜBERBLENDUNG------------------		
T: Schiffswrack	3"	nur 17 Zentimetern pro Minute
ÜBERBLENDUNG------------------		
T: Schiffswrack SCHRIFT-STANZE: Zeebrugge	3"	entfernen sich die Pontons vom Schiffsrumpf und sie ziehen
ÜBERBLENDUNG------------------		
T: Schiffswrack	3"	ihn ganz langsam an Stahltrossen hoch. 10 Uhr 15 man
ÜBERBLENDUNG------------------		
T: Schiffswrack	2"	sieht schon genau, wieweit sich die Fähre aus dem Wasser
ÜBERBLENDUNG------------------		
T: Schiffswrack	3"	aufgerichtet hat.
ÜBERBLENDUNG------------------		
WT: Schiffe	6"	Um das Schiff herum ein Teppich aus Öl. Zwei Schlepper ziehen eine Barriere aus Gummischläuchen um den Havaristen,
ÜBERBLENDUNG------------------		
T: schräg liegendes Wrack	7"	um eine Ausbreitung des Öls zu verhindern. Wir machen einen Zeitsprung,
	1:50	es ist 14 Uhr 30.

(langsame BILD/TON-ABBLENDE 10 Sek. lang)

BILD/TONPROTOKOLL des Zwei-Minuten-Ausschnitts von **ZDF "heute"** vom Di.7.4.1987
Beginn: zehn Sekunden vor Sendungs-Start

BILD	Einstel-lungs-länge	Ge-samt-Zeit	**TON**
weiße "Fernseh-Uhr" GESTANZT auf:	10"	-0:10	kein Ton
HT: Hochhausfassade (Blick aus dem Studio-Fenster)		-0:05	Musik-Beginn
T: Studio mit Kameras von hinten "schwebt" die SCHRIFTSTANZE: heute darunter entstehen Buchstabe für Buchstabe die SCHRIFTZEILEN: "Zeebrugge: Unglücks- fähre aufgerichtet" "Bonn: Staatspräsident Herzog bei Kohl" "Buenos Aires: Papst-Besuch"	14"	0:00	Fanfare
		(Begrüßung)	(Sprechertext)
HN: Sprecherin vor blauer Wand, an der sich ein großes Rechteck für HINTERGRUND-BILDER befindet mit SCHRIFT: "heute 7.April ZDF" SCHRIFT-STANZE: "Ulrike v. Möllendorff Redakteurin im Studio"	30"	0:14	SPRECHERIN (on): "Guten Abend, verehrte Zuschauer, ich begrüße Sie zur 'heute'-Sendung.
		(Schiffsbergung)	
HINTERGRUND-BILD: Schiffskräne BILDUNTERSCHRIFT: "Bergung der Unglücksfähre"			Acht Stunden dauerte es, dann war die gekenterte britische Kanalfähre wieder aufgerichtet. Der technische Aufwand war beispiellos. Damit ist der erste Teil der Bergung der Herald of Free Enterprise, die vor einem Monat gesunken war, abgeschlossen. Jetzt soll das Schiff ausgepumpt und in die belgische Hafenstadt Zeebrügge zurückgeschleppt werden. Nach dem Unglück am 6. März waren 61 Menschen tot geborgen worden. Etwa 100 weitere Opfer werden noch in der Fähre vermutet."

(Filmbericht)

LUFTAUFNAHME: WT: Schiffe auf Wasser SCHRIFT-STANZE: "Bericht aus Zeebrugge: Jochen Schweizer ZDF"	12"	0:49	REPORTER (off): "Vor einer Stunde in Zeebrügge. Die Herald of Free Enterprise steht wieder aufrecht, allerdings noch mit etwas Schlagseite. Gehalten von den Kränen und Stahltrossen, bis sie so-zu-sagen festen Boden unter
T Sl So: Schiffswrack	16"		dem Kiel hat. Steht sie fest auf dem Meeresgrund, werden heute Nacht oder morgen Taucher der belgischen Marine als erstes die Leichen aus dem Wrack bergen. Wieviele es sein werden, weiß jetzt noch niemand zu sagen. Man schätzt, daß über einhundert Opfer noch im Schiffsrumpf eingeschlossen sind.
HT SL: Lagerhalle	10"		Auf der Basis der belgischen Marine in Zeebrügge ist alles für die Identifikation der Opfer vorbereitet. Ein schwieriges Unterfangen nach 32 Tagen.
G: Schild mit Aufschrift: "Foto"	3"		Alle Daten der Vermißten, besondere Kennzeichen am
G: Schriftzug: "Externe Beschrijving"	2"		Körper, Kleidung und so weiter sind bereits im
G Kreuz auf Sarg Zo T: Särge	9"		Computer eingegeben. Dennoch werden wohl auch Angehörige die Identifizierung übernehmen müssen.
WT: Schiffrkräne vor Hoizont	14"	1:50	Acht Uhr heute Morgen. Beginn einer der wohl schwierigsten Bergungsaktionen eines Wrackes. Die Unglücksfähre aufrichten, leerpumpen und dann in den Hafen schleppen.

(langsame BILD/TON-ABBLENDE 10 Sek. lang)

BILD/TONPROTOKOLL des Zwei-Minuten-Ausschnitts
ARD "Tagesschau" vom Di.7.4.1987
Beginn: zehn Sekunden vor Sendungs-Start

BILD	Einstel-lungs-länge	Ge-samt-Zeit	**TON**
elektronische "Fernseh-Uhr" mit Licht-Punkten als Sekundenzeiger auf blauem Hinter-grund-Verlauf	10"	-0:10	kein Ton
---			(Off-Sprecher)
			Gong
VORSPANN: vor silberner ARD-1 klappt von oben die goldene Schrift "tagesschau" ins Bild, von unten taucht elek-tronische Weltkarte auf	14"	0:00	SPRECHER (off): "Hier ist das erste deutsche Fernsehen mit der Tagesschau."
		0:04	Fanfare
------------------------------		(Begrüßung)	-----------(Sprechertext)
HN: Sprecherin vor blauem Hintegrund mit INSERT-Bild von Kohl und Herzog BILDUNTER SCHRIFT: "Gespräch bei Staatsbesuch"	42"	0:14	SPRECHERIN (on): "Guten Abend, meine Damen und Herren.
		(Israel-Staatsbesuch)	
SCHRIFT am oberen Bildrand: "tagesschau 7.April 1987"			Am zweiten Tag seines Staatsbesuches hat der israelische Präsident Herzog heute in Bonn einen Meinungsaustausch mit Bundeskanzler Kohl geführt. Dabei betonte der Kanzler, die Deutschen würden sich gegen jeden Versuch zur Wehr setzen, die Verbrechen der Nazizeit zu verdrängen oder zu vergessen. Bei dem Gespräch ging es auch um die Lage im nahen Osten. Kohl unterstrich das Interesse Bonn's an einer internationalen Friedenskonferenz. Die europäischen Partner seien bereit, dafür eine konstruktive Rolle zu übernehmen, falls dies von den Konflikt-Parteien gewünscht werde.

Bild	Dauer	Zeit	Text
			Zugleich sprach sich der Kanzler für das Recht der Palästinenser auf Selbstbestimmung aus und forderte Israel zur Kompromißbereitschaft auf."
			(Filmbericht)
G Händedruck Zo Herzog und Kohl HN: begrüßen Gäste SCHRIFT-STANZE: "ARD Bericht Dierk-Ludwig Schaaf"	6"	0:56	REPORTER (off): "Die Gespräche Chaim Herzog's mit Helmut Kohl sind der politische Schwerpunkt des Staatsbesuchs. Als sie die Gäste zu dem Mittagessen begrüßten, das der Kanzler dem Staatspräsidenten gab, da hatten sie einen 90-minütigen
G Herzog Zo und Kohl HN begrüßen Gäste	12"		Meinungsaustausch hinter sich. Gemeinsamkeiten aber auch Unterschiede sind dabei deutlich geworden. Kohl und Herzog betonten die besonderen Bindungen beider Völker. Der Kanzler bekannte sich zur deutschen Mitverantwortung für
N: Männer kommen zur Tür herein	6"		die Zukunft und die Lebensfähigkeit Israels. Vielleicht noch wichtiger aber waren seine Worte zur Vergangenheit."
HN Kohl liest am Tisch stehend Rede SCHRIFT-STANZE: "Bundeskanzler Kohl" Zi G Herzog sitzt am Tisch Zo HN: Herzog und Kohl	30"	1:26 1:50	KOHL (on): "Die Zeit des Völkermordens ist das dunkelste Kapitel in der deutschen Geschichte. Und wir Deutsche müssen mit der schrecklichen Wahrheit leben, daß den Juden in den Jahren des National-Sozialismus von Deutschen unsagbares Leid zugefügt wurde. Wir wissen auch, daß das Verbrechen dieses Völkermordes in seiner kalten unmenschlichen Planung un' in seiner tödlichen Wirksamkeit in der Geschichte der Menschheit einmalig ist."

(langsame BILD/TON-ABBLENDE 10 Sek. lang)

FRAGEBOGEN-1 Seite-1

Der Fragebogen ist **anonym**, bitte tragen Sie nicht Ihren Namen ein. Bitte kreuzen Sie **spontan**, ohne lange zu überlegen, die für Sie am ehesten zutreffende Möglichkeit an.

Beispiel:

								bedeutet:
gut	(X)	( )	( )	( )	( )	schlecht	=	"gut"
gut	( )	(X)	( )	( )	( )	schlecht	=	"eher gut"
gut	( )	( )	(X)	( )	( )	schlecht	=	"unentschieden"
gut	( )	( )	( )	(X)	( )	schlecht	=	"eher schlecht"
gut	( )	( )	( )	( )	(X)	schlecht	=	"schlecht"

Bitte nur innerhalb der Klammer ankreuzen und keine Spalte auslassen.

1 **TV-Ausschnitt-1:** Das Gesehene fand ich ...

gut	( )	( )	( )	( )	( )	schlecht
anonym	( )	( )	( )	( )	( )	verbindlich
ermüdend	( )	( )	( )	( )	( )	anregend
glaubwürdig	( )	( )	( )	( )	( )	unglaubwürdig
interessant	( )	( )	( )	( )	( )	langweilig
kompliziert	( )	( )	( )	( )	( )	einfach
neutral	( )	( )	( )	( )	( )	parteiisch
relevant/wichtig	( )	( )	( )	( )	( )	irrelevant
sympathisch	( )	( )	( )	( )	( )	unsympathisch
tendenziös	( )	( )	( )	( )	( )	objektiv
unseriös	( )	( )	( )	( )	( )	seriös
verständlich	( )	( )	( )	( )	( )	unverständlich
wenig informativ	( )	( )	( )	( )	( )	informativ

2 **TV-Ausschnitt-2:** Das Gesehene fand ich ...

gut	( )	( )	( )	( )	( )	schlecht
anonym	( )	( )	( )	( )	( )	verbindlich
ermüdend	( )	( )	( )	( )	( )	anregend
glaubwürdig	( )	( )	( )	( )	( )	unglaubwürdig
interessant	( )	( )	( )	( )	( )	langweilig
kompliziert	( )	( )	( )	( )	( )	einfach
neutral	( )	( )	( )	( )	( )	parteiisch
relevant/wichtig	( )	( )	( )	( )	( )	irrelevant
sympathisch	( )	( )	( )	( )	( )	unsympathisch
tendenziös	( )	( )	( )	( )	( )	objektiv
unseriös	( )	( )	( )	( )	( )	seriös
verständlich	( )	( )	( )	( )	( )	unverständlich
wenig informativ	( )	( )	( )	( )	( )	informativ

3 **TV-Ausschnitt-3:** Das Gesehene fand ich ...

gut	( )	( )	( )	( )	( )	schlecht
anonym	( )	( )	( )	( )	( )	verbindlich
ermüdend	( )	( )	( )	( )	( )	anregend
glaubwürdig	( )	( )	( )	( )	( )	unglaubwürdig
interessant	( )	( )	( )	( )	( )	langweilig
kompliziert	( )	( )	( )	( )	( )	einfach
neutral	( )	( )	( )	( )	( )	parteiisch
relevant/wichtig	( )	( )	( )	( )	( )	irrelevant
sympathisch	( )	( )	( )	( )	( )	unsympathisch
tendenziös	( )	( )	( )	( )	( )	objektiv
unseriös	( )	( )	( )	( )	( )	seriös
verständlich	( )	( )	( )	( )	( )	unverständlich
wenig informativ	( )	( )	( )	( )	( )	informativ

(bitte wenden)

FRAGEBOGEN-1 Seite-2

4 TV-Ausschnitt-4: Das Gesehene fand ich ...

gut	( )	( )	( )	( )	( )	schlecht
anonym	( )	( )	( )	( )	( )	verbindlich
ermüdend	( )	( )	( )	( )	( )	anregend
glaubwürdig	( )	( )	( )	( )	( )	unglaubwürdig
interessant	( )	( )	( )	( )	( )	langweilig
kompliziert	( )	( )	( )	( )	( )	einfach
neutral	( )	( )	( )	( )	( )	parteiisch
relevant/wichtig	( )	( )	( )	( )	( )	irrelevant
sympathisch	( )	( )	( )	( )	( )	unsympathisch
tendenziös	( )	( )	( )	( )	( )	objektiv
unseriös	( )	( )	( )	( )	( )	seriös
verständlich	( )	( )	( )	( )	( )	unverständlich
wenig informativ	( )	( )	( )	( )	( )	informativ

Bitte jeweils zutreffendes ankreuzen:

5 Geschlecht ( ) männlich ( ) weiblich

6 Alter
( ) unter 14
( ) 14 - 19
( ) 20 - 29
( ) 30 - 39
( ) 40 - 49
( ) 50 - 59
( ) 60 - 69
( ) über 69

7 Ich habe Gelegenheit, folgende Fernsehsender zu sehen:

( ) ARD ("Erstes")
( ) ZDF ("Zweites")
( ) SAT-1
( ) RTL-plus
( ) keinen

8 Die folgenden Nachrichten-Sendungen sehe ich ...

"Tagesschau" 20.00 Uhr ARD ( ) täglich ( ) 2 - 3 mal pro Woche ( ) unregelmäßig ( ) nie

"heute" 19.00 Uhr ZDF ( ) täglich ( ) 2 - 3 mal pro Woche ( ) unregelmäßig ( ) nie

"SAT-1 Blick" 18.30 Uhr ( ) täglich ( ) 2 - 3 mal pro Woche ( ) unregelmäßig ( ) nie

"7 vor 7" 18.53 RTL+ ( ) täglich ( ) 2 - 3 mal pro Woche ( ) unregelmäßig ( ) nie

9 Wenn Sie eine der vier Beispiel-Sendungen weitersehen würden, für welche würden Sie sich entscheiden?

( ) Nr.1 ( ) Nr. 2 ( ) Nr.3 ( ) Nr.4

10 Können Sie Ihre Wahl kurz begründen?

....

....

SAS

VARIABLE	MEAN	VARIANCE
------- PROGRAMM-ANBIETER=ARD --------		
I1	2.88	1.24
I2	2.55	1.95
I3	2.32	1.56
I4	3.65	1.52
I5	2.57	1.64
I6	3.52	1.54
I7	2.85	1.52
I8	3.00	2.00
I9	2.47	0.92
I10	2.72	1.23
I11	3.80	1.19
I12	3.67	1.56
I13	3.10	1.84
------- PROGRAMM-ANBIETER=ZDF --------		
I1	3.52	1.18
I2	3.25	1.53
I3	3.40	1.27
I4	4.17	0.66
I5	3.63	1.27
I6	4.00	1.18
I7	3.55	1.38
I8	2.80	1.45
I9	2.75	1.17
I10	3.05	1.23
I11	3.70	0.88
I12	4.47	0.41
I13	2.25	1.78

VARIABLE	MEAN	VARIANCE
------ PROGRAMM-ANBIETER=SAT-1 -------		
I1	2.32	1.40
I2	2.80	1.26
I3	2.75	1.69
I4	2.90	1.53
I5	2.70	2.01
I6	3.88	1.29
I7	2.65	1.05
I8	2.57	1.53
I9	2.25	1.59
I10	2.35	1.05
I11	2.92	1.40
I12	3.70	1.27
I13	2.52	1.74
------- PROGRAMM-ANBIETER=RTL+ -------		
I1	2.95	2.72
I2	3.05	2.10
I3	3.45	1.99
I4	3.22	1.57
I5	3.17	2.25
I6	4.20	1.19
I7	2.65	1.21
I8	2.32	1.51
I9	2.92	2.15
I10	2.55	1.07
I11	2.25	1.16
I12	4.22	0.64
I13	2.42	1.49

(Abb. A-01)

Fragebogen - Daten
Haupkomponenten-analyse mit VARIMAX-Rotation

INITIAL FACTOR METHOD PRINCIPAL COMPONENTS

PRIOR COMMUNALITY ESTIMATES: ONE

EIGENVALUES OF THE CORRELATION MATRIX: TOTAL = 13 AVERAGE = 1

	1	2	3	4	5	6	7
EIGENVALUE	5.121679	1.540635	1.247529	0.989559	0.717631	0.625170	0.531663
DIFFERENCE	3.581044	0.293106	0.257970	0.271929	0.092461	0.093507	0.008749
PROPORTION	0.3940	0.1185	0.0960	0.0761	0.0552	0.0481	0.0409
CUMULATIVE	0.3940	0.5125	0.6084	0.6846	0.7398	0.7879	0.8288

	8	9	10	11	12	13
EIGENVALUE	0.522914	0.454211	0.390432	0.363541	0.286913	0.208122
DIFFERENCE	0.068703	0.063779	0.026892	0.076627	0.078791	
PROPORTION	0.0402	0.0349	0.0300	0.0280	0.0221	0.0160
CUMULATIVE	0.8690	0.9039	0.9340	0.9619	0.9840	1.0000

3 FACTORS WILL BE RETAINED BY THE MINEIGEN CRITERION

(Abb. A-02)

Fragebogen - Daten
Haupkomponenten-analyse mit VARIMAX-Rotation

ROTATION METHOD: VARIMAX

ORTHOGONAL TRANSFORMATION MATRIX

	1	2	3
1	0.81954	0.55555	0.14042
2	0 42553	-0 75415	0.50019
3	-0.38378	0.35018	0 85445

ROTATED FACTOR PATTERN

	FACTOR1	FACTOR2	FACTOR3
I1	77 *	37	8
I2	67 *	-1	20
I3	73 *	10	22
I4	35	64 *	10
I5	80 *	15	7
I6	5	-7	78 *
I7	3	77 *	8
I8	59 *	30	-31
I9	74 *	19	12
I10	13	79 *	3
I11	31	70 *	-8
I12	25	25	74 *
I13	70 *	37	-6

NOTE: PRINTED VALUES ARE MULTIPLIED BY 100 AND ROUNDED TO THE NEAREST INTEGER
VALUES GREATER THAN 0.450352 HAVE BEEN FLAGGED BY AN '*'

VARIANCE EXPLAINED BY EACH FACTOR

FACTOR1	FACTOR2	FACTOR3
3 902645	2.609951	1.397248

FINAL COMMUNALITY ESTIMATES TOTAL = 7.909844

(Abb. A-03)

SAS

GENERAL LINEAR MODELS PROCEDURE

DUNCAN'S MULTIPLE RANGE TEST FOR VARIABLE KOMP1
NOTE: THIS TEST CONTROLS THE TYPE I COMPARISONWISE ERROR RATE,
NOT THE EXPERIMENTWISE ERROR RATE

ALPHA=0.05 DF=147 MSE=44 7188

NUMBER OF MEANS	2	3	4
CRITICAL RANGE	2.97049	3.12365	3.22221

MEANS WITH THE SAME LETTER ARE NOT SIGNIFICANTLY DIFFERENT.

DUNCAN	GROUPING	MEAN	N	SENDER
	A	22.600	40	ZDF
	A			
B	A	20 200	40	RTL+
B				
B		18.900	40	ARD
B				
B		17.925	40	SAT-1

(Abb. A-04)

SAS

GENERAL LINEAR MODELS PROCEDURE

DUNCAN'S MULTIPLE RANGE TEST FOR VARIABLE KOMP2
NOTE: THIS TEST CONTROLS THE TYPE I COMPARISONWISE ERROR RATE,
NOT THE EXPERIMENTWISE ERROR RATE

ALPHA=0 05 DF=147 MSE=10.492

NUMBER OF MEANS	2	3	4
CRITICAL RANGE	1.43884	1 51303	1 56076

MEANS WITH THE SAME LETTER ARE NOT SIGNIFICANTLY DIFFERENT

DUNCAN GROUPING	MEAN	N	SENDER
A	14 4750	40	ZDF
B	13 0250	40	ARD
C	10.8250	40	SAT-1
C			
C	10 7750	40	RTL+

(Abb. A-05)

SAS

GENERAL LINEAR MODELS PROCEDURE

DUNCAN'S MULTIPLE RANGE TEST FOR VARIABLE: KOMP3
NOTE: THIS TEST CONTROLS THE TYPE I COMPARISONWISE ERROR RATE,
NOT THE EXPERIMENTWISE ERROR RATE

ALPHA=0.05 DF=147 MSE=3.07569

NUMBER OF MEANS	2	3	4
CRITICAL RANGE	0.779029	0.819197	0.845043

MEANS WITH THE SAME LETTER ARE NOT SIGNIFICANTLY DIFFERENT

DUNCAN GROUPING	MEAN	N	SENDER
A	8.4750	40	ZDF
A			
A	8.4250	40	RTL+
B	7.5750	40	SAT-1
B			
B	7.2000	40	ARD

(Abb. A-06)

SAS

GENERAL LINEAR MODELS PROCEDURE

DUNCAN'S MULTIPLE RANGE TEST FOR VARIABLE: KOMP1
NOTE: THIS TEST CONTROLS THE TYPE I COMPARISONWISE ERROR RATE.
NOT THE EXPERIMENTWISE ERROR RATE

ALPHA=0.05 DF=78 MSE=37.9737

WARNING: CELL SIZES ARE NOT EQUAL.
HARMONIC MEAN OF CELL SIZES=39.375

NUMBER OF MEANS	2
CRITICAL RANGE	2.74774

MEANS WITH THE SAME LETTER ARE NOT SIGNIFICANTLY DIFFERENT.

DUNCAN GROUPING	MEAN	N	NACHNEU
A	23.029	35	haeufig
B	18.978	45	selten

(Abb. A-07)

SAS

GENERAL LINEAR MODELS PROCEDURE

DUNCAN'S MULTIPLE RANGE TEST FOR VARIABLE: KOMP2
NOTE: THIS TEST CONTROLS THE TYPE I COMPARISONWISE ERROR RATE.
NOT THE EXPERIMENTWISE ERROR RATE

ALPHA=0.05 DF=78 MSE=8.82941

WARNING: CELL SIZES ARE NOT EQUAL.
HARMONIC MEAN OF CELL SIZES=39.375

NUMBER OF MEANS	2
CRITICAL RANGE	1.33453

MEANS WITH THE SAME LETTER ARE NOT SIGNIFICANTLY DIFFERENT.

DUNCAN GROUPING	MEAN	N	NACHNEU
A	14.8286	35	haeufig
B	12.9111	45	selten

(Abb. A-08)

SAS

GENERAL LINEAR MODELS PROCEDURE

DUNCAN'S MULTIPLE RANGE TEST FOR VARIABLE: KOMP3
NOTE: THIS TEST CONTROLS THE TYPE I COMPARISONWISE ERROR RATE.
NOT THE EXPERIMENTWISE ERROR RATE

ALPHA=0.05 DF=78 MSE=3.36117

WARNING: CELL SIZES ARE NOT EQUAL.
HARMONIC MEAN OF CELL SIZES=39.375

NUMBER OF MEANS	2
CRITICAL RANGE	0.823441

MEANS WITH THE SAME LETTER ARE NOT SIGNIFICANTLY DIFFERENT

DUNCAN GROUPING	MEAN	N	NACHNEU
A	8.0000	45	selten
A			
A	7.6286	35	haeufig

(Abb. A-09)

SAS

GENERAL LINEAR MODELS PROCEDURE

DUNCAN'S MULTIPLE RANGE TEST FOR VARIABLE: KOMP1
NOTE: THIS TEST CONTROLS THE TYPE I COMPARISONWISE ERROR RATE.
NOT THE EXPERIMENTWISE ERROR RATE

ALPHA=0.05 DF=147 MSE=44.7188

WARNING: CELL SIZES ARE NOT EQUAL.
HARMONIC MEAN OF CELL SIZES=38.9908

NUMBER OF MEANS	2	3	4
CRITICAL RANGE	3.00869	3.16382	3.26364

MEANS WITH THE SAME LETTER ARE NOT SIGNIFICANTLY DIFFERENT

DUNCAN GROUPING	MEAN	N	FOLGE
A	20.458	48	AZRS
A			
A	20.455	44	SRZA
A			
A	19.889	36	ZSAR
A			
A	18.344	32	RASZ

(Abb. A-10)

SAS

GENERAL LINEAR MODELS PROCEDURE

DUNCAN'S MULTIPLE RANGE TEST FOR VARIABLE: KOMP2
NOTE: THIS TEST CONTROLS THE TYPE I COMPARISONWISE ERROR RATE.
NOT THE EXPERIMENTWISE ERROR RATE

ALPHA=0.05 DF=147 MSE=10.492

WARNING: CELL SIZES ARE NOT EQUAL.
HARMONIC MEAN OF CELL SIZES=38.9908

NUMBER OF MEANS	2	3	4
CRITICAL RANGE	1.45734	1.53248	1.58083

MEANS WITH THE SAME LETTER ARE NOT SIGNIFICANTLY DIFFERENT

DUNCAN GROUPING	MEAN	N	FOLGE
A	13.0455	44	SRZA
A			
A	12.3333	36	ZSAR
A			
A	11.9792	48	AZRS
A			
A	11.5938	32	RASZ

(Abb. A-11)

SAS

GENERAL LINEAR MODELS PROCEDURE

DUNCAN'S MULTIPLE RANGE TEST FOR VARIABLE: KOMP3
NOTE: THIS TEST CONTROLS THE TYPE I COMPARISONWISE ERROR RATE.
NOT THE EXPERIMENTWISE ERROR RATE

ALPHA=0.05 DF=147 MSE=3.07569

WARNING: CELL SIZES ARE NOT EQUAL.
HARMONIC MEAN OF CELL SIZES=38.9908

NUMBER OF MEANS	2	3	4
CRITICAL RANGE	0.789047	0.829731	0.85591

MEANS WITH THE SAME LETTER ARE NOT SIGNIFICANTLY DIFFERENT

DUNCAN GROUPING	MEAN	N	FOLGE
A	8.3750	32	RASZ
A			
A	7.9545	44	SRZA
A			
A	7.8125	48	AZRS
A			
A	7.6111	36	ZSAR

(Abb. A-12)

```
22 DEC 87   SPSS X RELEASE 2.2  FOR IBM VM/CMS
20 11:12    HRZ UNI ESSEN SPSSX REL. 2.2   IBM 4341 2        VM/SP CMS3.0

For VM/SP CMS3.0          HRZ UNI ESSEN SPSSX REL. 2.2       License Number 14398

Use INFO OVERVIEW for more information on:

* INCLUDE    To bring in command files              * Improvements in:
* RENAME VARS   To rename variables                 *    MANOVA
* AUTORECODE   To recode strings as numbers         *    TABLES
* Relinking Usercode                                *

   1  0           TITLE 'ANOVA  GESAMT EINDRUCK  '
   2  0           FILE HANDLE DATEN / NAME='FRA2 ROH A'
   3  0           DATA LIST FILE DATEN FIXED NOTABLE/
   4  0             VPN  FILM  SEX  AGE  EING1 TO EING13  EINS1 TO EINS13
   5  0             EINFA1 TO EINFA13  EINFB1 TO EINFB13  FAEHRE BESUCH
   6  0             EMPFANG ARD ZDF SAT1 RTL URTEILA URTEILS
   7  0            (F3,X,A1,X,2F1,X,13F1,X,13F1,X,13F1,X,13F1,X,2F1,X,F1,X,4F1,X,2F1)
   8  0           SELECT IF (EMPFANG 1)
   9  0           COMPUTE SEHEFERN=ZDF+ARD
  10  0           RECODE SEHEFERN (0,1,2  0) (3 THRU 6  1)
  11  0           RECODE FAEHRE    (0,1 = 0) (ELSE= 1)
  12  0           RECODE BESUCH    (0,1   0) (ELSE  1)
  13  0           RECODE URTEILA  (0,1 = 0) (2,3   1)
  14  0           RECODE URTEILS  (0,1   0) (2,3   1)
  15  0           COMPUTE SCHNITT    FILM EQ 'A' OR FILM EQ 'C'
  16  0           COMPUTE GROESSE    FILM EQ 'A' OR FILM EQ 'B'
  17  0           VARIABLE LABELS  BESUCH  'Vorkenntniss STAATSBESUCH'
  18  0                 / FAEHRE    'Vorkenntniss Katastrophe'
  19  0                 / URTEILA  'Beurteilung allgemeine Entwicklung'
  20  0                 / URTEILS  'Beurteilung spezielle  Entwicklung'
  21  0                 / SEHEFERN 'Sehgewohnheit Nachrichtensendung'
  22  0           VALUE LABELS BESUCH   0 'wenig'  1 'viel'
  23  0                      / FAEHRE   0 'wenig'  1 'viel'
  24  0                      / SEHEFERN 0 'wenig'  1 'viel'
  25  0                      / SCHNITT  1 'kurz'   0 'lang'
  26  0                      / GROESSE  0 'nah'    1 'weit'
  27  0                      / URTEILA  0 'eher negativ'  1 'eher positiv'
  28  0                      / URTEILS  0 'eher negativ'  1 'eher positiv'
  29  0           ANOVA EING1  TO  EING5   BY SCHNITT(0,1)  GROESSE(0,1)

'ANOVA' PROBLEM REQUIRES       865 BYTES OF MEMORY
```

(Abb. A-13)

22 DEC 87 ANOVA GESAMT EINDRUCK
20 11:15 HRZ UNI ESSEN SPSSX REL 2.2 IBM 4341 2 VM/SP CMS3.0

* * * A N A L Y S I S   O F   V A R I A N C E * * *

FING3
BY SCHNITT
GROESSE

SOURCE OF VARIATION	SUM OF SQUARES	DF	MEAN SQUARE	F	SIGNIF OF F
MAIN EFFECTS	3.187	2	1.593	1.770	0.172
SCHNITT	2.831	1	2.831	3.145	0.077
GROESSE	0.315	1	0.315	0.350	0.555
2-WAY INTERACTIONS	0.472	1	0.472	0.524	0.470
SCHNITT GROESSE	0.472	1	0.472	0.524	0.470
EXPLAINED	3.658	3	1.219	1.355	0.257
RESIDUAL	226.838	252	0.900		
TOTAL	230.496	255	0.904		

256 CASES WERE PROCESSED.
0 CASES (0.0 PCT) WERE MISSING.

(Abb. A-14a)

* * * C E L L   M E A N S * * *

FING3
BY SCHNITT
GROESSE

TOTAL POPULATION
2.75
(256)

SCHNITT	0	1
	2.63 (120)	2.85 (136)

GROESSE	0	1
	2.71 (123)	2.78 (133)

SCHNITT \ GROESSE	0	1
0	2.64 (59)	2.62 (61)
1	2.77 (64)	2.92 (72)

(Abb A-14b)

* * * A N A L Y S I S   O F   V A R I A N C E * * *

FING6
BY SCHNITT
GROESSE

SOURCE OF VARIATION	SUM OF SQUARES	DF	MEAN SQUARE	F	SIGNIF OF F
MAIN EFFECTS	3.972	2	1.986	2.048	0.131
SCHNITT	2.837	1	2.837	2.925	0.088
GROESSE	1.060	1	1.060	1.093	0.297
2-WAY INTERACTIONS	5.038	1	5.038	5.195	0.023
SCHNITT GROESSE	5.038	1	5.038	5.195	0.023
EXPLAINED	9.010	3	3.003	3.097	0.027
RESIDUAL	244.427	252	0.970		
TOTAL	253.437	255	0.994		

256 CASES WERE PROCESSED.
0 CASES (0.0 PCT) WERE MISSING.

(Abb. A-15a)

* * * C E L L   M E A N S * * *

FING6
BY SCHNITT
GROESSE

TOTAL POPULATION
3.70
(256)

SCHNITT	0	1
	3.82 (120)	3.60 (136)

GROESSE	0	1
	3.77 (123)	3.64 (133)

SCHNITT \ GROESSE	0	1
0	4.03 (59)	3.61 (61)
1	3.53 (64)	3.67 (72)

(Abb A-15b)

22 DEC 87 ANOVA GESAMTEINDRUCK
20:11:17 HRZ UNI ESSEN SPSSX REL. 2.2 IBM 4341-2 VM/SP CMS3.0

* * * A N A L Y S I S O F V A R I A N C E * * *

EING8
BY SCHNITT
GROESSE

SOURCE OF VARIATION	SUM OF SQUARES	DF	MEAN SQUARE	F	SIGNIF OF F
MAIN EFFECTS	8.871	2	4.435	3.820	0.023
SCHNITT	0.957	1	0.957	0.824	0.365
GROESSE	7.795	1	7.795	6.713	0.010
2-WAY INTERACTIONS	0.089	1	0.089	0.077	0.782
SCHNITT GROESSE	0.089	1	0.089	0.077	0.782
EXPLAINED	8.960	3	2.987	2.572	0.055
RESIDUAL	292.599	252	1.161		
TOTAL	301.559	255	1.183		

256 CASES WERE PROCESSED.
0 CASES (0.0 PCT) WERE MISSING.

(Abb. A-16a)

* * * C E L L M E A N S * * *

EING8
BY SCHNITT
GROESSE

TOTAL POPULATION

3.40
(256)

SCHNITT	0	1
	3.33 (120)	3.46 (136)

GROESSE	0	1
	3.22 (123)	3.57 (133)

SCHNITT \ GROESSE	0	1
0	3.14 (59)	3.52 (61)
1	3.30 (64)	3.61 (72)

(Abb A-16b)

* * * A N A L Y S I S O F V A R I A N C E * * *

EING10
BY SCHNITT
GROESSE

SOURCE OF VARIATION	SUM OF SQUARES	DF	MEAN SQUARE	F	SIGNIF OF F
MAIN EFFECTS	4.927	2	2.464	2.500	0.084
SCHNITT	4.475	1	4.475	4.541	0.034
GROESSE	0.394	1	0.394	0.400	0.528
2-WAY INTERACTIONS	0.701	1	0.701	0.711	0.400
SCHNITT GROESSE	0.701	1	0.701	0.711	0.400
EXPLAINED	5.628	3	1.876	1.903	0.130
RESIDUAL	248.372	252	0.986		
TOTAL	254.000	255	0.996		

256 CASES WERE PROCESSED.
0 CASES (0.0 PCT) WERE MISSING.

(Abb. A-17a)

* * * C E L L M E A N S * * *

EING10
BY SCHNITT
GROESSE

TOTAL POPULATION

3.13
(256)

SCHNITT	0	1
	2.98 (120)	3.25 (136)

GROESSE	0	1
	3.08 (123)	3.17 (133)

SCHNITT \ GROESSE	0	1
0	3.00 (59)	2.97 (61)
1	3.16 (64)	3.33 (72)

(Abb A-17b)

22 DEC 87 ANOVA GESAMTEINDRUCK MIT KOVARIATE VORWISSEN
20:00:46 HRZ UNI ESSEN SPSSX REL. 2.2 IBM 4341-2 VM/SP CMS3.0

* * * A N A L Y S I S   O F   V A R I A N C E * * *

EING3
BY SCHNITT
GROESSE
WITH FAEHRE Vorkenntniss Katastrophe

SOURCE OF VARIATION	SUM OF SQUARES	DF	MEAN SQUARE	F	SIGNIF OF F
COVARIATES	3.139	1	3.139	3.522	0.062
FAEHRE	3.139	1	3.139	3.522	0.062

EING6
BY SCHNITT
GROESSE
WITH FAEHRE Vorkenntniss Katastrophe

SOURCE OF VARIATION	SUM OF SQUARES	DF	MEAN SQUARE	F	SIGNIF OF F
COVARIATES	1.773	1	1.773	1.837	0.176
FAEHRE	1.773	1	1.773	1.837	0.176

EING8
BY SCHNITT
GROESSE
WITH FAEHRE Vorkenntniss Katastrophe

SOURCE OF VARIATION	SUM OF SQUARES	DF	MEAN SQUARE	F	SIGNIF OF F
COVARIATES	12.059	1	12.059	10.717	0.001
FAEHRE	12.059	1	12.059	10.717	0.001

EING10
BY SCHNITT
GROESSE
WITH FAEHRE Vorkenntniss Katastrophe

SOURCE OF VARIATION	SUM OF SQUARES	DF	MEAN SQUARE	F	SIGNIF OF F
COVARIATES	2.498	1	2.498	2.551	0.112
FAEHRE	2.498	1	2.498	2.551	0.112

MITTELWERTE ALLER ITEMS NACH KOVARIATE F A E H R E

VARIABLE	N	MEAN
--- Vorkenntniss FAEHRE wenig ---		
EING1	14	2.78571429
EING2	14	2.50000000
EING3	14	2.28571429
EING4	14	3.42857143
EING5	14	2.35714286
EING6	14	3.35714286
EING7	14	2.85714286
EING8	14	2.50000000
EING9	14	2.21428571
EING10	14	2.71428571
EING11	14	3.35714286
EING12	14	4.00000000
EING13	14	3.00000000

MITTELWERTE ALLER ITEMS NACH KOVARIATE F A E H R E

VARIABLE	N	MEAN
---- Vorkenntniss FAEHRE viel ----		
EING1	242	2.98760331
EING2	242	2.81404959
EING3	242	2.77272727
EING4	242	3.96694215
EING5	242	3.13223140
EING6	242	3.72314050
EING7	242	3.22314050
EING8	242	3.45454545
EING9	242	2.52892562
EING10	242	3.14876033
EING11	242	3.69008264
EING12	242	4.09917355
EING13	242	3.40082645

(Abb. A-18)

```
22 DEC 87   ANOVA  GESAMTEINDRUCK MIT  KOVARIAT   VORWISSEN
20:02:22     URZ UNI ESSEN SPSSX REL. 2.2   IBM 4341 2        VM/SP CMS3.0
```

* * * A N A L Y S I S   O F   V A R I A N C E * * *

```
         EING3
      BY SCHNITT
         GROESSE
    WITH BESUCH   Vorkenntniss STAATSBESUCH
```

SOURCE OF VARIATION	SUM OF SQUARES	DF	MEAN SQUARE	F	SIGNIF OF F
COVARIATES	2.920	1	2.920	3.274	0.072
BESUCH	2.920	1	2.920	3.274	0.072

```
         EING6
      BY SCHNITT
         GROESSE
    WITH BESUCH   Vorkenntniss STAATSBESUCH
```

SOURCE OF VARIATION	SUM OF SQUARES	DF	MEAN SQUARE	F	SIGNIF OF F
COVARIATES	16.001	1	16.001	17.378	0.000
BESUCH	16.001	1	16.001	17.378	0.000

```
         EING8
      BY SCHNITT
         GROESSE
    WITH BESUCH   Vorkenntniss STAATSBESUCH
```

SOURCE OF VARIATION	SUM OF SQUARES	DF	MEAN SQUARE	F	SIGNIF OF F
COVARIATES	7.726	1	7.726	6.823	0.010
BESUCH	7.726	1	7.726	6.823	0.010

```
         EING10
      BY SCHNITT
         GROESSE
    WITH BESUCH   Vorkenntniss STAATSBESUCH
```

SOURCE OF VARIATION	SUM OF SQUARES	DF	MEAN SQUARE	F	SIGNIF OF F
COVARIATES	0.000	1	0.000	0.000	1.000
BESUCH	0.000	1	0.000	0.000	1.000

MITTELWERTE ALLER ITEMS NACH KOVARIAT B E S U C H

VARIABLE	N	MEAN
Vorkenntniss STAATSBESUCH wenig		
EING1	112	2.98214286
EING2	112	2.79464286
EING3	112	2.62500000
EING4	112	3.98214286
EING5	112	3.03571429
EING6	112	3.41964286
EING7	112	3.25892857
EING8	112	3.20535714
EING9	112	2.50892857
EING10	112	3.12500000
EING11	112	3.66071429
EING12	112	3.95535714
EING13	112	3.32142857

MITTELWERTE ALLER ITEMS NACH KOVARIAT B E S U C H

VARIABLE	N	MEAN
Vorkenntniss STAATSBESUCH viel		
EING1	144	2.97222222
EING2	144	2.79861111
EING3	144	2.84027778
EING4	144	3.90277778
EING5	144	3.13194444
EING6	144	3.92361111
EING7	144	3.15972222
EING8	144	3.55555556
EING9	144	2.51388889
EING10	144	3.12500000
EING11	144	3.68055556
EING12	144	4.20138889
EING13	144	3.42361111

(Abb. A-19)

```
22 DEC 87   ANOVA  GESAMTEINDRUCK MIT KOVARIATE  NACHRICHTEN
20:04:19    HRZ UNI ESSEN SPSSX REL  2.2   IBM 4341-2       VM/SP CMS3.0
```

*** * * A N A L Y S I S   O F   V A R I A N C E * * ***

```
          FING3
     BY   SCHNITT
          GROESSE
     WITH SEHFERN Sehgewohnheit Nachrichtensendung
```

SOURCE OF VARIATION	SUM OF SQUARES	DF	MEAN SQUARE	F	SIGNIF OF F
COVARIATES	1.034	1	1.034	1.148	0.285
SEHFERN	1.034	1	1.034	1.148	0.285

```
          FING6
     BY   SCHNITT
          GROESSE
     WITH SEHFERN Sehgewohnheit Nachrichtensendung
```

SOURCE OF VARIATION	SUM OF SQUARES	DF	MEAN SQUARE	F	SIGNIF OF F
COVARIATES	1.463	1	1.463	1.516	0.219
SEHFERN	1.463	1	1.463	1.516	0.219

```
          FING8
     BY   SCHNITT
          GROESSE
     WITH SEHFERN Sehgewohnheit Nachrichtensendung
```

SOURCE OF VARIATION	SUM OF SQUARES	DF	MEAN SQUARE	F	SIGNIF OF F
COVARIATES	12.682	1	12.682	11.225	0.001
SEHFERN	12.682	1	12.682	11.225	0.001

```
          FING10
     BY   SCHNITT
          GROESSE
     WITH SEHFERN Sehgewohnheit Nachrichtensendung
```

SOURCE OF VARIATION	SUM OF SQUARES	DF	MEAN SQUARE	F	SIGNIF OF F
COVARIATES	1.520	1	1.520	1.543	0.215
SEHFERN	1.520	1	1.520	1.543	0.215

MITTELWERTE ALLER ITEMS NACH KOVARIATE NACHRICHTEN SEHGEWOHNHEIT

VARIABLE	N	MEAN
Sehgewohnheit NACHRICHTENSENDUNG wenig		
FING1	43	2.67441860
FING2	43	2.81395349
FING3	43	2.60465116
FING4	43	3.69767442
FING5	43	2.62790698
FING6	43	3.53488372
FING7	43	3.02325581
FING8	43	2.90697674
FING9	43	2.18604651
FING10	43	2.95348837
FING11	43	3.72093023
FING12	43	3.74418605
FING13	43	3.00000000

MITTELWERTE ALLER ITEMS NACH KOVARIATE NACHRICHTEN SEHGEWOHNHEIT

VARIABLE	N	MEAN
Sehgewohnheit NACHRICHTENSENDUNG viel		
FING1	213	3.03755869
FING2	213	2.79342723
FING3	213	2.77464789
FING4	213	3.98591549
FING5	213	3.18309859
FING6	213	3.73708920
FING7	213	3.23943662
FING8	213	3.50234742
FING9	213	2.57746479
FING10	213	3.15962441
FING11	213	3.66197183
FING12	213	4.16431925
FING13	213	3.45539906

(Abb. A-20)

22 DEC 87 ANOVA GESAMTEINDRUCK MIT KOVARIATE NACHRICHTEN
20:06:48 HRZ UNI ESSEN SPSSX REL. 2.2 IBM 4341 2 VM/SP CMS3.0

* * * A N A L Y S I S O F V A R I A N C E * * *

EING3
BY SCHNITT
GROESSE
WITH URTEILA Beurteilung allgemeine Entwicklung

SOURCE OF VARIATION	SUM OF SQUARES	DF	MEAN SQUARE	F	SIGNIF OF F
COVARIATES	0.037	1	0.037	0.041	0.840
URTEILA	0.037	1	0.037	0.041	0.840

EING6
BY SCHNITT
GROESSE
WITH URTEILA Beurteilung allgemeine Entwicklung

SOURCE OF VARIATION	SUM OF SQUARES	DF	MEAN SQUARE	F	SIGNIF OF F
COVARIATES	0.179	1	0.179	0.184	0.669
URTEILA	0.179	1	0.179	0.184	0.669

EING8
BY SCHNITT
GROESSE
WITH URTEILA Beurteilung allgemeine Entwicklung

SOURCE OF VARIATION	SUM OF SQUARES	DF	MEAN SQUARE	F	SIGNIF OF F
COVARIATES	7.399	1	7.399	6.521	0.011
URTEILA	7.399	1	7.399	6.521	0.011

EING10
BY SCHNITT
GROESSE
WITH URTEILA Beurteilung allgemeine Entwicklung

SOURCE OF VARIATION	SUM OF SQUARES	DF	MEAN SQUARE	F	SIGNIF OF F
COVARIATES	1.898	1	1.898	1.933	0.166
URTEILA	1.898	1	1.898	1.933	0.166

MITTELWERTE ALLER ITEMS NACH KOVARIATE
ALLGEMEINE BEURTEILUNG

Beurteilung allgemeine Entwicklung eher negativ

VARIABLE	N	MEAN
EING1	136	2.83088235
EING2	136	2.75000000
EING3	136	2.75735294
EING4	136	3.81617647
EING5	136	2.94852941
EING6	136	3.72794118
EING7	136	3.14705882
EING8	136	3.24264706
EING9	136	2.47794118
EING10	136	3.04411765
EING11	136	3.55147059
EING12	136	4.12500000
EING13	136	3.16176471

MITTELWERTE ALLER ITEMS NACH KOVARIATE
ALLGEMEINE BEURTEILUNG

Beurteilung allgemeine Entwicklung eher positiv

VARIABLE	N	MEAN
EING1	120	3.14166667
EING2	120	2.85000000
EING3	120	2.73333333
EING4	120	4.07500000
EING5	120	3.25000000
EING6	120	3.67500000
EING7	120	3.26666667
EING8	120	3.58333333
EING9	120	2.55000000
EING10	120	3.21666667
EING11	120	3.80833333
EING12	120	4.05833333
EING13	120	3.62500000

(Abb. A-21)

22 DEC 87 ANOVA GESAMT EINDRUCK MIT KOVARIATE URTEILS
20:08.42 HRZ UNI ESSEN SPSSX REL. 2.2 IBM 4341-2 VM/SP CMS3.0

* * * A N A L Y S I S   O F   V A R I A N C E * * *

FING3
BY SCHNITT
GROESSE
WITH URTEILS Beurteilung spezielle Entwicklung

SOURCE OF VARIATION	SUM OF SQUARES	DF	MEAN SQUARE	F	SIGNIF OF F
COVARIATES	0.749	1	0.749	0.832	0.362
URTEILS	0.749	1	0.749	0.832	0.362

FING6
BY SCHNITT
GROESSE
WITH URTEILS Beurteilung spezielle Entwicklung

SOURCE OF VARIATION	SUM OF SQUARES	DF	MEAN SQUARE	F	SIGNIF OF F
COVARIATES	0.534	1	0.534	0.549	0.459
URTEILS	0.534	1	0.534	0.549	0.459

FING8
BY SCHNITT
GROESSE
WITH URTEILS Beurteilung spezielle Entwicklung

SOURCE OF VARIATION	SUM OF SQUARES	DF	MEAN SQUARE	F	SIGNIF OF F
COVARIATES	5.232	1	5.232	4.570	0.033
URTEILS	5.232	1	5.232	4.570	0.033

FING10
BY SCHNITT
GROESSE
WITH URTEILS Beurteilung spezielle Entwicklung

SOURCE OF VARIATION	SUM OF SQUARES	DF	MEAN SQUARE	F	SIGNIF OF F
COVARIATES	1.728	1	1.728	1.760	0.186
URTEILS	1.728	1	1.728	1.760	0.186

MITTELWERTE ALLER ITEMS NACH KOVARIATE SPEZIELLE BEURTEILUNG

VARIABLE	N	MEAN
Beurteilung spezielle Entwicklung eher negativ		
FING1	107	2.86915888
FING2	107	2.73831776
FING3	107	2.68224299
FING4	107	3.83177570
FING5	107	2.92523364
FING6	107	3.75700935
FING7	107	3.12149533
FING8	107	3.23364486
FING9	107	2.50467290
FING10	107	3.02803738
FING11	107	3.67289720
FING12	107	4.08411215
FING13	107	3.22429907

MITTELWERTE ALLER ITEMS NACH KOVARIATE SPEZIELLE BEURTEILUNG

VARIABLE	N	MEAN
Beurteilung spezielle Entwicklung eher positiv		
FING1	149	3.05369128
FING2	149	2.83892617
FING3	149	2.79194631
FING4	149	4.01342282
FING5	149	3.20805369
FING6	149	3.66442953
FING7	149	3.26174497
FING8	149	3.52348993
FING9	149	2.51677852
FING10	149	3.19463087
FING11	149	3.67114094
FING12	149	4.10067114
FING13	149	3.48993289

(Abb. A-22)

22 DEC 87 ANOVA GESAMTEINDRUCK MIT KOVARIATE GESCHLECHT
20:10:14 HRZ UNI ESSEN SPSSX REL. 2.2 IBM 4341 ? VM/SP CMS3.0

* * * A N A L Y S I S   O F   V A R I A N C E * * *

FING3
BY SCHNITT
GROESSE
WITH SEX

SOURCE OF VARIATION	SUM OF SQUARES	DF	MEAN SQUARE	F	SIGNIF OF F
COVARIATES	0.199	1	0.199	0.221	0.639
SEX	0.199	1	0.199	0.221	0.639

FING6
BY SCHNITT
GROESSE
WITH SEX

SOURCE OF VARIATION	SUM OF SQUARES	DF	MEAN SQUARE	F	SIGNIF OF F
COVARIATES	3.103	1	3.103	3.231	0.073
SEX	3.103	1	3.103	3.231	0.073

FING8
BY SCHNITT
GROESSE
WITH SEX

SOURCE OF VARIATION	SUM OF SQUARES	DF	MEAN SQUARE	F	SIGNIF OF F
COVARIATES	8.192	1	8.192	7.206	0.008
SEX	8.192	1	8.192	7.206	0.008

FING10
BY SCHNITT
GROESSE
WITH SEX

SOURCE OF VARIATION	SUM OF SQUARES	DF	MEAN SQUARE	F	SIGNIF OF F
COVARIATES	1.680	1	1.680	1.705	0.193
SEX	1.680	1	1.680	1.705	0.193

MITTELWERTE ALLER ITEMS NACH KOVARIATE
G E S C H L E C H T

VARIABLE	N	MEAN
-- SEX M --		
FING1	89	2.94382022
FING2	89	2.68539326
FING3	89	2.70786517
FING4	89	3.73033708
FING5	89	3.01123596
FING6	89	3.85393258
FING7	89	3.29213483
FING8	89	3.15730337
FING9	89	2.48314607
FING10	89	3.23595506
FING11	89	3.74157303
FING12	89	4.13483146
FING13	89	3.24719101

MITTELWERTE ALLER ITEMS NACH KOVARIATE
G E S C H L E C H T

VARIABLE	N	MEAN
-- SEX F --		
FING1	167	2.99401198
FING2	167	2.85628743
FING3	167	2.76646707
FING4	167	4.04790419
FING5	167	3.13173653
FING6	167	3.62275449
FING7	167	3.15568862
FING8	167	3.53293413
FING9	167	2.52694611
FING10	167	3.06586826
FING11	167	3.63473054
FING12	167	4.07185629
FING13	167	3.44910180

(Abb. A-23)

22 DEC 87 ANOVA SPRECHER EINDRUCK
20 12 12 HRZ UNI ESSEN SPSSX REL 2.2 IBM 4341 2 VM/SP CMS3.0

* * * A N A L Y S I S O F V A R I A N C E * * *

EINS2
BY SCHNITT
GROESSE

SOURCE OF VARIATION	SUM OF SQUARES	DF	MEAN SQUARE	F	SIGNIF OF F
MAIN EFFECTS	5.390	2	2.695	2.465	0.087
SCHNITT	2.564	1	2.564	2.345	0.127
GROESSE	2.939	1	2.939	2.688	0.102
2-WAY INTERACTIONS	0.083	1	0.083	0.076	0.783
SCHNITT GROESSE	0.083	1	0.083	0.076	0.783
EXPLAINED	5.473	3	1.824	1.669	0.174
RESIDUAL	275.527	252	1.093		
TOTAL	281.000	255	1.102		

256 CASES WERE PROCESSED.
0 CASES (0.0 PCT) WERE MISSING.

(Abb. A-24a)

* * * C E L L M E A N S * * *

EINS2
BY SCHNITT
GROESSE

TOTAL POPULATION
2.31
(256)

SCHNITT	0	1
	2.42	2.22
	(120)	(136)

GROESSE	0	1
	2.20	2.41
	(123)	(133)

SCHNITT	GROESSE 0	GROESSE 1
0	2.29	2.54
	(59)	(61)
1	2.13	2.31
	(64)	(72)

(Abb A-24b)

* * * A N A L Y S I S O F V A R I A N C E * * *

EINS4
BY SCHNITT
GROESSE

SOURCE OF VARIATION	SUM OF SQUARES	DF	MEAN SQUARE	F	SIGNIF OF F
MAIN EFFECTS	2.837	2	1.418	1.699	0.185
SCHNITT	0.034	1	0.034	0.041	0.841
GROESSE	2.814	1	2.814	3.371	0.068
2-WAY INTERACTIONS	0.632	1	0.632	0.757	0.385
SCHNITT GROESSE	0.632	1	0.632	0.757	0.385
EXPLAINED	3.469	3	1.156	1.385	0.248
RESIDUAL	210.391	252	0.835		
TOTAL	213.859	255	0.839		

256 CASES WERE PROCESSED.
0 CASES (0.0 PCT) WERE MISSING.

(Abb. A-25a)

* * * C E L L M E A N S * * *

EINS4
BY SCHNITT
GROESSE

TOTAL POPULATION
3.52
(256)

SCHNITT	0	1
	3.53	3.51
	(120)	(136)

GROESSE	0	1
	3.41	3.62
	(123)	(133)

SCHNITT	GROESSE 0	GROESSE 1
0	3.37	3.69
	(59)	(61)
1	3.45	3.57
	(64)	(72)

(Abb A-25b)

```
22 DEC 87    ANOVA  SPRECHER EINDRUCK
20:12:12     HRZ UNI ESSEN SPSSX REL. 2.2   IBM 4361 2       VM/SP CMS3.0

          * * *  A N A L Y S I S   O F   V A R I A N C E  * * *

              EINSS
     BY       SCHNITT
              GROESSE
```

SOURCE OF VARIATION	SUM OF SQUARES	DF	MEAN SQUARE	F	SIGNIF OF F
MAIN EFFECTS	3.809	2	1.905	2.621	0.075
SCHNITT	0.546	1	0.546	0.751	0.387
GROESSE	3.319	1	3.319	4.566	0.034
2-WAY INTERACTIONS	0.010	1	0.010	0.013	0.908
SCHNITT GROESSE	0.010	1	0.010	0.013	0.908
EXPLAINED	3.819	3	1.273	1.752	0.157
RESIDUAL	183.146	252	0.727		
TOTAL	186.965	255	0.733		

```
  256 CASES WERE PROCESSED.
    0 CASES (   0.0 PCT) WERE MISSING.
```

(Abb. A-26a)

```
        * * *  C E L L   M E A N S  * * *

                       EINSS
                    BY SCHNITT
                       GROESSE
 TOTAL POPULATION
      2.01
  (    256)

 SCHNITT
         0         1
      2.06      1.97
  (    120)  (   136)

 GROESSE
         0         1
      1.89      2.12
  (    123)  (   133)

                          GROESSE
                                 0         1
         SCHNITT
                    0         1.95      2.16
                          (    59)  (    61)

                    1         1.84      2.08
                          (    64)  (    72)
```

(Abb A-26b)

GPSR Compliance

The European Union's (EU) General Product Safety Regulation (GPSR) is a set of rules that requires consumer products to be safe and our obligations to ensure this.

If you have any concerns about our products, you can contact us on ProductSafety@springernature.com

In case Publisher is established outside the EU, the EU authorized representative is:

Springer Nature Customer Service Center GmbH
Europaplatz 3
69115 Heidelberg, Germany

Batch number: 10809466

Printed by Printforce, the Netherlands